平凡社新書
911

虐待された少年はなぜ、事件を起こしたのか

石井光太
ISHII KŌTA

HEIBONSHA

虐待された少年はなぜ、事件を起こしたのか●目次

第五章 被害者遺族の慟哭

プロローグ

「私が被害者を殺したことは事実です。それは恋慕《れんぼ》ゆえでございました。ご遺族が悲しんでいるであろうことは、弁護士の先生からの説明を受けて頭ではわかるのでございますが、本心で理解しているかと言われれば、決してそうだと断言することはできないのでございます。そこが私には大変心苦しいところでございます」

二〇一三年に、「リベンジ・ポルノ」という言葉を世に知らしめた三鷹市女子高生ストーカー殺害事件を起こした池永チャールズ・トーマスの法廷での言葉である。

これまで私はいくつもの事件を追ってきたが、池永チャールズ・トーマスのように語る加害者は決して少なくなかった。被害者のつらい心情をいくら考えても理解できない、想像することができないというのだ。

この傾向は少年事件において特に顕著だ。二〇一五年、神奈川県川崎市で起きた川崎中一男子生徒殺害事件を覚えているだろうか。多摩川の河川敷で、十七歳～十八歳の少年三人が中学一年生の上村遼太君を呼び出し、カッターナイフで四十三回切りつけた末に殺害した事件だ。この犯人の一人もまた、法廷の証言台に立ち、遺族の目の前で笑みを浮かべながらこんな言葉を残している。

検察官　事件後は後悔した？
少年　考えないようにしてました。
検察官　なぜ？
少年　考えたくなかったからです。
検察官　後悔を遺族につたえようとしたことは？
少年　なかったです。

池永チャールズ・トーマスにせよ、この加害少年にせよ、良識のある一般人は「なんという人間なのだろう」と思うにちがいない。単に悪ぶっているのか、そうでなければ感情を持たない悪魔のような人間なのではないか、と。

しかし、犯罪に精通する精神医学や心理学の専門家は、ちがった捉え方をする。加害者たちはわざと考えないのではなく、幼い頃の虐待体験によって他人の気持ちを想像することができない人間に育ってしまったというのだ。

実際に池永チャールズ・トーマスは、物心ついた時から中学生の頃まで、凄惨な虐待を日常的に受けて育ってきた。フィリピン人の母親は恋人や水商売に夢中で、電気も水道も止まったアパートにトーマスを放置して食事をろくに与えなかった。彼は生きていくために小学校時代からコンビニのゴミをあさって、マンションの共同トイレで体を洗わなければならなかった。

さらに、アパートに住みついた母親の恋人たちはトーマスに対して残忍な暴力をふるった。鉄を火であぶって体に押しつける、裸にして革のベルトで叩く、ライターの火で鼻の中をあぶる、水風呂に放り込む……。このような環境の中で、一人のストーカー殺人者が育てられていったのである。

似たようなことは、川崎中一男子生徒殺害事件の加害少年たちにも当てはまる。裁判では彼らが日常的に親の暴力を受けていたり、母親の母国のフィリピンに長期間一人で置き去りにされるなどの育児放棄を受けていたりしていたことが明らかになっている。

こうしたことを受けて、弁護士は、虐待によって被告人が人格を大きく歪《ゆが》められ、他人の痛みを考えられず、感情の昂《たかぶ》るままに殺人を犯してしまったのだと主張した。

虐待と少年犯罪の因果関係は、統計の上からも明らかになっている。法務省の調査では、少年院に収容された少年のうち、男子の約三割、女子の約五割が虐待を受けていたとされている。これはあくまで本人の自己申告に基づくものであり、少年院で働く刑務官によれば、実態はその数より多く、虐待でなくても、劣悪な環境で育っている少年が大多数だという。

むろん、虐待を受けた子供たちがみんな犯罪に手を染めるわけではないし、虐待されていたからといって罪が許されるわけでもない。しかし、犯罪を起こした少年たちの心の問題を虐待というキーワードで解き明かそうとする試みは近年大きく進んでおり、少年院の矯正教育でも一つの参考にされている。

私は少年事件を追うなかで、ずっと少年たちの心をつかみかねていた。なぜ少年たちは人を虫けらのようにしか思わないのか。なぜ犯した罪と向き合おうとしないのか。なぜ自分の命さえ大切にできないのか。

彼らを心を失った悪魔だと決めつけて非難するのは容易《たやす》い。だが、犯罪を起こした少年たちは、捕まったとしても、いつかまた社会にもどってくる。だとしたら、彼らの心の闇に光を当て、問題の根源に何があるかを見つめ、社会としてどう向き合うかを考えるべきではないか。

そんな思いは、川崎中一男子生徒殺害事件を題材としたルポルタージュ『43回の殺意』を書くことで、より一層膨らんでいった。そして執筆を終えた二〇一七年の終わり、私は日本全国の少年院を巡って、加害少年や、矯正教育にかかわる人々に話を聞いていくことにした。

少年たちの心は、なぜ壊れたのか。

法務教官や精神科医は、どう向き合っているのか。

社会に少年たちの生きる場所はあるのか。

事件を起こす少年たちの心の中で何が起きているのだろう。それを見るのは恐ろしい気もするが、目をそらしたままでは空虚な議論がくり返されるだけだ。

社会をどう変えていくべきかを考えるために、今、その扉を開けてみたいと思う。

第一章　少年院の矯正教育

少年院とは何か

犯罪に手を染めた少年たちの行きつく先の一つが少年院だ。

少年院は全国に五十二ヵ所あり、施設の規模や特色はそれぞれちがう。日本最古の多摩少年院は丘の上で高い塀に囲まれているが、同じ都内の女子少年院である愛光女子学園は住宅街の中に塀も設けられずにひっそりとたたずむ。他方、茨城県にある茨城農芸学院は、東京ドーム五個分の広大な敷地を有して中では農業の指導が行われ、年に一度力士を呼んで相撲大会が開催される。

そもそも少年院にはどのようにして収容されるのか。対象となるのは、おおむね十二歳以上二十六歳未満とされており、法に触れる行為をした者か、それをする恐れがあるとされる者だ。具体的には、「犯罪少年（十四歳以上で罪を犯した少年）」「触法少年（十四歳未満で罪を犯した少年。刑事責任は問われない）」「ぐ犯少年（将来罪を犯す恐れがあると認められる少年）」の三つだ。

二十歳未満の少年が法律に触れる行為をして警察に捕まれば、家庭裁判所に送られる。少年は在宅のまま、もしくは少年鑑別所（二週間〜六週間）に収容された上で、家庭裁判所の調査官に非行事実や家庭環境などを調べられる。そして、家庭裁判所での少年審判によって処分が決定するのだ。
処分の内容は主に次の通りだ。

不処分

少年に再非行の恐れがないと判断された場合などは処分が回避される。

保護観察

社会の中で保護観察官と保護司の指導や監督を受けて更生を目指す。その際、遵守《じゅんしゅ》事項が定められ、それを破ったり、問題行動を起こしたりすれば、少年院に送られる。

試験観察

処分をすぐには決めず、調査官が一定期間、少年の観察をして最終処分を考える。

児童自立支援施設などへの送致

少年の年齢が低かったり、家庭的な雰囲気での矯正が必要と判断されたりした場合の処分。施設の中では寮生活が行われ、公立校の分校としての学校も併設されている。

少年院送致

社会ではなく、施設の中で一定期間の矯正教育が必要だと考えられた場合の処分。

検察官送致

図１　非行少年に対する手続きの流れ

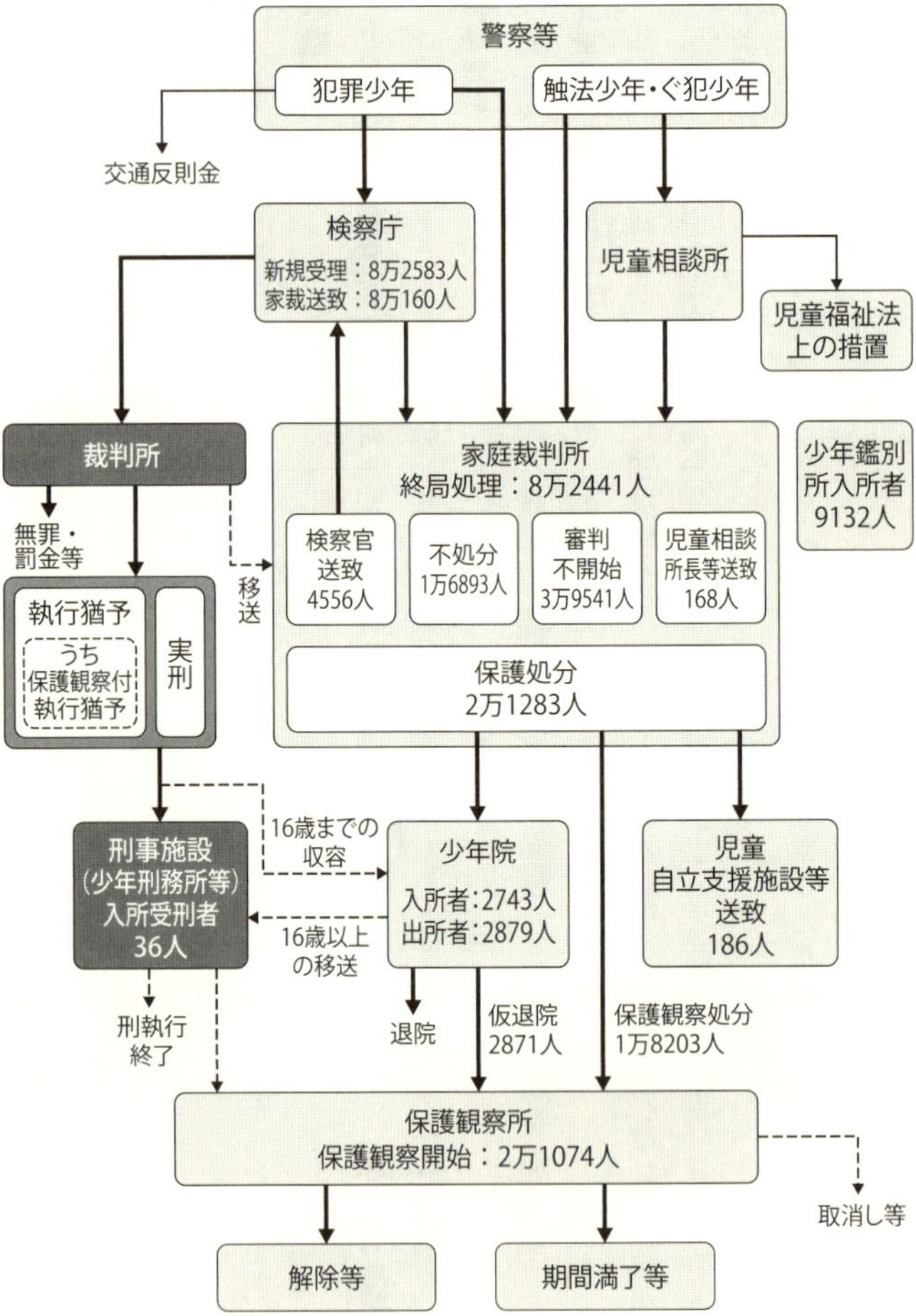

検察統計年報、司法統計年報、矯正統計年報及び保護統計年表による（統計数字は2015年度）

殺人など重大な罪を犯して刑事処罰が妥当とした場合は、検察官へ送致して成人同様の刑事裁判を受ける。有罪判決を受けた場合、少年刑務所へ送られることが多い。

家庭裁判所が少年院送致の決定を下すのは、全体の二、三パーセントにしかすぎず、大半は不処分か保護観察処分だ。

少年院送致と保護観察処分とでは、少年にとってどれくらいちがうものなのか。茨城農芸学院に一年間入っていた元暴走族の少年の本音を紹介しよう。

「年少（少年院）と保護観（保護観察）は、俺らにとって地獄と天国くらいちがうね。年少ってやっぱきついんだよ。特にイジメ。先生（法務教官）に隠れて、他の奴らから運動の時間にボコられたり、職業訓練の最中に陰でシメられたりする。先輩が偉くて、新入りの立場が弱いってルールがある。それまで地元のグループでアタマ張ってたのに、いきなりそんな立場に落とされると精神的にめげる。あと、それまでアイス（覚せい剤）とかシンナーとかやってると、抜く（止める）苦しみもあるしね。みんな、一日でも早く出たいと思うんじゃね。でも、保護観なら全部自由でしょ。月二とかで面接とかあるけど、族の集会に出てたって、アイスやってたって、捕まんなきゃ問題にならないんだから大丈夫。むしろ、『俺、いま保護観なんだよ』って自慢できる」

このように、少年院送致と保護観察処分の差は、少年にとって大きい。だが、両者をわける判断基準は決して明確ではない。

多くの少年事件にかかわってきた知名健太郎定信《ちなけんたろうさだのぶ》弁護士（四十四歳）は語る。

「家庭裁判所の下す決定は、裁判官の考え方によってちがってくる上に、地域差もあると言われています。福岡県を例にとれば、福岡市は比較的落ち着いていて、北九州市は荒れていると言われている。そのため、同じ暴行事件でも、福岡市の家庭裁判所では『傷害』と見なされて少年院送致になるのに、北九州市では単なる『ケンカ』とされて保護観察で済むことがある。北九州市では、暴行くらいでいちいち少年院に送っていたらキリがないからそうしているんじゃないかという声もあるほどです。すべてではないでしょうが、こういうことが起こりえるので、少年たち自身も、『家庭裁判所の決定は不公平だ』とか『俺は運が悪いから少年院に来ただけ』と考えてしまう。それが、少年たちが少年院に送られたところで、いまいち罪悪感を持つことができない理由の一つにもなっているのです」

社会復帰のための矯正教育

次に、少年院そのものについて見ていこう。少年院は一種から四種までにわかれており、各々役割が異なる。

第一種（旧初等、中等少年院）
保護処分の執行を受ける者であって、心身に著しい障害がないおおむね十二歳以上二十三歳未満の者。

第二種（旧特別少年院）
保護処分の執行を受ける者であって、心身に著しい障害がない犯罪的傾向が進んだ、おおむね十六歳以上二十三歳未満の者。

第三種（旧医療少年院）
保護処分の執行を受ける者であって、心身に著しい障害があるおおむね十二歳以上二十六歳未満の者。

第四種
少年院において刑の執行を受ける者。

第一種は初犯で比較的非行が軽い者が主となり、第二種は重大事件をくり返すなどした者が主となる。第三種は、施設内に医師などの医療者が常駐している施設で、知的障害や精神障害を抱えている者が治療を受けながら収容されることになる（ほかに、妊婦や事故などによる外傷を負っている者もいる）。

少年院が成人の刑務所と明確にちがうのは、罰を与えるのではなく、社会復帰のための矯正教育を施すという点だ。法務省が発行する「少年院のしおり」には次のような記載がある。

少年院は、家庭裁判所の決定により保護処分として送致された少年を収容する、法務省所管の施設です。少年院では、在院者の特性に応じた適切な矯正教育その他の健全な育成に資する処遇を行うことにより、改善更生と円滑な社会復帰を図っています。

矯正施設としての少年院の役割は、自分自身や罪と向き合い、人間関係を構築する方法を学び、各種資格を取得して、出院後に社会で自立して生きていけるようにすることなのだ。

少年院にはどのような少年が入っていて、どのような取り組みが行われているのか。女子少年院を通してそれについて見てみたい。

筑紫少女苑

女子少年院の実態

JR香椎《かしい》線の終着駅から二つ手前に、雁ノ巣《がんのす》という無人駅がある。ここからタクシーに十分ほど乗り、静まり返った林の一本道を進んでいくと、筑紫少女苑と記された古めかしい門がある。九州で唯一の女子少年院だ。

最初にここを選んだのは、警察庁の統計資料（二〇一六年）によれば、福岡県が日本全国のうち少年の犯罪検挙数がもっとも多い都道府県だからだ（二位以下は、沖縄、岡山、佐賀、大阪、東京、兵庫の順番）。

筑紫少女苑で私を出迎えてくれたのは、首席専門官の山﨑裕子（四十四歳）だった。外見は穏やかそうな女性だ。山﨑は少年院の現状について語った。

「現在、少年院はほとんどどこでも定員割れしています。うちも定員は九十五名ですが、現在いるのは十八名です。理由として、日本全体で子供の数が絶対的に減少してきていることのほかに、少年の非行の形態が変わってきていることなども挙げられます」（少年院

では女子でも「少年」と呼ぶが、本書では区別する必要がある箇所では「女子」もしくは「少女」と記す）

定員割れは、男女どちらの少年院にも共通することだ。本章の冒頭で紹介した多摩少年院は日本最大規模の施設であり、全国から少年が集まってくるため、定員の八割ほどを保っている。だが、同じ東京にあっても、愛光女子学園は定員百名に対して在院数は二十二名。他県の少年院も同様で、定員の半数を切っているところは今や珍しくない。

原因について、意見はまちまちだ。暴走族の衰退によって道路交通法違反での検挙数が減っている、校内暴力が影を潜めて傷害事件が減少した、犯罪がインターネットの中で行われて不可視化している……。

さらに、親の過保護を指摘する声もある。昔の親は非行に走った子供に対して「少年院へ行って頭を冷やしてこい」と突き放していた。だが、最近の親は一人っ子が多いこともあって、家庭裁判所で子供を擁護して引き取りを希望するため、保護観察処分となる割合が高いというのだ。

これら複数の要因が重なって、少年院の在院数が減少していると見るのが正しいだろう。

山崎はつづける。

「筑紫少女苑に送致されるのは、主に九州在住の少年たちになります。現在は全員が九州の出身者です。福岡県では福岡市から七名、北九州市から四名、飯塚市から二名。ほか、宮崎県から四名、長崎県から一名です。年齢は一番下が十四歳、一番上が二十歳。平均年齢はだいたい十六、七歳です」

少年院は少年と家庭との関係を修復する場でもある。共犯の少年と引き離すなど特別な理由がないかぎりは、家から近い少年院に収容されることになる。少年が自分自身と向き合う意味でも、出院後に支援を受ける意味でも、在院中から保護者が面会に来て少年との関係性を再構築していく必要があるためだ。

年齢や出身地だけでなく、非行の内容もそれぞれだ。次は筑紫少女苑の内訳だ（収容人数と統計の数が合わない場合があるが、それは統計を取った時の人数と現状の収容数に差異があるためである）。

窃盗　四名
傷害　四名
死体遺棄　二名
詐欺　一名
恐喝未遂　一名

殺人　　　一名
覚せい剤　三名
ぐ犯　　　二名

非行内容が多岐にわたっているのがわかるが、実際は一人の少女がいろいろな非行をつみ重ねて送られてきているケースが大半だ。

少年院での生活

筑紫少女苑の一階には受付や職員たちの部屋があり、二階には院長室や応接間が設けられている。ここまでが、来客や業者など一般の人たちが自由に出入りできる場所だ。

廊下の奥の鍵のかかったドアの向こうからが、少女たちの居住空間となる。すべてのドアには鍵がかかっていて、移動するには職員に一つひとつ手作業で鍵を開け閉めしてもらわなければならない。

とはいえ、内観は学校に近い。黒板の前に並ぶ机、職業訓練を行う部屋、図書室、グループワークに使用する部屋、それに医務室などもある。廊下や教室の壁には、少女たちが描いた絵や習字が掲出されている。外には広い運動場があり、体育館、プール、小さな農園も備わっている。

寮には、テレビや本棚のあるリビングスペースがあり、一見しただけでは合宿所のような雰囲気だ。寮は集団寮と単独寮にわかれていて、原則は集団寮で暮らして他人との協調性を身につけることを目指す。ただし、入出院の前後、体調不良、課題に集中する必要性がある、あるいは精神的な問題などで集団生活に適応できない者については、単独寮で一人で生活することになる。現在、単独寮で暮らすのは十八名中、五名だ。

院内での平均的な一日のスケジュールは次の通り。

七時　起床
七時四十分　朝食、自主学習など
九時二十分　朝礼
九時四十分　各種指導（生活、職業、教科、体育、特別活動など）
十二時　昼食
十三時　各種指導（生活、職業、教科、体育、特別活動など）
十七時　夕食
十八時　自主学習、日記記入など

二十時　　余暇
二十一時　就寝

少年たちは少年院に送られてくると、まず法務教官らの面接を受ける。法務教官らは、少年鑑別所から送られてきた資料なども参考にして家庭環境や非行の内容、その他本人が抱えている問題などを細かく浮き彫りにしていく。そして協議を重ねた上で、本人に合わせた矯正教育の指導計画を作成する。これを、「個人別矯正教育計画」という。原則的にはこれに基づいて、少年への指導が行われる。

先のスケジュールにあった「各種指導」で行われるのは、主に五つだ。

1、生活指導
2、職業指導
3、教科指導
4、体育指導
5、特別活動指導

それぞれ見ていきたい。

1の生活指導は、基本的な日常生活の訓練、被害者の心情理解、保護者との関係修復、退院後の進路指導などだ。日常生活の訓練は寮での集団生活を通して行われ、被害者の心情理解はグループワーク、保護者との関係修復は面談などを介して行うことになる。

生活指導では「特定生活指導」として、それぞれの非行に関する指導も行われている。「被害者の視点を取り入れた教育」「薬物非行防止指導」「性非行防止指導（男子のみ）」「暴力防止指導」「家族関係指導」「交友関係指導」などの重点的な指導が主だ。

2の職業指導については、社会に出た時に自立するために技能を身につけることを目的としている。電気工事科、自動車整備科、給排水設備科、情報処理科、介護福祉科、溶接科、土木・建築科、クリーニング科などがあり、これらの資格を在院中に取得することで、出院後に就職しやすいようにする。

3の教科指導は、まだ中学に籍がある者や、高校卒業資格の取得を目指す者たちのための教育カリキュラムである。授業は、教職免許を持っている法務教官か、外部から呼ばれる教師が担当する。高等学校卒業程度認定試験は少年院の中で実施されていて、二〇一四年度は、全九百二十七人の受験者のうち、高卒認定合格者は二百九十五人となっている。

4の体育指導は、健全な体をつくることのほかに、チームワークを通して協調性を身につけたり、達成感を得る体験をすることを目的としている。

5の特別活動指導は、学校でいえば、部活動や運動会やボランティア活動のようなものだ。こうした活動を通して協調性を身につけ、社会貢献の意義を学ぶ。

1から5までざっと見てきたが、少年院ではこれらの指導を受けたり、寮で生活したりすることで、先述した「個人別矯正教育計画」で定められた目標を一つひとつクリアしていくことを目指す。

個人別矯正教育計画は三段階（三級〜一級）にわけられ、それぞれの段階で目標が設定されている。三級の目標をクリアすれば、二級へ進み、それがクリアできれば一級へという流れだ。短期の処遇勧告のついた女子であれば在院期間は五カ月ほど、処遇勧告のつかない女子であれば十一カ月ほどの間にこなすことになる。

一例を示せば、次のようなステップを踏んでいく。

三級（入院からおおむね二カ月）
情緒の安定を図り、個々が抱えている問題を確認する。
二級（前後期に分かれ、おおむね六カ月）
各種指導を通して、健全な価値観と取り組む姿勢を身につけ、生活設計をする。

一級（おおむね三ヵ月）
出院に向け、これまでの総括をし、社会に出た後の準備を整える。

設定される目標は、個々で異なる。

たとえば、家庭で養父から虐待を受け、小学生の頃からリストカットをくり返し、援助交際をしていた女子がいたとしよう。

最初の段階の三級では、本人に家庭の問題や、自分のトラウマと向き合わせ、現在の状況を把握できるようにさせる。また、援助交際がなぜいけなくて、それをつづければ自分がどう傷つくかを理解させる。これがきちんとできれば二級へ進む。

二級では、保護者との面会を通して家庭の問題を解決したり、リストカットや援助交際を思い留まる方法を教わったりする。手首を切りたい衝動にかられた際に、ストレスを別の形で発散させる術を学ぶ、援助交際を一緒にしていた仲間と縁を切る方法を学ぶなど、対処法を身につけるのだ。

最後の一級では、非行をせずに生きていくビジョンを抱かせ、家に帰った後の生活について考えたり、仕事を探したりする。

これらすべてがうまくいけば、晴れて出院となる。

家庭環境

少年院に入ってから出るまでの流れを大雑把に見てきたところで、彼らが生まれ育った家庭環境に目を移してみたい。

統括専門官で、調査支援の統括を務める高橋真矩子（三十四歳）は次のように語る。

「うちにかぎらず、少年院に来る少年の中には、不健全と言えるような家庭環境で育っている者も一定数います。虐待には、身体的虐待、性的虐待などいくつかありますが、そこまでいかなくても、たとえば、夫婦喧嘩が絶えない、食事をつくってもらえない、親がなかなか帰ってこないなど、子供にとって、家庭が安心・安全な場になっていないことがあるのです。そういう少年たちの衣食住をきちんと確保し、少年院を安心できる場にするのが少年院の大前提です」

筑紫少女苑に在院者の「本件非行時の保護者の状況」は次の通りだ。

実父母　九名
実母のみ　八名
実父継母　一名

その他　二名

実の父母がそろっているのは半数以下で、過半数はシングルマザーの下などで育っている。

実父母がそろっていても虐待されていれば劣悪な環境だし、シングルマザーでもきちんと育ててもらっていれば適切な環境なので、これだけで判断することはできない。ただし先述のように、女子の場合は五割が明らかな虐待を受けていることが判明しているし、別の要因で劣悪な環境に置かれていることは少なくない。別の少年院の法務教官は「虐待と呼べなくても九割の少年が家庭に問題を抱えている」と語っていた。

高橋も次のように言う。

「少年たちに話を聞いていると、暴力はふるわれていないけど、家族団欒の経験や記憶が乏しいなど、家庭がその機能を十分に発揮できていないことがよくあります。家庭があっても、一部の家庭はその役割を果たしていないのです」

家庭環境の劣悪さは、少年たちの食生活からも見て取れる。

少年院に来る少女の中には、家でちゃんとしたご飯を食べさせてもらっていなかったり、長い間家出をしていたりすることから、慢性的な栄養不良状態にあることが珍しくない。

そのため、少年院に入って一日三食とるだけで、体重が五キロ、一〇キロと簡単に増えるそうだ。

これまで私が少年院で会った少年たちの中には、「白いご飯」以外何一つつくってもらった経験がなかったり、晩ご飯はスナック菓子か酒のつまみだけだったりした子がいた。統計上は被虐待でなくても、虐待同然の環境で育ってきたと言えるだろう。

別の法務教官からは次の指摘も受けた。

「劣悪な家庭環境として他によく聞くのが、スパルタ教育の家庭ですね。親の理想がものすごく高くて、それを子供に押しつける。学校の勉強、習いごと、行儀などを、子供に無理やりつめ込もうとするのです。もともと素質があって親の期待に応えられる子であればいいですが、そうでなければ、親はそのことを認められずに子供を叱りはじめます。そうなると、外から見れば教育熱心な家庭でも、子供には虐待の場なのです」

少年事件を取材していても、スパルタ家庭出身の少年は実に多いと感じる。親が非常に高いハードルを課して、子供がそれについていけないと「努力してない」「なまけ者」と徹底的に罵《ののし》るのだ。「兄ができるのに、なぜおまえはできないのか」とか「あんただけちがう血が流れているんじゃないか」などと言う親もいる。

しかし、勉強もスポーツも、少年の生まれつきの能力が影響するので、努力だけではどうにもならないことがある。たとえば学習障害の子供であれば、何時間勉強をしても偏差値七〇に到達するのは難しいだろう。そういう少年にとってスパルタ教育は虐待となってしまう。

高橋はこう語る。

「家庭環境が良いか悪いかというのは、少年の受け止め方も大きく関係しています。だから、私たちとしては目に見える形での虐待があったかどうかで判断するのではなく、その子が家庭でどんな問題を背負って生きてきたかというところに目を向けて彼らに向き合うことが大切だと思っています」

ここで実際に、筑紫少女苑にいる少女二名が、どのような家庭で育ち、どのような非行をしたのか紹介したい。

【中村朱里（十五歳）】

朱里は、郊外の小さな町で生まれ育った、小柄でかわいらしい女の子だ。四歳上に兄が一人いる。

母親にはうつ病の気《け》があり、父親との関係は非常に悪かった。父親は暴力的な性格で、毎日母親に手を上げて、時には大ケガをさせることもあった。そのことが原因で、朱里がまだ幼稚園にいる時に、両親は離婚する。

翌年、母親は早々に別の男性と再婚した。二番目の父親も、実父と同様に暴力をふるうタイプだった。再婚当初こそ仕事をしていたが、すぐに辞めてパチンコ三昧の生活になり、家は困窮した。

毎日食べるものにも困っているのに、義父は朝から晩までパチンコ店に通いつめている。母親が不満を漏らせば、逆上して手を上げられる。いつしかそれが日常となり、家では毎日のように怒鳴り声が響き、食器が割れ、悲鳴が上がった。

夫婦喧嘩がはじまると、朱里は兄とともに母親を守ろうと必死になって義父に「やめて！」と泣いてすがった。だが、義父は小さな子供二人を押し倒してまで、母親に暴力をふるった。この結婚も二年ともたず、離婚に至った。

時を前後して、朱里はゴルフ教室に通いだした。祖父が近所でプロ選手を輩出するような本格的なゴルフ教室を経営していたので習うことになったのだ。

祖父は、スパルタ指導こそが成長の秘訣だと考える、昔ながらの厳しいコーチだった。事実、母親がうつ病をわずらったのも、この祖父からの厳しい体罰が一因だった。

ゴルフ教室で、祖父は怒鳴ったり手を上げたりして朱里をしごいた。朱里にはほかの生徒より一段階も二段階も高いことを求め、何が何でもプロ選手になれと言いつづけた。

朱里は祖父が怖く、必死に食らいついて練習に励んだ。おかげでゴルフの腕前はめきめきと上達したが、心からゴルフを楽しんだことはなかった。彼女の言葉である。

「おじいちゃんは、ものすごく怖くて厳しい人でした。いつも練習をしろとしか言わなくて、ちょっとでもできなかったら思い切り殴られる。私は中国大会、それに全国大会へ行ったこともあったけど、一度だってほめてもらったことがなかった。どんなに頑張っても、まだぜんぜん足りないみたいな感じで怒られてばかり。本音では辞めたいと思ってたけど、おじいちゃんが経営している教室だから、そんなこと言い出せないし、言ったら何されるかわかったもんじゃない。それで渋々やってた感じ」

家では家庭内暴力を見せられ、ゴルフ教室では祖父から高い理想を求められて体罰を受ける。朱里には安心できる居場所がなかっただろう。

朱里が小学六年生の時、母親は三度目の結婚をしたが、やってきたのはまたも暴力的な男だった。激昂すると歯止めが効かなくなり、朱里がどんなに泣いて止めても母親を叩きのめした。

ある日、この義父が事件を起こすことになる。勤めていた会社で詐欺を働いたのだ。義父は職を失ったばかりか、会社から多額の返済を求められることになった。

母親が三度目の離婚をして他県へ引っ越したのは、朱里が中学に入学する直前だった。

母親はうつ病を悪化させて家庭をまったく顧みなくなり、生活に行きづまると子供たちのせいにして暴言を吐いたり、物を投げてきたりした。

朱里は乗り切ろうとしたが、見知らぬ土地では限界だった。中学一年の三学期に突然心の中で何かが切れて家を飛び出した。何もかもが嫌になったのだ。だが、中学一年の家出少女に真っ当な行き先があるわけもない。

朱里がすがりついたのは、男性の先輩だった。部屋に転がり込んだところ、男性の先輩から肉体関係を求められた。他に居場所のない彼女はやむなく応じた。すると、他の先輩たちもそれを知って、次々と肉体関係を迫ってきた。朱里は断れずに応じた。

——朱里はヤリマンだ。

不良グループがそんな噂を聞きつけて、彼女のもとへやってきて援助交際をしろと迫った。自分たちが客を見つけてくるから、ホテルでセックスをしてこい、と。稼いだ金は山分けにする約束だった。いわゆる「援デリ」と呼ばれる闇ビジネスだ。

朱里は「無理です」と言った。不良グループは彼女を監禁して脅した。

「やらなきゃぶっ殺すぞ！　死にたくなけりゃ、援交しろ！」

朱里は、言いなりになるしかなかった。

先輩グループはすぐに中年男性の客を見つけてきて、最初の援助交際を強要した。朱里がその男性とラブホテルへ行ったところ、コンドームなしで膣内射精をされた。もうどうにでもなれ、と思った。それからは先輩グループがつれてくる男性と片っ端からセックスをした。

朱里は語る。

「先輩たちは私以外にも援交する女の子をもう一人監禁してました。一度、その子が逃げ出したことがあったんです。先輩たちはソッコーで地元の知り合いみんなに彼女の写真をLINEでバラまいて『見つけろ』と命令した。その子はすぐにつかまっちゃいました。それで、先輩たちにスーパーのトイレにつれていかれてフルボッコにされた。私はそれを見ていたので、絶対に逃げられない、と思って、やりつづける覚悟を決めました。

監禁が解かれた後も、家に帰っても仕方ないので逃げませんでした。毎日寝るのはラブホか、先輩の家。援交については、『一日五本（人）やれ』って言われていて、多い日は一日で十一本とったかな。おっさんばっか。金額は、一発一万五〇〇〇円。うち先輩が八〇〇〇円とって、私が七〇〇〇円だった」

先輩からは約束通り分け前をもらっていたが、お金はまったく貯まらなかった。先輩たちが、「時計買え」とか「酒代払え」と朱里にたかってきたのだ。朱里は、汚いことをして稼いだ金を手元に置きたくなく、たかられるままに払いつづけた。何が自分の得になるかさえ考えられなくなっていたのだろう。

　朱里はつづける。

「それでも、家にいるよりはマシだった。お母さんはうつ病がひどくなってからは毎日お酒を飲んで、私を殴ったり怒鳴ったりしてきた。八つ当たりばっか。おじいちゃんだってゴルフを辞めた私のことをあきれ果てて相手にしてくれない。そんな家で嫌な思いをしているくらいなら、外で先輩たちと一緒にいた方がマシでしょ。それで私はそのグループの先輩の一人と付き合いはじめたんです。グループの中で恋愛は禁止って言われてたけど、一番偉い先輩に『お願いします』って頼んで付き合うことにした。その間も援交はしてましたよ。はっきり覚えてませんけど、セックスした相手の数は、三カ月で二百人くらいかな」

　朱里はリーダー格の先輩の女になることで、自分の居場所を見つけようとしたのだろう。

　警察に捕まったのは、家出から三カ月後のことだった。先輩グループの一人の母親が事態を知って通報したのである。警察が、先輩の家に押し入ってきた。かつて朱里が補導された時に、何度か話して親しくなっていた婦人警官の姿もあった。

　朱里は婦人警官に言った。

「ちゃんと立ち直るから家に帰らせて」

だが、警察は今の状況では更生は難しいと判断し、家庭裁判所へと送った。こうして朱里は「ぐ犯」によって少年院への送致が決まったのである。

【谷美帆子（十九歳）】

美帆子は背が高く、長い髪をしたモデルのような子だ。姿勢がよく、物静かな雰囲気がある。だが、赤いジャージの下の細い体には、無数のリストカットの痕や、タトゥーが刻み込まれている。中学時代からくり返し自らを傷つけてきたのだ。

両親が生まれ育ったのは、九州の指定暴力団の拠点として有名な町だった。治安が悪く、そこらじゅうに暴走族や暴力団関係者が跋扈《ばっこ》している。両親は十代の時に結婚し、兄と美帆子が産まれた後に離婚した。

母親は再婚したが、相手は元暴力団員のリサイクル会社を営む男性だった。すでに組を辞めていたが、暴力団仲間とは親しくしており、凶暴な性格だった。家の中にこん棒を用意していて、気に食わないことがあれば、それをつかって妻子を滅多打ちにした。止めたり、抵抗したりすれば余計にやられるので、誰かがやられていても見て見ぬふりをするしかなかった。

母親と義父の間には四人の子供が生まれた。美帆子にとっては異父きょうだいである。

美帆子は言う。

「家は2LDKの団地。そこに子供六人と親二人が住んでたから、義父さんがキレる理由なんていくらでもあった。弟がうるさいとか、テーブルが散らかっているとか。そのたびに、家族の誰かが棒で殴られてました。ものすごく怖くて顔を見ることもできなかった。

義父さん、ヤクザは辞めたって言ってたけど、本当はどうだったのかな。同じ団地には、義父さんのヤクザの友達がたくさん住んでいて、近所には組長さんの家もあった。しょっちゅうそこに出入りしてたし、団地に住むヤクザの人が捕まったりしたら、義父さんが普通に刑務所へ面会に行ってたよ」

おそらく準構成員のような存在だったのだろう。

結婚生活が長くなるにつれ、義父の家庭内暴力はエスカレートしていき、母親も身の危険を感じて子供をつれて実家に逃げ帰ることもあった。ただ、夫が態度を急変させて「子供たちに会いたい」と言うと、母親は呆気なく許して家に帰るのだが、数日後には再び家庭内暴力がはじまった。

家で、母親と義父は美帆子たち六人の子供を放置していた。洋服さえまともにそろえてもらえず、小学校で美帆子は「うざい」「臭い」「汚い」などと罵られていじめに遭っていた。そのせいもあり、美帆子は小学校の高学年から不登校になる。

中学に進学してからは、美帆子はたびたび家出をするようになった。義父が暴れるのを見たくなく、怒鳴り声が響きわたると家から出ていくことにしていたのだ。

ある日、美帆子は夫婦喧嘩がはじまったので、いつもと同じように家を出た。外を徘徊して深夜にもどると、母親が怒り狂っていた。

「美帆子、なんで家を出ていったの！　私を放っておいていいと思ってるの？　あんたみたいな子は、うちに帰ってこなくていい！　もう出ていきなさい！」

美帆子は仕方なく近所に暮らす親戚の家に転がり込んだが、歓迎してもらえなかった。彼女は親戚の家に居心地の悪さを感じ、だんだんと町にたむろする不良グループとすごすようになった。彼らは、万引き、恐喝、おやじ狩りで荒稼ぎしていた。美帆子もくわわっているうちに、先輩からこう言われた。

「援交やろうぜ。こっちの方が確実に稼げるから」

断れば、不良グループから仲間外れにされるかもしれないと思って承諾した。

援助交際は先輩たちがネットで客を見つけて来てくれて、美帆子たち女子が会うことになった。デートだけで数千円、セックスをすれば数万円。稼いだ金は、みんなで山分けして危険ドラッグをやって使い果たした。刹那《せつな》の幻覚に溺れることで、つらい現実を忘れようとしたのだろう。心の傷をごまかすため、根性焼きをしたり、タトゥーを入れたりしてさかんに体を痛めつけた。

いくら暴力団の多い町だとはいえ、連日こんなことをしていれば、警察に目をつけられる。中学一年の終わり、美帆子は仲間とともに新聞販売店から盗んだカブを乗り回し、路上でケンカをしていたところを補導された。警察に呼び出された母親は言った。

「うちにはお金もないし、こんな子をつれて帰りたくない！」

娘の引き取りを拒否したのだ。

美帆子は児童相談所の一時保護所に預けられることになったが、母親に見捨てられたショックからすべてがどうでもよくなった。そして一時保護所を逃げだして夜の町にもどり、生活必需品を万引きで集め、再び不良グループとつるみはじめた。ここにしか自分の居場所はないと思っていた。

数カ月後、美帆子は警察に逮捕された。次に送られたのが、市外にある一時保護所だった。市内だとまた逃げ出すと思われたのだ。それでも美帆子はあきらめず、隙《すき》を見て逃亡した。地元にもどって身を隠しながら不良グループと犯罪をくり返した。

三度目に警察に捕まったのは、中学三年の時だった。この時は、家庭裁判所から児童自立支援施設への送致が言いわたされた。少年院でなかったのは、十四歳だったことに加え、家庭環境があまりにも悪かったためだろう。

児童自立支援施設は少年院にくらべれば規律はずっと緩い。だが、美帆子はほかの生徒たちに合わせて生活をしていくことに耐えられず、周囲の生徒や職員とぶつかって暴れたり、施設から抜け出して万引きをしたりした。そんなある日、彼女はジュースを万引きして捕まったのをきっかけに、少年院へ送致されることになった。

美帆子は当時の精神状態について語る。

「児相とか、施設に入っているのはほんと苦痛だった。だって、友達に会えないじゃないですか。それでやけになって、しょっちゅうリスカ（リストカット）してた。施設にはカッターとかないんですけど、やりたくてしかたないから、テーブルの木をはがして、それで手首を切ってた。リスカは、十四歳の時から思い立つたびにしてましたね。

なんでリスカしてたのかな……。一つは手首を切ったら、なんか罪が消える感じがしたっていうのが大きいかな。罪っていうのは、外でやったいろんな悪さ。何週間かに一度くらい罪悪感がどんどん膨らんできて止まらなくなって、ワーッって感じでわけわかんなくなって手首を切っちゃう。そうすればワーが治まるから……。

あとは、人に怒られた時とか、何かやろうとしてうまくやれなかった時に手首を切ってた。ぜんぜんうまくいかないと、とにかく逃げ出したくなりますよね。でも施設にいたらどこにも逃げられないでしょ。それで手首を切って、全部リセットすることにしてた」

彼女は生きるために非行をしていたが、それを重ねて不安が膨らみどうしようもなくなった時、半ばパニックになって手首を切っていたのだ。

筑紫少女苑には、十六歳から十七歳までの約一年間入ることになった。本人はジュースを盗んで少年院に送られたとしか考えず、反省の意志もなく、一日でも早く出院することだけを願って猫をかぶっていたという。

出院の際は、母親が渋々引受人になってくれた。だが、団地に帰ると、義父が相変わらず家庭内暴力をしていた。美帆子は、「こんな家にいるのムリ」と思って、再び家を出た。

美帆子が頼った先は、少年院で知り合った少女たちだった。院内では連絡先の交換は固く禁じられていが、SNSを駆使すれば容易く見つけることはできる。

転がり込んだのは、詐欺グループが拠点としているマンションだった。中年女性が、息子を含めた未成年たちを数人住まわせ、詐欺や取り立ての手伝いをさせていた。美帆子は、マンションに居候させてもらいながら、その手伝いをした。空いている時間にはドラッグをし、同居する男たちとセックスした。

一年後、美帆子は自殺未遂を起こした。原因は中絶だった。

「十八歳の時、私、十三歳の子と付き合ってたんだ。同じマンションに暮らしていた子。そしたら、妊娠しちゃった。彼は十三歳だし、育てんのとか無理って言われたけど、私は一人でも産んで育てるつもりだった。なんだか、子供がほしかったから。でも、両方の母親から猛反対されて、お金を半分ずつ出してもらって中絶することになった。

手術は無事に済んだけど、それからメンタルを病んじゃった。だって、中絶ってすごいつらいんだもん。赤ちゃん殺しちゃったわけだし。私なんか生きてる価値ないって考えるようになった。自殺して死んじゃった方がマシだって。それで、手元にあった薬をあるだけ飲んだ。でも、死ねなかった……」

美帆子は一命を取り留めたが、十三歳の彼氏には逃げられた。

退院後、美帆子は行き場のない思いを発散するように万引きをくり返した。ほしいものがあったわけではない。とにかく、店に入って目についたものを手当たり次第に盗んだ。

スーパーで補導されたのは、そんなある日のことだった。お菓子を盗んで店を出ようとしたところを捕まったのだ。家庭裁判所での少年審判の結果、二度目の少年院送致の決定が下され、再び筑紫少女苑に送られた。

親から受けた傷

朱里と美帆子のケースに共通するのは、物心ついた時から親による暴力にさらされていた点だ。

父親が大声で母親を罵り、暴力をふるう。これを日常的に見せられるのを「心理的虐待」というが、父親からじかに身体的な暴力をふるわれることもあった。彼女たちにしてみれば、家は恐怖の場であり、常に緊張を強いられている状態だっただろう。

二人とも小学生のうちは必死になって耐えるが、思春期になると心が折れたように家の外へ飛び出して同じような境遇の不良グループと付き合いはじめる。不良グループの中で居場所を得るには、万引きや売春といった彼らの行動原理に染まらなければならない。そんなふうに非行をくり返していくうちに、倫理観を失い、他人だけでなく、自らのことまで傷つけるようになる。

これは、劣悪な家庭環境で育った子供たちが道を踏み外すまでの典型的なパターンだ。

先述の高橋は語る。

「家庭の問題は、少年たちに多大な悪影響を与えます。彼らの一部は、悪い家庭環境によって、自分自身を大切にする思考を失っていたり、リスクの高い人間との関係の中にしか居場所を見つけられなかったりといった問題を抱えてしまっています。言い換えれば、健全な家庭で育った少年より、不利な要素をたくさん抱えてしまうことがあるのです」

悪い家庭環境が及ぼす悪影響は心理面、行動面の二つに大別できるという。

・心理面
自己否定感
家族への両価的な感情（抵抗感と執着）
ＰＴＳＤ（心的外傷後ストレス障害［ヒステリー、過呼吸］）
依存症的な傾向（薬物、性など）
・行動面
暴力の親和性・肯定・容認
身体的な未成熟（育児放棄を受けた少年）
家出
性の乱れ

高橋が接していて感じるのが、少女たちが持つ自己否定感だ。少女の場合、それは自分を傷つける行為として現れることが多い。一つが自傷行為だ。

「男子に比べて、女子の方がリストカットのような自傷行為は多いと言われています。感情が他者ではなく、自分に向いてしまうのでしょう。自己否定感が膨らんで、自分をいらない存在だと思い込んでいたり、人にかまってほしいという思いから、自分の体を傷つけるのです。手首だけでなく、太ももや脇なんかを切る子もいます。もちろん院内では刃物の所持は禁止ですが、あまりに衝動がつよい子は、木の棒や爪でもやってしまう。本当にひどい子になると、自分の顔を切って、流れ出た血で壁に字を書いたこともありました」

リストカットは、大きく二つに大別される。

一つは、死にたい、あるいは自分を消し去りたいという衝動で行うものだ。美帆子のように不安が膨らんで突発的にやったり、自分を傷つけることで安心や落ち着きを得たいと思ってやる。

二つ目が、周囲の気を引くための自傷行為だ。手首を切れば、周りの人たちから心配してもらえる。ふり向いてもらいたいという気持ちから自分を傷つけるのだ。

ある女子少年院では、「リストカットと過呼吸は伝染する」と言われている。過呼吸も人の気を引くために起こることがあるため、少年院では誰かがリストカットや過呼吸を起こすと、つづけざまに他の者たちにも起こるのだ。それだけかまってもらいたい気持ちが大きいのだろう。

「もう一つ、女子に特徴的なのが摂食障害ですね。これも自己否定感が原因となっています。若くてすごくかわいいのに、自己への嫌悪感がつよすぎて、『太ってる自分が嫌』『もっと美しくなってほめてもらいたい』という思いにとらわれてしまう。それで食事を拒否するようになるんです。

少年院では、三食をきちんととるのが原則ですが、こうした少年たちに無理やり食べさせることはしません。食べてしまったという罪悪感から吐くので止められないんです。なので、彼女たちにはできるだけ高カロリーのものを食べさせるようにしたり、栄養補助剤を飲ませたりしています。

摂食障害の少年は、集団寮に入れてもほかの少年たちとうまく関係性を築くことができませんね。精神的にも、体力的にも、集団活動ができないので、単独寮に住まわせます。BMI（肥満指数）が一五・〇までならうちで対処しますが、それ以下になってしまうと医療少年院へ送致することもあります」

WHO（世界保健機関）の標準では、BMIが一八・五〜一六・〇が「低体重」、一六・〇未満が「飢餓状態」とされている。たとえば、BMI一四・〇であれば、身長一六〇センチに対して体重がわずか三六キロほどだ。

摂食障害の中には、こうした「拒食症」のほかに、「過食性障害」の症状もある。食べるだけ食べて嘔吐するというものだ。こちらの場合は、窃盗で逮捕されて少年院に送られてくることが多い。とにかく大量に食料を手に入れなければという強迫観念から、窃盗をしてしまうのである。

「家庭が少年に及ぼす影響はリストカット、過呼吸、摂食障害のほかにもたくさんあります。成育環境と本人の問題性が重なり合って、彼女たちを簡単に薬物、売春、暴力、窃盗といった非行に走らせてしまうのです。矯正教育の役割は、少年個々のそうした問題を発見し、少しでも改善させることで、ここを出た後に社会復帰できる道筋をつくることです」

少年たちが家庭の悪影響によって背負ったハンデを取り除き、社会で円滑に生きる術を身につけさせるのが少年院の役割の一つなのである。

発達障害、精神疾患などの問題

少年の犯罪に目を向ける時、家庭環境と同じく注視しなければならないことがある。少年の知的障害、発達障害、精神疾患などの問題である。

前もって断っておくが、少年院に収容されている少年における知能指数は、極端に低いわけではない。筑紫少女苑でいえば、次の通りだ。

一〇〇以上　一名
九〇〜九九　六名

八〇～八九　五名
七〇～七九　四名
五〇～六九　二名
四九以下　　〇名
（一般的な基準では、知能指数三五～四九が「中度知的障害」、五〇～六九が「軽度知的障害」、七〇～七九が「境界領域知能」）

これを見るかぎり、軽度の知的障害と判断されるのは、十八名中二名に留まる。七〇にかなり近く、「知的障害の疑いがある」とされる者を含めると三名だ。公立の小中学校の平均値に比べれば全体的にＩＱは低いが、かならずしも知的障害者が多いわけではない。たとえば先述の美帆子も、ＩＱは一〇〇前後ある。

ただし、発達障害や精神疾患がある少年の割合は高い。首席専門官の山﨑裕子は語る。

「少年の中で発達障害の疑いがあるとされているのは、十八名中五名です。また、精神的な問題があるとして薬を服用しているのが四名。うちは医療施設ではないので、積極的に薬を飲ませることはしませんが、医師によって必要と診断された場合は服用することになっています。

とはいえ、薬を服用していない少年がまったく問題ないかと言われれば、そういうわけでもありません。病気の診断を受けていなくても、リストカットをしたり、情緒が不安定で暴れたりするような子もいます。なので、私たちは、少年が今現在どういう精神状態にあるのかということにより気を配って動いています」

詳しいことは第二章に譲るが、発達障害や精神疾患だからといって、少年が犯罪を起こすわけではない。それでも一部の子は、明らかにそれが一因で反社会的行為に及んでいる。その事例を見てみたい。

【斉藤夢実(十五歳)】

夢実は、五人姉妹の次女として生まれた。長女は生まれつきの脳性麻痺で福祉施設に預けられていたので、夢実は早くから長女の役割を期待されていた。

家庭は平穏とはほど遠かった。父親と母親は二人とも少年院にいたことのある札付きの不良だった。父親の仕事は解体業、母親は主婦。家は、家賃の安い2LDKの市営団地だったため、なんとか生活は成り立っていたが、夫婦とも荒っぽい性格で、二、三日に一度は大ゲンカをしていた。

ぶつかるきっかけは、父親の酒癖の悪さだった。毎晩日付が変わる頃まで飲んで、酔うと因縁をつけてくるのだ。母親も元不良だけあって真っ向から反発するので、あっという間にヒートアップして殴り合いに発展することも少なくなかった。夢実はそんな両親の争いの矢面に立って、妹たちを守った。

夢実の言葉である。

「お父さんもお母さんも普段は普通の大人だと思う。でも、酒を飲んだらダメ。あらゆることがケンカの理由になる。たとえば、私が五時の門限を少しでも破っただけで、お父さんはしつけが悪いと言い出して母親や私を殴ってくる。ご飯を残したり、きょうだいゲンカをしたりしても同じ。小さい時は、私がいるせいでケンカが絶えないんだって後ろめたく思ってた。

お父さんは、お母さんだけでなく、私たち子供にも暴力をふるってた。酔うと、まったく見境がなくなるの。ある日、私が寝ていたら、お父さんが酔って部屋に入ってきて私を持ち上げて、床に思い切り叩きつけた。理由なんて何にもない。私が寝てたのがムカついたみたい。叩きつけられた時はものすごい衝撃で呼吸ができなくなって死んだと思ったほどだった。そんなことが、しょっちゅうだった」

小学校に上がってしばらくすると、夢実の心に異常が生じる。何も理由がないのに、激しいいら立ちでじっとしていられなくなるのだ。

最初は、睡眠中にその感情に襲われた。真夜中に突然激しい怒りがこみ上げて目を覚ましたり、明け方に飛び起きたりするのだ。そんな時は昂りを抑えられず、暴れずにはいられなくなる。

夢実はほとんど無意識のうちに隣で寝ている妹たちにその感情をぶつけた。飛び起きた勢いで妹たちを殴りつけたり、物を投げたりする。両親に馬乗りで押さえつけられるまでパニックは収まらなかった。

この傾向は、年齢が上がるにつれてどんどん悪化した。寝覚めの時だけでなく、昼も夜も、見境なく周囲の人々に手を上げた。母親は手に負えないと考え、ある日夢実を近所の病院へつれていった。医師の診断はこうだった。

「ADHD（注意欠陥・多動性障害）だと思います。イライラはここからきているようなので、精神を安定させる薬を処方します」

処方されたのは、コンサータという向精神薬だった。これを食事の後に一回二錠ずつ服用するようにと指示された（後に、夢実は双極性障害＝躁うつ病とも診断される）。

夢実は語る。

「コンサータは効いたよ。しばらくはイライラがなくなってちゃんと寝られるようになったし、妹たちにも暴力をふるわなくて済んだ。でも、ちょっとして薬を飲まなくなっちゃった。お父さんもお母さんも相変わらずケンカばかりだったし、お父さんからもずっと叩かれていた。そもそも、薬を飲めっていうお母さんだってうつ病になってて、何言ってるかぜんぜんわかんないんだもん。そんな中で生活してたら、自分の病気を治すことなんてどうでもよくなっちゃった」

両親の身勝手で暴力だらけの生活の中で、夢実は自分を大切にすることさえできなくなっていたのだろう。

中学に入学して間もなく、父親が酔った勢いで暴行事件を起こして逮捕された。その噂は一気に広まり、夢実まで白い目で見られるようになる。彼女は自棄になって不良の先輩たちと付き合いはじめる。

薬の服用を止めたことで、彼女は四六時中激しいいら立ちにさいなまれており、それは際限のない暴力として表出した。誰彼となく因縁をつけて襲いかかり、相手が立てなくなるまで殴りつけるのだ。女性だけでなく、気の弱い男子生徒を呼び出して何十分間も暴行したこともあった。不良の先輩たちは、夢実が病気だということは知らず、ただ「気合の入った人間」と思っていた。

「遊ぶ金は、『美人局《つつもたせ》』で稼いだ。ネットで援交したいっていってサラリーマンを呼び出すの。そいつを先輩が取り囲んで『警察に言うぞ』と言って金を巻き上げる。一回に五〇万円以上とってた。おっさんはびびって払ったよ。その金でカラオケとかでオールして遊んでた。家とかにはまったく帰らなくなってたかな」

両親は自らのことを棚に上げ、非行に走る夢実に「俺たちみたいに臭い飯を食いたくなければ、真っ当に生きろ」と叱ったが、何を今さらという気持ちだった。

中学一年の終わりには、夢実の悪名は学校内外に知られていて、先輩でさえ止められなくなっていた。背中にタトゥーを入れ、盗んだ単車で暴走し、見ず知らずの通行人に飛びかかってケガを負わせる。それでもいら立ちを抑えられない時は、手足に根性焼きを入れるなど自分自身にまで暴力性を向けた。

初めて家庭裁判所に行ったのは、中学一年の春休みだった。恐喝によって、警察に逮捕されたのだ。少年鑑別所へ送られたが、両親がきちんと面倒をみると約束したことで、保護観察処分で済んだ。

だが、夢実は少年鑑別所から出るとさらに荒れた。器物の破壊、暴力行為、スプレーでの落書き、恐喝、万引きなど……。壊れた車が人ごみを暴走するように非行をくり返したのだ。

再び逮捕されたのは、それから数カ月後のことだ。ビルに設置されていた消火器を持ち出した容疑だった。保護観察中であったことにくわえ、これまでの問題行動も重視されて、少年院への送致が決まった。

現在の状況を彼女はこう説明する。

「ここに来てからお医者さんに処方されて薬を飲んでる。イライラの原因は、やっぱり病気のせいだっていわれた。けど、今飲まされている薬は、前に飲んだ薬（コンサータ）ほど効いてないかな。だから、今でもいら立ちが止まらない時がある。ここを出たら、また前の薬を飲んだ方がいいかなって思っている」

彼女は少年院にいる間に、薬によって自分の感情をコントロールする術を身につけたいと思っているらしい。

個別の要因を見つめる

少年が知的・精神的な問題、あるいは発達障害を抱えているからといって、かならずしも非行をするわけではない。だが、そうした特性が家庭環境によって悪い方に作用してしまうことがある。

たとえば、ＡＤＨＤの人の特徴として「感情をそのまま口にする」とか「衝動的に動いてしまう」といったものがある。普通のＡＤＨＤの子であれば、授業中に「お腹空いた」と言ったり、給食の前に何かを食べてしまったりするくらいだ。

ところが、被虐待のＡＤＨＤの子の場合は、「お腹が空いてイラついたから人を殴る」「食べ物がないから盗む」となることがあるのだ。

ここで紹介した夢実は、その一例と言えるかもしれない。

彼女は小学生の時点で障害があると診断されている。少なくとも、ＡＤＨＤと双極性障害の二つの診断は下されていて、薬も処方されているのだ。

もし夢実が落ち着いた家庭で育っていれば、ここまで攻撃性をむき出しにすることはなかっただろう。周囲の助言に従って定期的に薬を飲んで、落ち着いた学生生活を送れたはずだ。

しかし家では毎日のように夫婦喧嘩が起きて、夢実自身もいわれのない暴力にさらされてきた。さらに不良の先輩たちと付き合うことで、非行が当たり前の環境に染まった。結果として、彼女のＡＤＨＤの特性が暴力や窃盗といった非行につながっていったのだ。

病理と非行のかかわりについての詳細は、次章で詳しく検討していくが、こうしてみると、彼女を立ち直らせるには、まず薬の服用によって感情を抑制した上で、認知の歪みを直していく必要があることがわかるだろう。単純に薬を飲ませるだけ、あるいは認知の歪みを修正するだけでは足りないのだ。これこそが、非行が複合的な要因によって引き起こされるといわれる所以《ゆえん》なのである。

第二章　少年の〈心の闇〉とは何か

児童自立支援施設「国立武蔵野学院」

少年たちの「育て直し」

埼玉県の東川口駅からタクシーで十分ほど行くと、田んぼと林に囲まれた学校のような建物がある。コンクリートの校舎を中心に、一階建てのロッジのような寮や、プール、運動場、それに畑などが点在している。寮の庭には、鶏まで歩き回っている。

ここは、児童自立支援施設「国立武蔵野学院」だ。前章で述べたように、家庭裁判所で少年の年齢が若かったり、精神的に未熟であるために家庭的な環境に置いた方がいいと判断された場合は、少年院ではなく、児童自立支援施設に送られることになる。国立の施設は全国で二カ所しかなく、ここが男子専用、栃木県にある「国立きぬ川学院」が女子専用の施設だ。

児童自立支援施設の生活環境は、少年院とはまったくちがう。高い塀に囲まれているわけでも、すべてのドアに鍵がかかっているわけでもなく、少年たちは広い敷地内を自由に歩き回ることができる。学校が併設されており、各寮では職員の家族と十名弱の少年たちが共同生活を送る。

児童自立支援施設に暮らす少年たちの家庭環境は、少年院のそれと同じくらい、もしくはそれ以上に悪い。二〇一五年の統計によれば、武蔵野学院に在籍していた三十名の少年（全員中学生、平均在院期間一年五カ月）のうち虐待の被害者は七割から八割にのぼるとされている。

二〇一三年度に入所した十七名の保護者と、初めて非行を行った年齢を示せば次のようになる。

保護者

実父・実母	二名
養父・実母	二名
実父・養母	一名
実父のみ	四名
実母のみ	八名

初発非行年齢

五歳以下	一名
六歳〜七歳	七名
八歳〜九歳	三名
十歳〜十一歳	二名
十二歳〜十三歳	三名
十四歳〜十五歳	一名

実父母がそろっているのが十七名のうち二名しかおらず、全体の七〜八割が虐待を受け、大半の者が小学生の時から非行に走っているのだ。少年たちが幼い時期に心に傷を負い、それが非行へとつながっていることがわかるだろう。

武蔵野学院が夫婦小舎制という家庭に近い生活環境を設けているのは、家庭に恵まれなかった少年たちの「育て直し」をするためである。職員が親の代わりとなって接し、一緒にご飯を食べ、遊び、悩みを共有する。場合によっては、少年たちが職員の夫婦喧嘩を止めたり、赤ちゃんの世話をしたりすることもある。「家庭」を疑似体験させることで、健全な精神をつくり直すのだ。

武蔵野学院が、他の児童自立支援施設とちがうのは、医師や看護師、それに心理療法士が常駐し、医療ケアがなされていることだ。近年の脳科学や精神医学の研究によって、虐待を受けた少年たちの脳や精神がどのように傷つき、なぜ逸脱した行動をとるのかというメカニズムが明らかになってきた。ここでは、そうした知見をもとにして医療の面からの取り組みも行われている。

図2　虐待的な生育環境におかれた脳(A)とそうでない脳(B)

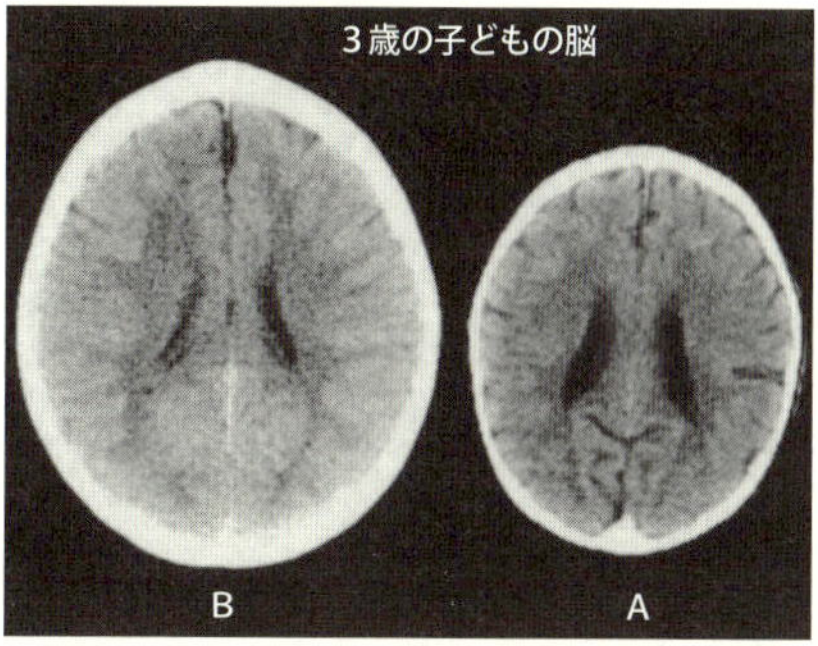

出典：Horrifying scans that show the real impact of love

一例として図2を見ていただきたい。

これは、虐待を受けた少年と、そうでない少年との脳のちがいである。人によって個体差はあるものの、虐待を受けることで、海馬《かいば》や扁桃体《へんとうたい》などが萎縮し、場合によってははっきりとわかるほど脳の成長が遅れることがあるのだ。

このように発達を阻害された脳を持つ少年は、標準的な脳の子供よりも様々な生きにくさを抱える。虐待によってダメージを受ける脳の部位によっても、その影響は異なるとされている。具体的には次のような指摘がある。

・被虐待児で異常が指摘されている脳領域
脳梁《のうりよう》、島《とう》……解離症状
海馬、扁桃体……ＰＴＳＤ
前頭前野……実行機能の障害
前帯状回……注意の障害
上側頭回、眼窩前頭皮質、扁桃体……社会性・コミュニケーションの障害
（杉山登志郎『子ども虐待という第四の発達障害』）

これらの異常が複合的に生じる場合もある。そうなると、少年が抱える問題はどんどん複雑化していく。

一般的にこうした子供は成長してどのような特性を持つようになるのか。『心と社会』（31巻1号、通巻99号）をもとに、主なものをまとめてみたい。

・低身長、栄養発育障害（成長ホルモンの分泌が阻害されるため）
・過食、盗み食い、異食
・痛みに対する無反応

・多動、暴力（思春期以降は、校内暴力、不登校、怠学など）
・警戒的、もしくは逆に表層的な人なつっこさ
・虚言傾向、器物破損、喫煙、飲酒
・摂食障害、不安障害、解離性障害（ヒステリー）、抑うつ

これを見るだけでも、虐待がどれだけ少年たちに悪影響を与えているかがわかるだろう。

国立武蔵野学院と国立きぬ川学院で精神科医として働く富田拓《ひろし》（五十七歳）は語る。

「虐待が子供の脳に様々なダメージを与えるということは以前から言われていました。細かく言えば、虐待の種類によっても子供に対する影響の大きさが異なります。子供の心を一番壊すのがネグレクトですね。親から存在していないかのように放置されると、自己否定感が肥大してしまいます。生きていてもしかたない、自分なんてどうだっていいんだという気持ちが心の大半を占めてしまう。こうなると、施設で私たちが一生懸命に改善させようと思っても、その気持ちがネックになってうまくいかなくなってしまうんです」

医師の立場で言えば、薬によって子供を落ち着かせて一時的に暴力衝動を抑えることはできても、自己否定感までは消せないということだ。虐待の種類を悪影響が大きい順に並べれば、①ネグレクト、②性的虐待、③身体的虐待、心理的虐待になるという。

とはいえ、虐待を受けた少年たちすべての心が壊れ、非行に走るわけではない。その理由について次のように語る。

「被虐待の子供でも八割以上はちゃんと育っていきます。親が暴力をふるっていても、おばあさんがやさしくしてくれたり、近所の親戚が大事にしてくれたりしていればいい。少年の中には、生まれつき虐待に対する耐久性を備えている子供もいるでしょう。しかし、周りに愛してくれる人がまったくいなかったり、知的や発達の障害があって耐久性が弱かったりすると、虐待による悪影響が他の子供以上に大きく出てしまう。虐待の影響は、子供個人によって全然ちがうのです」

後述するように、武蔵野学院の少年のうち半分以上は発達障害など何かしらの問題を抱えている。

では、非行はどのようにして起こると考えられているのだろうか。富田へのインタビューに加えて、近年の脳科学、精神医学の研究を参考にして、虐待が及ぼす問題のパターンをいくつか見ていきたい。

素行症と愛着障害

少年が非行をくり返すことは、医学的には「素行症《そこうしょう》（素行障害・行為障害）」と呼ばれている。一定の年齢になっても、社会のルールを無視して、暴力、万引き、家出、不純異性交遊といった非行をつづける状態だ。

素行症で重要なのは、原因が一つとはかぎらないという点だ。インフルエンザであればウイルスが体内に侵入して起こるが、素行症は図3のように社会的要因（家庭環境、友人環境、教育環境など）、心理的要因（トラウマ、自己否定感、希死念慮など）、生物学的要因（発達・知的障害、遺伝的問題、生来の気質など）といった、複数の要因が複雑に絡み合って引き起こされる。

図3　素行症の多相・多因子化「生物―心理―社会モデル」

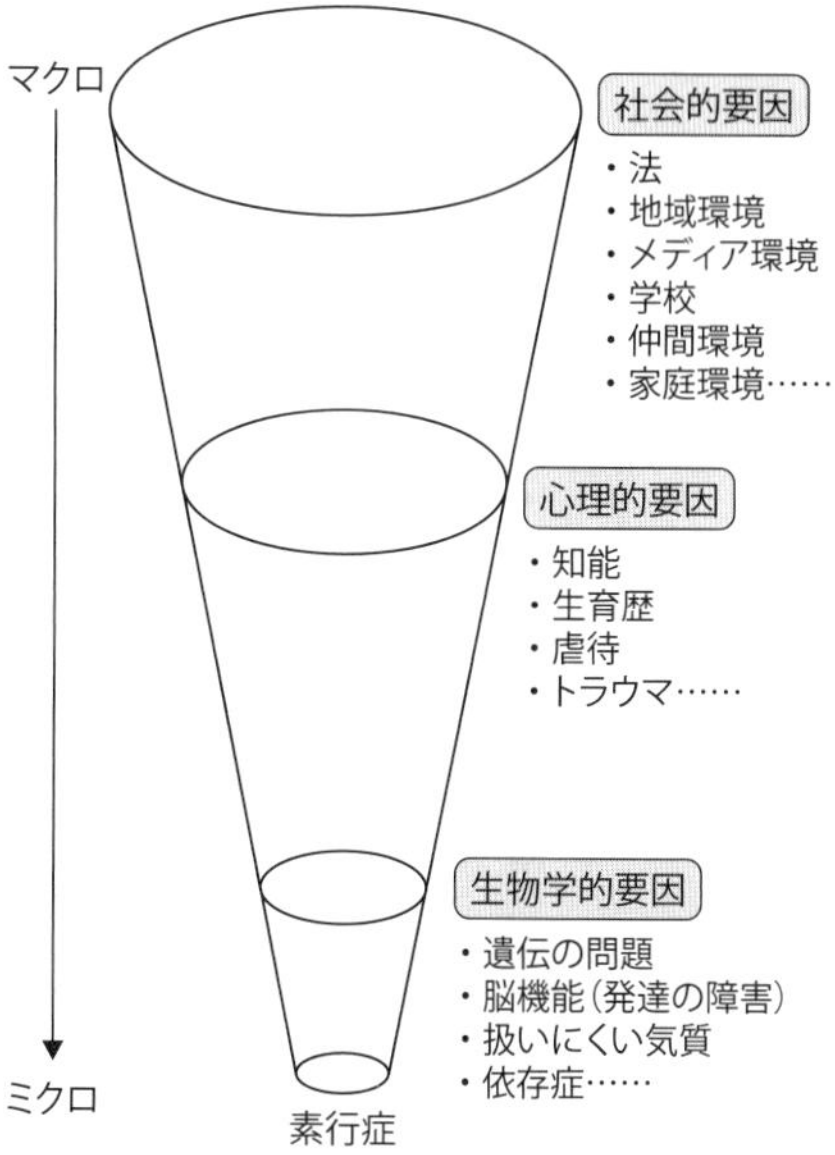

『非行と反抗がおさえられない子どもたち』より

素行症は二つのタイプがあり、十歳未満で発症する「小児期発症型」と、それ以降に発症する「青年期発症型」にわかれる。前者は小学生の低学年から窃盗や暴力といった問題行動がはじまり、年齢が上がるにつれて非行内容がエスカレートしていく。後者は、主に中学生以降の思春期になって粗暴な行動をとるようになる。

一時代前とくらべると、日本では少年非行の割合は減っていて、十五年くらい前のピーク時と比較すると、児童自立支援施設と少年院とでは次のようになっているそうだ。

・入所非行少年数の減少率
　児童自立支援施設　二割減
　少年院　　　　　　五割減

この減少率の差はどうして生じるのだろうか。

原因の一つとして考えられるのは、入所年齢の関係から、児童自立支援施設では小児期発症型の割合が高く、少年院入院少年には青年期発症型が多く含まれる、ということだ。小児期発症型は発達障害や知的障害といった生物学的要因が大きいとされており、青年期発症型に比べると、社会的な影響による人数の増減が起こりにくいと考えられる。それゆえ、非行少年が大きく減少している中でも、小児期発症型の数は減りにくく、それが児童自立支援施設と少年院の人数の減少幅の違いを生んでいるのではないかという意見もある。

とはいえ、どちらの少年にも共通するのが家庭環境の劣悪さである。児童自立支援施設の職員は次のように述べる。

「児童自立支援施設の児童はほぼ九割の可能性で家庭に何かしらの問題があり、きちんとした愛情を受けずに育ってきています。そんな彼らが抱えてしまうのが愛着障害です。医師にそう診断されるかどうかは別にしても、ほぼすべての子が少なからず愛着の問題を持っていますね。私たちが児童と接する際に意識するのは、親の代わりとなっていかに愛着形成をしてあげられるかなのです」

施設の職員にここまで言わしめる愛着障害とは何なのか。

愛着障害を一言で表せば、虐待をはじめとした不健全な家庭の中で、子供が親としっかりとした関係を結べないことによって、生きていく上で様々な支障を持ってしまう状態のことだ。

一般的に、赤ん坊というのは、親（もしくは親の代わりとなりうる者）の愛情を受け、保護してもらいながら成長していく。赤ん坊が最初に知るのは、お腹がすいて泣けばお乳をもらえるとか、親の手をつかんで笑えば笑い返してくれるのだとかいったことだ。赤ん坊は親との適切で安心できる関係の中で、信頼感、愛情、共感性といったものを身につける。

一歳をすぎて幼児と呼ばれる年齢になれば、こうしたコミュニケーションは親以外へと広がっていく。子供は親に守られている安心感の中で、家族以外の子供や大人にも笑いかけてみたり、初めて見るものに興味を示して触ろうとしたりする。親との関係性をベースにして、外部の人と関係を持とうとする。

子供たちの試みがすべてうまくいくとはかぎらない。見知らぬ人と遊んで怖い思いをして親の元へ逃げ帰ることもあれば、物を壊してビックリして泣いて親に助けられることもあるだろう。逆に言えば、親に守ってもらえるからこそ、社会の中で生きていく練習をつみ重ねていくことができるのだ。これはまるで親という「港」を手に入れて海へと漕ぎだした船のようなものだ。

子供はこのようにして他者とつながる術を身につける。他人の気持ちを考えられるようになり、信頼関係を結べるようになる。みんなとうまくやるには、自分の感情をどう抑えればいいのか、気持ちを人につたえるための最善の方法は何か。そういうことがわかるからこそ、社会の中で円滑に生きていくことができるのだ。

ところが、もし親子の間に虐待があったらどうだろうか。

親に褒めてもらおうと思って何かをしても殴られる。「おまえなんて産まなければよかった」と言われつづけることで、自分が生きていること自体が悪いのだと考える。母親が次々と新しい男を家につれ込んでくるので、誰に甘えればいいのかわからない。虫歯になっても病院へつれて行ってもらえず、痛みに耐えるしかない。洗濯をしてもらえないので外では「汚い」と蔑まれる……。

こうした環境に置かれると、子供はうまく自己形成ができず、物心つく年齢になっても、他者と適切に接することができなくなる。「人の気持ちを考える」「相手が喜ぶことをする」「信頼関係を構築する」「正しい自己表現をする」……。そうしたことができないまま成長するので社会性に乏しくなるのだ。

また、家庭が危険な場所であるため、子供たちは二十四時間にわたって野生動物のような緊張を強いられる。人に危害を加えられるかもしれないという前提があるので、他人を信頼せず、少し不安に陥っただけで自分を守るために相手に暴力をふるおうとする。

こうした特性を持った子供は小学生くらいの年齢になっても、人と適切な関係性をつくって生きていくことができない。その結果、「愛着障害」と診断されるような特徴が目立つようになる。

感情面

愛着障害は大きく五つの面で問題がみられる。

「孤独感、疎外感」「脳内の緊張が高く常にいら立つ」「癇癪を起こしやすい」「未来に絶望を感じている」「生活の変化に対応できない」「心から楽しんだり、喜んだりできない」

行動面

「過度の刺激を求める」「破壊的行動をよくする」「弱い者に残酷」「多動で衝動や欲求を自制できない」「無責任」「自虐的で自傷行為を行う」「暴食、偏食」「愛してくれる人に対して攻撃的、挑戦的である」

思考面

「自己否定感がつよい」「リスクに挑戦できない」「年齢相応な思考ができない」「忍耐力、集中力に乏しい」「柔軟な思考ができない」「因果関係がわからないので常識が通用しない」

人間関係

「人を信頼しない」「他虐行為」「責任転嫁」「人の目を見ない」「同年配の友人ができない」「他人の感情を理解できない」「見ず知らずの人に愛嬌を振りまき、まとわりつく」

身体面

「未成熟で小柄」「触れられるのを嫌がる」「痛みに鈍感」「非衛生的になりがち」

道徳面、倫理観

「社会から外れていると思っている」「愛することができないと思っている」

（ヘネシー・澄子『子を愛せない母　母を拒否する子』を参考）

愛着障害の少年たちは、右記のような特徴を持っているために社会の規範から外れるような行動をとることがある。

人のことを信頼せずに、不良グループの中に身を置き、勘違いや自己顕示欲から暴力に走れば「傷害」になる。刺激を求めるあまりバイクで暴走行為をすれば「道路交通法違反」になる。貧困家庭で何も与えられないなか、物欲を抑えられずに物を盗めば「窃盗」になる。親から得られなかった愛情を歪んだ形で不特定多数の異性に求めれば「売春」になる。つらい状況を幻覚で忘れようとすれば「薬物乱用」になる。愛着障害に環境要因が相まって非行を生むのだ。

近年の事件の中で、裁判で愛着の問題に注目が集まったものがある。二〇一三年に広島で起きた少年少女によるリンチ殺人事件だ。概要を簡単に紹介したい。

広島少女集団暴行殺害事件

主犯の少女A（十六歳）の両親は幼い頃に離婚をしていた。家の中でAは母親と祖母から心理的・身体的虐待を受けており、さらに小学六年の時からは母親の交際相手から性的虐待を受けていた。

Aは思春期になって非行に走り、十六歳には家出をした。彼女が向かったのは、同じような境遇の男女四人が共同生活をするアパートだった。親から虐待を受けるなどして居場所がなくなった同世代の少年少女が自分たちのことを「ファミリー」と呼んで暮らしていたのである。生活費は援助交際で稼いでいた。

Aはファミリーとの生活について、こう語る。

「親に見捨てられているところが似てた。本当に大事でかけがえのない存在だった」

親に愛してもらえなかった彼女にとって、ファミリーのメンバーは疑似家族そのものだったのだろう。だが、この団結が悲劇を引き起こすことになる。

ある日、Aは一時は親友のように付き合っていた被害者の少女BとLINEで口論になったことがきっかけで、一気に憎悪を膨らませ、ファミリーのメンバーにBをリンチしたいと言い出す。メンバーはさらに二名を呼んで合計七名で、Bをワゴン車で拉致してつれ去った。

運転中の車内で、Bへのリンチがはじまった。メンバーで代わる代わる殴りつけたのだ。さらにライターの火で身体をあぶる、煙草の火をこめかみや耳や太ももに押し付ける、カッターで体を切るなどし、その様子をLINEのグループラインで中継した。閲覧していた別の仲間たちは「やれ！　やれ！」などとはやし立てた。それがさらにメンバーの残虐性に火をつけていたのだろう。

当初、Aは本気で殺害しようとまでは考えていなかった。だが、Bが傷だらけになったことで、このまま帰すことはできないと考えるようになる。また、ファミリーへのメンツもあった。彼女は語っている。

「途中で許してあげようと思った。でも、今さらやめるって言ったらファミリーに捨てられると思った」

Aにとって生きる場所はファミリーにしかなかった。そのメンバーを巻き込んだ上に、彼らの意に反することをすれば、自分が捨てられて居場所を失うことになる。そのことが怖くて途中で引き返すことができなくなっていた。

メンバーは殺害を決意し、Bを山中へつれていった。そして首を絞めた上で首の骨を折って死に至らしめた後、Bの体を持って山の斜面に投げ捨て、現場から逃げ去った。

殺害から約二週間後、Bが行方不明になったことが警察沙汰になったことで、Aは警察署へ自首した。当初、そこで彼女はファミリーの仲間をかばうために「自分一人でやった」と嘘の自供をした。ファミリーのメンバーを守りたい、嫌われたくないという気持ちがそうさせたのだ。だが、話のつじつまがあわず、取り調べによってメンバーの関与が明らかになり、他の者たちも次々と逮捕されることになった。

裁判における精神鑑定では、少女が劣悪な家庭環境や虐待によって愛着障害を抱えていることを指摘された。それがファミリーの形成、怒りを抑制できない人格、ファミリーを失うことの恐怖感、他者への共感性の欠如などにつながったとしたのだ。

Aには、懲役十三年が言い渡された。

事件を表面的にだけ見れば、不良グループによる残酷なリンチ殺人でしかない。だが、少年少女が抱えている愛着障害に光をあてた時、なぜAが親友のBに対して不条理な怒りを爆発させ、感情の昂りを抑えられずに殺害に至り、最後は嘘をついてまでファミリーをかばおうとしたかがわかる。

愛着障害の子供たち全員が、Aのような事件を起こすわけではない。ただ、彼らは障害のせいで幼少期から社会に溶け込めず、悪い環境に流されていく可能性がある。そこで別の問題や疾患を抱える者もいる（Aも愛着障害のほかに境界性パーソナリティ障害があったと言われている）。本人が抱えている問題と、劣悪な環境が重なった時、このような最悪の事態が発生することがあるのだ。

発達・知的障害＋虐待

素行症の一因として、近年特に注目されているのが、発達障害や知的障害の影響である。特に前者については少年院でも新たな取り組みが開始されており、二〇一六年の少年院法改正では、少年院にいる少年たちの発達障害の有無を調べ、適切な対応をするガイドラインが整えられた。

このガイドラインは、少年たち個々に合わせた適切な指導をすることを目的としているが、逆に言えば、それだけ少年たちの中に発達障害の傾向を持つ者が多いということを示している。武蔵野学院で言えば、年度によって多少のちがいはあるが、だいたい五割から六割くらいの少年に発達障害があることが明らかになっている。

細かく見ていく前に、まず発達障害について確認しておきたい。

発達障害は、「ASD」「ADHD」「学習障害」の三つにわけられる。このうち非行との関係がしばしば指摘されるのが前の二つだ。その症状について厚生労働省のホームページ「知ることからはじめようみんなのメンタルヘルス」を参考に紹介したい。

ASD（自閉症スペクトラム障害、アスペルガー症候群）

一歳の頃から、人の目を見ることが少ない、指さしをしない、ほかの子供に関心がないなどの様子が見られ、もう少し大きくなると一人遊びが多く集団行動が苦手などの特徴が目立つようになる。

小学生以降は人といても自分本位の話ばかりで会話が成り立たないとか、自分で決めたルールを必要以上に守ろうとして集団行動に迷惑をかけるといったことがある。また、電車やアニメのキャラクターなど、好きなことは毎日何時間でものめり込むという特徴もある。そのため電車の駅名をすべて覚えるなど好きなものに関しては非常に詳しい知識を持つ。

本人は知的に問題がないので、思春期あたりから自分の特性が原因で対人関係がうまくいかないことに自覚を持ちはじめる。人によってはそれが原因でいじめを受けたり、疎外されたりすることもあり、不安症状やうつ症状を合併するケースがある。

ちなみに、ASDは以前までは「広汎性発達障害」と呼ばれ、「自閉症」「アスペルガー症候群」「特定不能の広汎性発達障害」などに分けられていたが、現在はそれらをまとめてASDとしている。

ADHD（注意欠如・多動性障害）

七歳までに、「多動‐衝動性」、あるいは「不注意」、またはその両方の症状が現れ、そのタイプ別の症状の程度によって、多動‐衝動性優勢型、不注意優勢型、混合型に分類される。

小学生であれば、多動‐衝動性の症状には、すわっていても手足をもじもじする、席を離れる、おとなしく遊ぶことが難しい、じっとしていられずいつも活動する、しゃべりすぎる、順番を待つのが難しい、他人の会話やゲームに割り込む、などがある。

不注意の症状には、学校の勉強でうっかりミスが多い、課題や遊びなどの活動に集中しつづけることができない、話しかけられていても聞いていない、やるべきことを最後までやりとげない、課題や作業の段取りが下手、整理整頓が苦手、宿題のように集中力が必要なことを避ける、忘れ物や紛失が多い、気が散りやす

図4　発達障害の種類

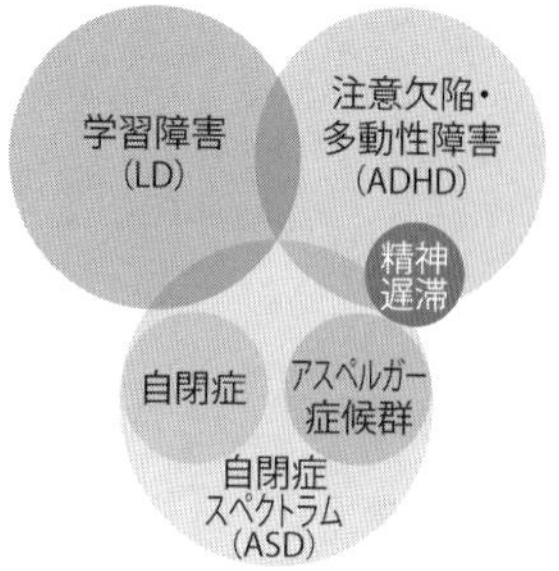

い、などがある。

図4の通り、発達障害は知的障害と合併したり、複数の発達障害を併せ持つこともあるので、単純化できない面もある。

ただし、障害を持つ人の大半は、一生を通して非行や犯罪とは無縁な生活を送っている。では、なぜ障害と非行の関係が取りざたされるのか。

この問題を考えるためのキーワードが、「発達・知的障害＋虐待」である。

まず発達・知的障害のある少年たちは、健常者とくらべて虐待を受けやすいと言われている。親が思うようにならない子供に対して暴力をふるってしまうことがあるためだ。

たとえば、ＡＤＨＤの子供は、親の言うことを聞かずにあちらこちらを走り回ってしまう。親がそれを発達障害だと気づいて、適した養育をすればいいが、親の中には自分の言いなりにならないことを「わがまま」と受け取り、暴力で無理やり押さえつけようとする者がいる。むろん、体罰でＡＤＨＤが治ることはない。親がそんな子供を「まだわかっていない」と考えて暴力をエスカレートさせれば虐待になる。

発達・知的障害の少年たちは、困難な状況に陥った時にうまく逃れるのが苦手だ。普通の子供なら近くに暮らす祖父母に助けを求めたり、きょうだいで助け合うことで虐待のダメージを最小限に抑えようとするが、それができなければ心の傷は一段と大きなものとなる。

ある程度の年齢になれば、彼らは虐待から来る精神的な問題で同級生と付き合えなくなり、いじめられたり、仲間外れになったりすることがある。ここで生じるのが精神疾患など二次障害の問題だ。こうした者たちが成人になった後にパーソナリティ障害（人格障害）になっていると診断を受けることもある。

パーソナリティ障害とは、認知、感情、衝動といったものを正しくコントロールできず、逸脱した行為に及んでしまう疾患だ。厚労省はホームページで次のように定義している。

A群（奇妙で風変わりなタイプ）

妄想性パーソナリティ障害（広範な不信感や猜疑心が特徴）

統合失調質パーソナリティ障害（非社交的で他者への関心が乏しいことが特徴）

統合失調型パーソナリティ障害（会話が風変わりで感情の幅が狭く、しばしば適切さを欠くことが特徴）

B群（感情的で移り気なタイプ）

境界性パーソナリティ障害（感情や対人関係の不安定さ、衝動行為が特徴）
自己愛性パーソナリティ障害（傲慢・尊大な態度を見せ自己評価に強くこだわるのが特徴）
反［非］社会性パーソナリティ障害（反社会的で衝動的、向こうみずの行動が特徴）
演技性パーソナリティ障害（他者の注目を集める派手な外見や演技的行動が特徴）

C群（不安で内向的であることが特徴）
依存性パーソナリティ障害（他者への過度の依存、孤独に耐えられないことが特徴）
強迫性パーソナリティ障害（融通性がなく、一定の秩序を保つことへの固執［こだわり］が特徴）
回避性［不安性］パーソナリティ障害（自己にまつわる不安や緊張が生じやすいことが特徴）

＊これらのパーソナリィティ障害は少年期ではなく、青年期あるいは成人初期の発症が多いとされている。

通常、パーソナリティ障害と診断されるのは大人になってからだが、そこにいたるまでの思春期や青年期の少年が性格的な問題でも生きづらさを感じ、社会で壁にぶつかることがあるのは想像に難くない。

では、発達障害の子は、どのように非行に走ることがあるのか。ＡＳＤとＡＤＨＤの二つにわけて考えていきたい。

ASD+虐待

二〇〇一年に起きた「レッサーパンダ帽男殺人事件」と呼ばれる事件をご存じだろうか。通り魔的な犯行によって女性一人が命を落とした殺人事件である。裁判で、弁護士が加害者にＡＳＤがあることを指摘して議論を呼んだものだ。少年事件ではないが、典型的なものなので紹介したい。

加害者は、事件当時二十九歳の男性だった。弁護側の主張によれば、彼にはＡＳＤと知的障害があり、幼い頃から酒飲みで金づかいの荒い父親から日常的な虐待を受けて育った。彼はたびたび学校で理解不能な言動をしたり、ずっと「オール１」の成績だったことから、同級生から「変な奴」と見なされて激しいいじめを受けた。

中学卒業後、彼は一般の高校ではなく養護学校へ進学する。だが、十七歳の時に母親が病死。これで人生の歯車が狂いだし、学校を卒業してからは定職につくことができず日本各地を転々としはじめる。

　彼はアルバイト先など行く先々でいじめにあった。暴力を受けて前歯をすべて失っていたというからよほどだったのだろう。こうした影響もあって、だんだんと反社会的な行動をとるようになる。置き引きをしたり、銃刀法違反で捕まったこともあった。また、モデルガンで女性を脅して、体を触ったり、お金を取ろうとしたりして逮捕され、執行猶予付きの有罪判決も受けた。

　ある時期から、彼は「動物が好き」という理由でレッサーパンダの帽子をかぶるようになった。さらに、自衛と人を脅すことを目的として包丁を持ち歩きだした。こうした奇行に障害が影響していたであろうことは想像に難くない。

　そんな中で事件は起こる。ある日、町を歩いていたら、一人の女性に出くわした。かわいいなと思ってついていったところ、その女性に気づかれて驚いた表情をされた。彼は咄《とっ》嗟《さ》に馬鹿にされたと思って女性をつかまえ、持っていた包丁でめった刺しにして殺害した。

　犯行後ほどなくして、男性は警察に逮捕された。裁判では、弁護側が加害者の発達障害や知的障害を指摘し、責任能力に疑問を投げかけた。裁判官は一部それを認めたものの、事件当時は責任能力があったとして、無期懲役の判決が下された。

　事件が報道された直後、人々は犯人の言動を理解できなかった。なぜレッサーパンダの帽子をかぶっていたのか、なぜ馬鹿にされたと怒って殺害しなければならなかったのか、わからなかったのだ。

だが、男の特性や生い立ちを追っていけば、だいぶ納得のいくものになるのではないか。ASD、知的障害、虐待、いじめ、社会的孤立といったものが絡み合ってレッサーパンダの帽子をかぶって刃物を持ち歩くようになり、事件を起こしてしまったのだ。

障害のある人が事件を起こした時、周囲からはなかなか理解されづらく、不可解なニュースとして片づけられがちだ。先の富田もそのことを指摘する。彼によれば、一般の人に理解されにくい理由として次のようなことがあるという。

- 非行の動機やきっかけが非常にわかりにくい。
- 非行内容も共感しがたい場合がある。
- 非行の際の攻撃性の強さが状況に不釣り合い。
- その後の態度が状況にふさわしくない。
- 表情もまた状況にふさわしくない。

マスコミはこうしたことを細かく説明せず、一言で犯人の「心の闇」として片づけてしまう。視聴者や読者もそれをうのみにしてしまうので、犯人の抱えている問題がまったく見えてこない。本来は発達障害と虐待、そこからくる二次障害といったものがどれだけ複雑に絡み合って事件が起きたのかを解明して予防に努めていかなければならないのだ。

ちなみに、十一元三《といちもとみ》（京都大学医学部教授）によれば、ASDと非行の関係は大きく次の三点にわけられるという。

対人接近型……対人関係が苦手で適切な距離がつかめず、ストーカー的行為をしたり、幼児に声をかけて不審がられたりする。

理科実験型……こだわりの対象が爆発物、毒物、刃物に向かい、理科の実験を行うようにそれらをつかって反社会行動に及ぶ。

性的関心型……こだわりの対象が性（特に身体の一部）に向かい、特異な性犯罪を犯してしまう。

（『発達障害とその周辺の問題』齊藤万比古編）

私は西日本の児童自立支援施設で複数の「ASD＋虐待」の少年にインタビューをしたことがある。いずれも普段はおとなしいタイプの子だったが、あることがきっかけでまさに右記の特徴の通りの非行をしていた。

「対人接近型」の少年は、ＡＳＤゆえにいじめられて不登校になり、自分より幼い子供とばかりつるんでいた。ある日、声をかけた女の子に逃げられたことで、怒って階段から突き落として大怪我をさせた。

「理科実験型」の少年は、幼い頃から毒物に異様な執着を示していた。殺虫剤を買い集めたり、特殊な薬品を入手したりして、効果を試すために虫や動物を殺害していた。何度か学校から注意されたが、毒物への興味がなくなることはなく、ついには学校で飼育していた鶏を皆殺しにする事件を起こした。学校側は手に負えないと判断して通報。少年は児童自立支援施設に送られることになった。

「性的関心型」の少年は、ＡＳＤの特徴であるこだわりが女性の服に向けられていた。女性の服を集めて着用したがるのだ。最初は姉や近所のいとこの衣服を盗んで着ていたが、やがて学校の同級生の衣服を盗みはじめ、それから近所の洗濯物やコインランドリーからも盗むようになった。何十着と集めて部屋で着て楽しんでいたようだ。彼は窃盗で捕まったが、後にＡＳＤが一因であることが明らかになった。

　ここに挙げた三人の少年の行為は、いずれも表面を見るだけでは理解しづらいものである。なぜ幼い子供に執着しなければならないのか、なぜ毒物に関心を持つのか、なぜ女性の衣服を収集して着たがるのか……。ところが、そこにASD＋虐待を当てはめてみれば、すっきりする。

メディアが不用意に発達障害を取り上げると誤解を引き起こす可能性があることを考えれば、かならずしも強調する必要はないのかもしれない。ただし、更生させる側としては、少年がそれに至った要因を一つでも多く見つけて、正していく必要がある。そういう意味では、「心の闇」の奥にある問題をきちんと把握することは必要なのだ。

ADHD＋虐待

次に、ADHD＋虐待のケースを見ていきたい。

ADHDの特徴の一つは、多動性や衝動性だ。学校生活であれば、授業中にじっとしていられないとか、空気を読まずに身勝手な行動をとるといった言動として現れる。だが、虐待を受けた少年の場合は、それらの特性が衝動的な暴力などの反社会的な行為として表出することがある。

最初に触れた川崎中一男子生徒殺害事件の加害少年のうちの一人は精神鑑定によって「ADHDの傾向がある」と指摘された。彼もまた中学、高校時代を通して、同級生から見れば不可解な言動を頻繁に見せていた。

同級生の話によれば、彼は学校でじっとしていることができず、自分勝手なふる舞いばかりしていたそうだ。学校でスポーツをしていても、ルールに従わず、それをとがめられると逆上して、教師や同級生に飛びかかることがあったという。そのせいで、周りからは「訳のわからないヤバイ奴」と受け止められていた。

事件では、この少年が主犯格の少年を焚きつけ、カッターナイフをわたして被害者を切らせただけでなく、自らも切りつけたり、被害者の頭部をコンクリートの護岸斜面に叩きつけたりした。逮捕後の裁判では、彼だけがまったく反省の意を示さず、遺族がすすり泣いている目の前で薄ら笑いを浮かべて「僕は何もやっていません」と無実だと言い張った。

富田の言葉である。

「現在うちにいる子供たちで言えば、六、七割は何かしらの障害や病気があって薬を服用中です。そのうちＡＤＨＤは四割ですね。ＡＤＨＤの場合は、コンサータなど効果の高い薬がありますので、ＡＳＤに比べれば、医学的には対応しやすい面があります。ここへ来れば、必要に応じ薬を飲ませて症状を抑えた上で、次にどうしていくべきかを探っていくことができるのです」

第一章の最後に紹介した「斉藤夢実」がまさにこれだ。彼女もコンサータを飲んだことでいら立ちが治まったと話していた。

ＡＤＨＤの場合は、親に問題があるケースも少なくない。

「ＡＤＨＤには、遺伝的な要素があります。親もまたＡＤＨＤだということがあるのです。そのため、時として親がＡＤＨＤのせいで子供の気持ちをうまく読み取ることができなかったり、子供に対して的外れなことをしたりする。家族によっては、祖父母もＡＤＨＤの傾向があるというケースも見られます。そうなると、子供がここで適切な治療を受けて社会にもどっても、親の方が理解できずに子供の更生の支障になりかねないのです」

親の発達障害の問題は、ＡＳＤも当てはまる。富田の記憶に残っている親子がいる。

その親はＡＳＤであり、一つの物事に固執するタイプだった。子供が小学生になると、親の偏執的な関心は子供の教育に向かった。朝から晩まで成績を上げさせることばかり考えて、常軌を逸したスパルタ教育を施したのだ。子供が帰宅するとすぐに勉強机にすわらせて膨大な量のテキストをやらせた。深夜まで傍で監視して、子供がトイレへ行くことさえ認めずに強いた。

当初、子供は親の言いなりになって机に向かっていた。だが、心の底では自由を奪われて勉強を強いられることへの不満が募っていた。ある日、ついに爆発する。彼はカッときて、「もうやだ！」とばかりに刃物で親を刺して大けがをさせてしまったのだ。

これはＡＳＤの親が子供を追いつめ、傷害事件へ駆り立ててしまったケースである。この少年の場合は、施設に一定期間いればそれなりに心は回復するだろう。だが、実家へもどせば、再び同じ状況に陥らないともかぎらない。

発達障害の場合、単に少年だけの問題として考えるのではなく、親もまた同じ障害を持っているかどうかに着目することも必要になるのだ。

愛着障害による特異な症状

愛着障害の人のタイプは、大きく二つにわけられると言われている。「反応性愛着障害」と「脱抑制型対人交流障害」である。「水戸心理・療育センター」のホームページに記載された特徴をまとめると次のようになる。

反応性愛着障害

劣悪な環境で育ったことが原因で、子供が養育者に対して、安心したい、助けてほしいという行動を滅多に示さない。特徴としては次のような行動が起こる。

1　他人に最小限しか関わろうとせず、泣き笑いの情動反応に乏しい。
2　「楽しい」や「嬉しい」といった感情が制限されている。

3　何でもない時でも、いら立っていたり、悲しがったり、怯えたりする。

総じて、何を考えているかわからないタイプの子供であり、突然怒ったり、人を避けたりするような行動をとる。

脱抑制型対人交流障害

反応性愛着障害とは真逆で、安心して養育者とかかわれなかった体験から、初対面の人に対して過度に馴れ馴れしく行動する。特徴としては次のような行動が起こる。

1　見慣れない大人に対してもためらわず交流する。
2　過度に馴れ馴れしい言葉遣い、身体的行動をする（年齢から逸脱するレベル）。
3　不慣れな状況において、養育者が見えなくても平気。
4　見慣れない大人についていこうとする。

愛情の不足から過剰なまでに人に甘えるタイプであり、時として性的な問題につながるような行動を起こすことがある。

ややこしいのは、どちらも発達障害と非常によく似た症状が現れることだ。前者はASDと酷似していて、後者はADHDと酷似している。虐待による愛着障害の症状なのか、それとも発達障害なのかを見分けるのはかなり難しく、虐待を専門にしている医師であっても誤診することがしばしばある。

富田の言葉である。

「発達障害と、虐待によって現れる発達障害的な症状の見分けは簡単ではありません。ただ、傾向として言えるのは、虐待による症状の場合、発達障害で通常使用される薬の効果が乏しいことです。発達障害には効いても、虐待による症状にあまり効かない。そのため、どうしても判断がつかない場合には、薬を投与してみて、効果がなければ後者だとすることもあります」

愛着障害による症状であっても、医学的な治療の可能性がないわけではない。その一つが「オキシトシン」の投与だ。

オキシトシンは、別名「幸せホルモン」とも呼ばれるものだ。愛着障害は脳の線条体の働きを鈍くさせるとされているが、オキシトシンはその部分に働きかける効能を持っている。ゆえに、愛着障害の子供に対してオキシトシンを一定期間投与しつづけると、問題の改善が見られることがあるそうだ。

ただし、こうした治療はあくまで一部の医療機関が試験的に行っているものであり、児童自立支援施設や少年院で用いられることはない。医師によれば、施設の中ではあくまで一般的な治療を行うのが現状であることに加え、後述するように投薬だけで「矯正」できるとは考えられていないためだ。

知的障害＋虐待

最後に知的障害＋虐待について見てみたい。知的障害児もまた、家庭や学校で虐待を受けやすい。女の子であれば、性的虐待の被害者になることもある。

知的障害の原因としては主に「生理的要因（脳の発育の障害）」「病理的要因（病気によって脳の発育が不完全になる）」「心理的・社会的要因（虐待等によって正常な発育が妨げられる）」の三つがある。軽度（知能指数六九〜五〇程度）から障害者手帳の取得が可能だ。

知的障害児も虐待体験が重なることで非行に走ることがある。一例を示そう。

矢永彰（仮名）は軽度の知的障害があった。父親は酒飲みで息子のことを理解しようとせず、気分のままに暴力をふるった。物心ついた頃には、毎日最低一時間は何かしらの暴力にさらされていたという。

小学校に入学した直後、両親が離婚して、彰は障害児入所施設に預けられた。その施設で事件が起こる。知的障害の同性の先輩から、性的な暴行を受けたのである。先輩は毎日彰を呼び出しては性器を触ったり、自分のそれを肛門に押し込んできたりした。彰は恐怖のあまり誰に言うこともできずに我慢しつづけた。

施設内での性暴力は数年間に及んだ。その間に、彰の心は壊れてしまったのだろう、中学生になると、今度は彼が後輩をつかまえて性的な暴行をするようになった。先輩にやられたことを後輩にしはじめたのだ。

一年ほどして、彰の性暴力が露見した。施設側はほかの子供への配慮から、彰を別の施設へと移したが、すぐにそこでも同様のことをしているのが発覚した。

おそらく彰は幼少期の虐待に加え、最初の施設で先輩からの性暴力を受けたことによって、知的障害以外にも多くの障害や認知の歪みを持つようになったのだろう。そのため、体が大きくなってからは、被害者の立場から加害者の立場に転じて、大勢の知的障害児を傷つけてしまったのである。

実は、私に彰を紹介してくれたのは、彼の姉だった。彼女は述べていた。

「どの施設へ移っても、彰の性衝動が止まらないんです。軽度の知的障害なので作業なんかはできるので、簡単な仕事もしているんです。でも、周りの注意は聞かないし、性衝動を抑えることができない。それで行く先々で同じことをやってしまうんです。被害者は常に同性の男子なので、施設の側も家族の側もなかったことにして処理してくれるんですが、別の施設や職場に行っても同じことをする。家族からすれば、彼が死ぬまでこれをつづけるんじゃないかって不安に思っています」

富田によれば、知的障害児の入所施設だけでなく、一般の児童養護施設などでも、この類いの性暴力が起きる場合があるという。施設によっては、強制わいせつが先輩から後輩に受け継がれてしまっているのだ。

三重県の児童養護施設で判明したケースでは、二〇〇八年から二〇一六年までの九年間の間に、一一一件の性暴力事件が起きていて、加害者と被害者は合わせて二七四人に上ることがわかった。それでも統計に出ているのは氷山の一角だろう。

こうした性暴力の特徴の一つは、同性に対するそれが少なくないことだ。少年たちが若くて性的に未熟であるために性差の意識が明確でない上に、虐待経験が性の認知を歪ませるためとも考えられている。また、性欲というより、抑圧されてきた反動としての支配衝動から行われていることもある。

このような性暴力が施設内の同性間で行われると、異性間より発見・介入が難しくなり、被害者は心に重い傷を負うことになる。虐待を受けた子供たち同士がこうした形で傷つけ合っている現実には適切な対処が必要だろう。

医学の有効性と限界

ここまで見てきたように、少年たちはもともと持っていた特性にくわえて虐待やいじめなどの被害を受けることで素行症となる。だが、素行症は社会、心理、生物学的な要因が絡み合って成り立っており、これといった決定的な治療方法は存在しない。

富田は語る。

「素行症にはいくつもの要因があり、医学的アプローチだけではできることがかぎられています。たとえば、薬によってうつ病の症状を軽くすることはできても、発達障害や愛着障害からくる問題を薬ですべて解決することはできません。医学だけで、少年の問題のすべてを治すことはできないのです」

医学では手に負えなかった例として、次のような経験を挙げた。

その少年は、中学三年の男子生徒だった。幼い頃に両親とは縁が切れていて、いくつもの施設を転々として育った。物心ついた時から粗暴な行動が目立ち、学校や施設での暴力行為が原因で児童自立支援施設に入ってきた。

富田が診たところ、ＡＳＤの症状の一つであるタイムスリップ現象があることが判明した。タイムスリップ現象とは、生活の最中に突然過去の特定の場面が蘇って、あたかもその場にいるかのように再体験することをいう。

この少年もまた、日常生活の中で過去の嫌な場面が突然思い出され、その記憶とはまるで関係のない目の前の人に暴力をふるってしまっていた。たとえば、寮の掃除中、唐突に三週間前に悪口を言われたことがまざまざと蘇って（タイムスリップ）、たまたま目の前にいる人を罵倒し、手にしていたモップで殴りつけるといったことをするのだ。

児童自立支援施設に来てからも、少年はたびたびタイムスリップ現象に陥り、周囲の生徒たちに暴力をふるって怪我を負わせた。職員も例外ではなく、富田も殴りつけられて負傷したことがあった。

富田は症状を抑えようと向精神薬や抗てんかん薬などいくつもの薬を処方してみたが、タイムスリップ現象が止むことはなく、その間にも被害者は増えていった。

約半年間、富田はあの手この手をつくしたが、改善の見込みが立たなかったため、ほかの生徒の安全を考えて医療少年院へ措置変更することにした。医療少年院だからといって特別な治療法はないが、スタッフの数が多く対応が手厚くなるので、こちらの方がよいという判断だったという。

「ここに来た生徒たちはメンタルの問題がないかどうか調べ、医学的アプローチで抑えられそうなものがあれば治療をします。ただ、薬が効いたとしても、その子が持つ複数の問題の一つが抑えられるにすぎません。なので、私は医学的なアプローチは子供たちに『いくらか楽になった』という状態をつくる手段だと考えています。

まず生徒たちに薬で落ち着いてもらう。そうすれば、私たちの指導に耳を傾けたり、実践したりする余裕ができて、更生へ一歩近づく。触れ合いの中で愛情や信頼をつたえたり、矯正プログラムによって非行を止める方法を教えたりといったことがやりやすくなるんです。大切なのは薬で完治を目指すことではなく、医学的アプローチで心が落ち着いた子供たちに、どのような指導をするかということだと思っています」

富田は一人の少年の例を挙げてくれた。

その少年はＡＤＨＤだった。幼い頃から家庭でも学校でも、とにかく落ち着きがなく、騒ぎ回って周りに迷惑をかけつづけた。誰が止めても言うことを聞かず、時には暴れだしてしまうのだ。学校でも手に負えないということで、児童自立支援施設に送られてきた。

富田は少年の症状からコンサータを処方することを決め、服用させたところ、多動的な行動がぴたりと止まった。とはいえ、薬で感情の昂りを抑えられたというだけで、彼がこれまでの家庭環境の問題などから抱いてきた周囲への不信感、自己否定感、それに被害感などがなくなったわけではなく、他人とうまく付き合うことはできなかった。

そこで、富田は少年が薬で落ち着いている間に、施設での指導を通してそれらを改善していくことにした。日課の中で様々な成功体験をさせて自己否定感を弱めたり、グループのリーダーを務めさせて人との付き合い方を学ばせたりしたのだ。親にも、発達障害の子の育て方を学ぶペアレントトレーニングを受けてもらい、関係改善を図った。

少年は指導を通して素直な性格になり、一年が経つ頃には同じ寮の仲間たちと仲良くできるようになった。富田はそれを確認後、薬の量を徐々に減らしていったが、以前のように感情が爆発することはなかった。自己肯定感を持ち、人付き合いができるようになったことで、感情の抑制が可能になったのだ。施設を出る頃には、薬の服用を完全に止められるまでになったという。

富田はこうした形が理想だと考える。

「肝心なのは、人と人との触れ合いなんです。そこを忘れて科学だけに頼ってしまえば、少年が持つ複雑な問題を解決し、社会へもどすことはできません」

子供たちが受けた心の傷は、人によってしか快復できないということなのだろう。

では、人はどのように少年たちに向き合っているのだろうか。次はそれを見てみたい。

「自己肯定感」を育てる

第一章で述べたように、少年院では少年個々に対して矯正教育計画が用意され、三級から一級までの段階を経て更生を目指していく。日中に行われる各種指導、寮での生活を主体とした指導や家族との面会、そして社会復帰後の環境整理という三つの側面から、少年が抱えている問題を解決していくのだ。

少年院の目的は、少年たちを劣悪な環境から引き離して隔離し、数ヵ月ないしは一年数ヵ月の間、個別担任や寮担任の教官と信頼関係を築き、教室で授業やグループワークなどを通して健全な生き方ができるようにさせることだ。

筑紫少女苑の法務教官・益満《ますみつ》栄美子（三十六歳）は語る。

「少年院には国によって決められた指導が複数用意されています。それぞれ目的はちがうのですが、寮生活も含めてすべてに共通して行われるのが少年の『自己肯定感』を育てていくことです。物心つく前から虐待を受けていたりすると、自分なんて生きていたって仕方ないと自暴自棄になっている。被害妄想が強く、些細なことでも受け入れず、他人の気持ちなんて想像もせずに暴力をふるう。そんな少年たちに対して教科や寮生活の中でたくさんの成功体験をさせ、自分自身を肯定できるようにしていくのです」

すでに見たように、少年たちは自己否定感からリストカットをくり返したり、摂食障害に陥ったりする。自分を破壊するように売春やドラッグに走る者もいる。そんな者たちに、

「他人の気持ちを思いやって、幸せな人生を築き上げましょう」と言葉で説得したところで響くわけがない。だからこそ、まず彼らに自己肯定感をつけさせ、前向きに物事を考えられるようにしなければならないのだ。

これは教科のような指導というより、日常の触れ合いの中で身につけさせていくものだ。少年のちょっとした努力を見つけて褒めてあげたり、ボランティア活動を通して感謝される喜びを教えたり、スポーツやアートで達成感を味わわせたりしながら、心の中で育んでいく。

たとえば、ある少年は、物心ついた時から毎日二、三時間は両親から虐待を受けていた。その後、祖父母の家に引き取られたが、そこでも同じように虐待が行われた。

十六歳になって、彼は暴走族に入って傷害事件を起こした。少年院に入って出会ったのが陶芸だった。つくった作品が賞をもらったのだ。彼にとって他人から認められた初めての経験だった。教官ばかりでなく、講師の先生からも「君は才能がある」と褒められ、真っ暗な世界に一筋の光が射した気がした。

——俺には才能があるんだ。陶芸で生きていきたい。

日課である内省ノートにそう書いたところ、教官から窯元で修業して職人になる道があることを教えてもらった。

以来、彼は陶芸だけでなく、学科の学習にも励んだ。そして在院中に高卒認定資格を取り、出院した後は東北にある有名な窯で修業をつみ、賞を取って独立した。

この少年の場合は、少年院で陶芸の賞をもらったことが人生のターニングポイントとなった。劣悪な環境で育った子供たちは、愛情や成功体験の「飢餓状態」にある。逆に言えば、ちょっとした経験によって一気に道が開けることもあるのだ。

少年院では、可能なかぎりそうした体験を少年たちにさせるため多くのプログラムを用意している。クラブ活動（生け花、茶道、書道など）があったり、演劇やラグビーに取り組ませたりする。映像のコンクールでは、各少年院の少年たちがアイディアをふり絞って作品をつくって出品する。

益満は語る。

「自己肯定感は、少年にとってすべての基礎のようなものです。自己肯定感がなければ、少年院で用意されている矯正プログラムを受けてもなかなか身につきません。でも、それが育てば、いろんなことがうまく回りはじめて、少年は変わっていきます。だからこそ、褒めてもらったり、思いやってもらったりすることで自己肯定感をつみ上げながら、指導を受けられるように配慮しています」

少年院では自己肯定感を養いながら、座学やグループワークによる各種指導を行って、暴力を回避する方法だったり、友人関係を改善するやり方だったりを教えている。大半は心理学等で確立された手法であり、場合によっては外部の専門家を招いて行われる。

「少年院の指導の中には、心理学的な方法がたくさん用いられています。代表的なもので言えば、アサーション、ＳＳＴ、アンガーマネジメント、マインドフルネスといったものですね。指導の一つとしてそれらを行うこともあれば、マインドフルネスのように毎日の日課として行うものもあります。それぞれ有効性がちがうので、複数のものを重ね合わせてやっていくことが必要なのです」

これらを簡単に説明したい。

アサーションとは、コミュニケーションを円滑にするために自分の気持ちを上手につたえる方法を身につけることだ。たとえば、非行少年は、何か嫌なことがあれば「おまえ、むかつく」と口にしてトラブルに発展してしまう。だからこそ、「おまえ（you）」ではなく、「私（Ｉ）」を主語にするようにさせる。「おまえ（you）、むかつく」ではなく、「私（Ｉ）、悲しい」と表現するのだ。そうすれば、相手とケンカになることはないだろう。これは「Ｉメッセージ」という方法である。

ＳＳＴ（ソーシャル・スキルズ・トレーニング）は、社会でうまく生きていくための対人行動を学ぶものだ。寮での生活を通して、嫌なことをどう嫌とつたえるか、その時の顔つきや言い方はどうすればいいか、万が一ぶつかってしまった時にどのような対応をとるのが適切なのか。そうしたことを身に着けていく。

アンガーマネジメントは、自分の怒りの感情をコントロールすることだ。感情が昂った時の自分の特徴を学び、それを鎮める術を習得する。その場から離れる、深呼吸をする、言葉で解決するなどケースに応じて学習するのだ。時には、親も招き、親にもアンガーマネジメントのトレーニングを勧めることもある。

マインドフルネスは、筑紫少女苑が全国の少年院に先駆けて行い、広まったもので、瞑《めい》想《そう》をつかった感情コントロール法だ。常に虐待や暴力といった危険と隣り合わせで生きてきた彼らにとって、数十分の瞑想であっても静かな時間の中で自分を見直すことは、新たな発見をするきっかけとなるそうだ。

女子少年院で少女たちが「もっとも効果的」と口をそろえるのがマインドフルネスだ。ある少女はこう語っていた。

「これまで自分の感情を抑えるってことを考えたこともありませんでした。親が感情のままに暴力をふるう人だったので、自分もそんな感じになっていたんだと思います。ここに来て初めてマインドフルネスを通して自分を見つめて、なぜここにいるのかとか、何かあった時にどうすればいいのか、ということを一歩離れたところから考えられるようになりました。また、初めて心が落ち着いた状態というのを感じたように思います。こんなに心が休まるんだという驚きがありました」

少年院全体としては、このような生活指導や更生プログラムを通して、少年たちに自己肯定感をつけさせ、社会へ出た後の生き方を身につけさせる。

ただし、少年たちの中には虐待や障害や精神疾患などが重なり、認知が大きく歪んでしまっている者も少なくない。こういう少年たちに自己肯定感を身につけさせたり、罪の重さを理解させたり、愛情や信頼といった意味をわからせるのは決して簡単なことではない。時として、ここからはじめなければならないのかと愕然とすることさえある。

私が特にそう感じた「感情未分化」と「命の指導」の二点を紹介したい。

感情の未分化

素行症の少年にはいくつもの特徴があるが、そのうちの一つに「その場限りの感情的な行動」ということがある。これをしたらどうなるかということを考えず、その場の感情で暴力や窃盗といった行動をとってしまうのだ。

益満は語る。

「被虐待の少年たちに目立つのが、感情のバリエーションに乏しいことです。彼らは他人がどう感じるか以前に、自分自身の感情をきちんと把握することができません。何か嫌なことがあっても、普通は『悲しい』『いたらない部分があった』『がんばって乗り越えよう』などいくつもの感情がわきますよね。でも、ここの少年たちは、全部『イラつく』『むかつく』という一言で括って他人のせいにして、あと先考えずに行動するのです」

これで思い出したのは、川崎中一男子生徒殺害事件の主犯の加害少年のことだ。彼は中学一年の後輩が地元の不良に自分の悪口を言ったと勘違いして、「ぶっ殺してやる」と思ったそうだ。そして、実際に後輩を多摩川の河川敷につれていって、カッターナイフで四十三回も切りつけて命を奪った。

大半の人は頭にきても、殺すような行為には及ばないだろう。せいぜい、理由を訊く、真実かどうか確認をする、文句を言うといった程度だ。こぞってカッターナイフで切り刻んで殺すというのは明らかに度がすぎている。

ところが、この加害少年はそれを冷静に考えることができなかった。カッときて「ぶっ殺す」と思ったら、本当にその通りにやってしまう。極端に言えば、感情の幅が「喜」「怒」しかなく、「怒」にベクトルが向いた途端に歯止めがきかなくなる。

後の裁判で裁判官が、殺すほどの怒りだったのかと問いかけたところ、少年は「よくわかりません」と答えた。彼は自分の感情を適切に理解することができないまま、怒りを殺人という行為に結びつけたのだろう。

こうした状態を「感情の未分化」と呼ぶ。

人間は生まれて間もない赤ん坊の頃は「快」「不快」の感情しかなく、泣きわめくか、笑うかしない。だが、家族や友人との触れ合いを通して徐々に細かな感情を持ち、相手を思いやったり、反省したり、感謝したりできるようになる。安心できる相手との温かな関係の中で、感情が分化されていくのである。

一方、虐待家庭で育ったことで、そうした感情を育めなかった少年たちは、感情が未分化のまま育ってしまう。だから、赤ん坊のように「快」「不快」といった単純な感情しか持てない。赤ん坊が喉が渇いただけで泣きわめくのと同様に、思い通りにいかないと感情を爆発させて他者を攻撃するのだ。

少年院でこうした少年たちに行っているのが、感情を視覚化して認識させる指導だ。少年院、少年刑務所など、それぞれが独自の形で取り組んでいるが、奈良少年刑務所（現在は閉鎖）での取り組みは興味深かった。

教育専門官だった乾井《いぬい》智彦（六十歳、現在は和歌山刑務所）は、「表情カード」を導入して指導に当たっていた。このカードは四十五枚にわかれていて、表情のイラストとともに「イライラ、怒っている」「べー、反抗したい」「ひどいよ…傷ついた」「ふぅ～安心した」

といったそれぞれの感情が書かれている。これをつかって、少年たちにその時々の自分の感情をビジュアルで理解させたり、他人の感情がどれだか考えさせたりする。

少年が別の少年とあることでぶつかったとしよう。その時、カードをつかって「それまではどういう気持ちだったか」「ぶつかってどうなったか」「その後に何が変わったか」と感情の流れをビジュアル化して考えさせることで、同時に相手の心境も考えさせる。その上で、どうすればぶつかるのを避けられたか、ぶつかった後に最善の策を取れたかを話し合う。

女子少年院でも似たような取り組みが行われている。筑紫少女苑では「気持ちリスト」を用いて指導を行っている。「嬉しい」「楽しい」「ホッとする」「面白い」「わくわく」といった気持ちを示すカードがあり、その時々の感情をカードを通して認識させるのだ。

また、女子向けらしいものとしては、「ヴァーチューズ・カード」を用いた「美徳教育」がある。トランプを一回り大きくしたようなカードが五十二枚あり、それぞれに「美徳」に関する言葉とその意味が記されている。「いたわり」「寛容」「尊厳」「愛」「感謝」「希望」「共鳴」「謙虚」「受容」「辛抱強さ」といったものだ。

一例を示せば、「いたわり」には次のような説明がある。

いたわりとはあなたにとって大切な人やものに愛情を注ぎ、注意を払うことです。人のことをいたわるとき、あなたはその人に援助の手を差しのべます。注意をはらいながら最善の努力をします。人びとや物事にやさしさと尊敬の気持ちを込めて接します。いたわりによって、この世界は、より安全な世界になります。

教官はこうしたカードを女子たちに示して、自らの中の美徳を視覚的に認識させる。そして「私の中にある美徳」という冊子を配布し、日常の細かな出来事の中で美徳を発揮させるように指導する。

たとえば、体育指導の最中に、他の子がボールを拾ってくれたら「感謝」という美徳を示したり、試合で反則をされても「辛抱強さ」という美徳を示すようにする。法務教官も、適時「あなたのやったのは『感謝』という美徳だね」と認め、ほめてあげる。このくり返しの中で、美徳を言語化して身につけさせる。

益満の言葉である。

「美徳教育とは、少年の中にある美徳を一つずつきちんと認識させて、自分の中にすでに十分発達している美徳はより花咲かせ、逆にまだ発達が十分でない美徳は育てていくものです。カードをつかうのは、少年たちは口で説明されただけではなかなか理解できないからです。文字や絵としてきちんと示していかないと納得してくれないのです」

これはどの少年院でも耳にすることだ。少年たちは人の言葉を信じたり、理解しようとしたりする習慣がないので、口で言われるだけでは右から左に聞き流してしまう。そのため、絵や文字といった視覚的に訴えるものを提示して、一つひとつ目に見える形にしてわからせなければ、固まった感情を解きほぐしていくことはできない。逆に言えば、それだけ彼らは限られた感情の中で生きてきたと言えるだろう。

命の指導

少年院で少年たちと話をしていると、人の感情を理解できないどころか、命の重さ自体わかっていないのではないかと感じることがある。

年間に殺人罪で逮捕されている約五十人以上の少年はもとより、傷害罪で検挙された少年（年間約三千人）、放火で検挙された少年（約百人）の話を聞いていても、明らかに命を命と思っていないような非行に手を染めている。

少年院の法務教官から聞くかぎり、殺人の一線を越えた少年と、越えずに留まった少年とでは、さほど大きな相違はないという。これは富田の言葉だ。

「暴力で相手に大ケガをさせてしまう少年と、殺人にいたってしまう少年とでは必ずしも大きなちがいがあるとはいえません。両者をわけるのは、多くの場合、その時の精神状態や環境です。自己制御がきかなくなった時に、たまたま傍に刃物があれば殺人になりますが、何もなければ素手による攻撃になって傷害で済む。自己制御がきかなくなるのはせいぜい数分なので、その時どのような状況だったかが、結果を左右してしまうんです」

裏を返せば、殺人をした少年も、傷害で済んだ少年も、双方とも相手の命の重さを理解していないと言えるだろう。

こういう少年たちに命の重さを教えるのも、矯正教育の役割だ。奈良少年刑務所で行われていた「人形指導」は、まさにそれを目的として乾井が考案したものである。

少年刑務所は殺人など生命犯を起こした少年が少なくない。乾井は彼らに口頭で命の重さを説明しても、なかなか理解してもらえないことに頭を痛めていた。そんな時、たまたま少年たちが出産シーンのビデオを見て心を動かされているのに気づいて、赤ん坊を通じた指導を実践してみてはどうかと考えた。

そこで彼は芹澤隆子（NPO法人日本ダイバージョナルセラピー協会理事長）のドール・セラピーをヒントに、赤ん坊の人形をつかったプログラムを考案した。妻に頼んで、新生児の体重と同じ三キロの人形をつくってもらい、少年たちにそれを抱かせながら、どうやって生まれ、いかに育ってきたかを実感させるのだ。

まず、少年たちに三キロの赤ん坊の人形を抱かせ、新しい命の重みを体験させる。こんな小さかった自分を親が必死に育ててくれたのかと思う者もいれば、こんないたいけな赤ん坊だった自分が親から虐待を受けていたのかと考える者もいる。受け取り方は三者三様だ。

次に、乾井は三キロの赤ん坊が次第に成長していく過程を示していく。言葉を覚え、スポーツをするようになり、小学生から中学生へ上がる。数多《あまた》の困難を乗り越えながら、三キロの赤ん坊が六、七〇キロの少年に成長していったことをふり返らせるのだ。少年たちはそうやって初めて、自分の命の重さに気がつく。

指導はこれで終わりではない。乾井は少年たちに尋ねる。

「君たちが奪った命も同じように尊いんだぞ。それについてどう思う？」

少年たちはここで初めて、自分が奪った命の重さを想像できるようになる。なかには涙をこぼし、罪の重さを理解する者もいるという。

乾井は言う。

「他人どころか、自分さえもどうでもいいという少年たちは、自分自身の命の重みを考えたことさえありません。だから、まず自分の命のことを考えさせ、その上で他者について気づいてもらい、事件に向き合わせるしかないんです」

ちなみに、福岡少年院でも、この人形指導に似た取り組みがなされている。介護サービスを学ぶなかでする「妊婦体験」だ。

少年たちは妊婦のお腹と同じくらいの重さのジャケットを身に着け（お腹が膨らむようになっている）、階段の上り下りをしたり、かがんで家事をしてみたりする。本来の目的は、妊婦がどのような不自由さを味わっているかを実感するためだが、少年たちに命の重みを感じさせる意味合いもあるという。

人形指導にせよ、妊婦体験ジャケットにせよ、職員たちがあの手この手を尽くして少年たちを指導していることがわかる。だが残念なことに、ここまでやってもまだ、命の重さをきちんと理解できない少年もいるのだという。

乾井は語る。

「現実的には、ベビードールをつかった指導を通しても、命の重さを本当の意味で理解できたかどうかはわからないこともあるんです。少年の中には首をかしげて真剣な表情で『（乾井先生の）言っていることはわかりますけど、心から反省できるかって言われれば、そうとは言い切れません。だって相手も悪かったし、（自分だって）わざとじゃなかったから』と言う者もいるんです。彼らも彼らなりに一生懸命に考えているのに、なかなか理解することができない。それでも私のような立場の者は、きっとこの子は変わってくれる、変わらせられるはずだと考えて、辛抱づよく取り組んでいくしかないと思っています。結局、私たちがしなければ誰もやらないんですから」

考えてみれば、普通の人が物心つく前から家族をはじめとした無数の人たちとのコミュニケーションの中で十数年かけて培っていくものを、わずか一年でカードや人形をつかって身につけさせようとしているのだ。それでも、少年を信じて一歩ずつ進んでいくことしか矯正教育はできないのだ。

第三章　性非行に走る少年たち

福岡少年院

性非行の現場

少年の非行で、昔から一定の割合を占めているのが「性非行」である。

未成年の場合は性非行と呼ぶが、「性犯罪」と同じことである。そう聞けば、強制性交（強姦）、強制わいせつ（性交以外のわいせつ行為）がいの一番に思いつくだろう。細かく見ていけば、痴漢、盗撮、のぞき、公然わいせつなど多岐にわたる。その他、わいせつ目的の住居侵入、わいせつ画像の撮影なども含まれる。

一般的に、少年の性非行は思春期の性的欲求から引き起こされると考えられがちだ。中学生、高校生くらいの性衝動が盛んな時期に、それを抑えることができなかった結果として起こるのだ、と。

残念ながら、問題はそんなに単純ではない。性非行の矯正教育の最前線にいる人々が口をそろえるのは、性非行は少年の歪んだ内面から引き起こされるもので、性欲だけが原因ではないということだ。

西日本の児童自立支援施設の職員は、次のように語った。

「施設の子で一番更生が難しいのが、性非行の子です。彼らって一見すると、みんな普通の子ばかりなんです。でも、根本的なところで、人の気持ちを理解できないとか、まっとうな男女関係を想像できないといった認知のズレがあります。それが性非行をする原因になっているので、性欲の強さとかはあまり関係がないんです。だから、性非行を抑えようとすれば、性欲とは別に、認知のズレを矯正していかなければならないのですが、思春期になるとそのズレが性衝動と絡み合ってしまっているので、一筋縄ではいかないのです。私の感覚で言えば、性非行でうちに来た子の半分は、プログラムを受けさせても再び性非行を起こしていますね」

国の側も、数ある非行の中でも、性非行は矯正が難しいことを認識している。そのため、全国の少年院のうち二カ所を性非行防止指導の「重点指導施設」と定めて、より体系的な指導を行っている。具体的には、北海道にある北海少年院と、福岡県にある福岡少年院に、全国から性非行の少年たちを集めて、重点的かつ集中的な指導を受けさせているのである。

多くの関係者が「立ち直りが難しい」と語る性非行。その重点指導施設に定められた少年院では、どのような取り組みが行われているのか。性非行の深淵に光を当てるため、福岡少年院へ赴いてみることにした。

二〇一八年二月の初めの朝、福岡市には大粒の雪が降っていた。博多駅から車で約三十分、白く染まった住宅街の片隅に、福岡少年院はひっそりと建っていた。

福岡少年院ができたのは昭和十三年。日本では、多摩少年院（東京）、浪速《なにわ》少年院（大阪）、瀬戸少年院（愛知）に次いで四番目に古い少年院だ。収容規模は百五十名だが、ご多分に漏れず定員を割っていて、現在は八十〜九十名ほどで推移している。

教育・支援部門の法務教官・江口勝男（仮名、四十三歳）は語る。

「福岡少年院は、性非行の少年だけが集められているというわけではありません。基本的には、ほかの少年院と同じで、傷害、窃盗、詐欺などいろんな非行を犯した少年たちがいます。多くが九州出身ですね。院内で行われている生活指導も法務省が定めたものであり、特にほかと大きく違うということはありません」

福岡少年院に入っている少年の非行で一番多いのが、窃盗（三八・二％）だ。つづいて強姦・強制わいせつ（一三・七％）、傷害・暴行（一〇・八％）、道路交通法違反（一〇・八％）、強盗（六・九％）、恐喝・詐欺（三・九％）などがつづく。年齢的には十五歳以下（二二・五％）、十六〜十七歳（二九・四％）、十八〜十九歳（一八・九％）だ。

「福岡少年院では、二〇一三年から性非行防止の重点指導施設として試行がはじまり、二〇一五年の少年院法の改正に合わせて正式にスタートしました。当院には西日本の少年院から性非行の少年たちが集められ、北海少年院は東日本の少年院から集められます。一年に二回、一クールにつき八名程度が対象となります。他の少年院でも性非行防止プログラムは実施されていますが、当院と北海少年院は、当該対象者に対して他より体系的、重点的に行っているというイメージです」

プログラムは一クール四カ月間で、時期はそれぞれ六月〜九月末、十一月〜二月末だ。全国から約八名のメンバーが集められる手順は次の通りだ。

1、各少年院に募集をかける。各少年院が特に教育が必要と思われる少年を選ぶ。
2、応募書類が届く。
3、書類選考をして受講者を決定。
4、各少年院から福岡少年院に移送。

「おおむね八名としているのは、それなりに意味があるんです。指導はグループワークが中心になるので人数制限をしないと適切な指導ができません。また、少年八名の能力や非行の性質をある程度そろえる必要もあります。IQに大きな差異があったり、非行の性質が大きく異なったりすると、効果が得られにくいからです」

性非行のタイプ

プログラムの中身を見ていく前に、そもそも性非行とは何なのかについて知っておかなければならないだろう。また、少年たちは、なぜ強制性交や強制わいせつなどの性非行を犯すのか。

福岡少年院で長らく性非行防止指導に携わってきたのが、法務教官の富岡隼介（仮名、五十六歳）だ。彼は次のように語る。

「社会の一部では、性非行の少年たちは病気であるかのように考えられています。下着泥棒をくり返す少年に対して『病気だから病院へ行って治せ』といった具合です。私の考えでは、これは誤りです。彼らは病気や障害があるわけではない。実際、ここに来ている少年たちは知的にもごく普通の子ばかりです。いや、他の非行少年とくらべれば、むしろ知的には高いと言えるかもしれません」

取材時に受講していた八名の少年でいえば、七人がＩＱ一〇〇を超えており、全員が高校に合格もしくは進学していた。この統計を見るかぎり、一般の少年とくらべて知的レベルはまったく遜色《そんしょく》ない。

「知的には普通の子たちが、なぜ性非行をするのか。彼らの特徴として挙げられるのは、認知、発達、コミュニケーションなどの能力の乏しさです。IQや偏差値、それに外見は普通なのですが、劣悪な成育環境などによってそうした能力に欠けてしまっている。その結果、彼らは社会の常識を持って、異性と健全な関係を築くことが苦手なのです。

たとえば、普通の子なら異性と仲良くなった後に恋人として付き合いはじめ、徐々に信頼や愛情を深めていって男女の関係になりますよね。でも、その方法がわからなかったり、そうしたことに想像が及ばない少年がいるのです。彼らは普通の子がたどるプロセスをすっ飛ばして、相手と性的関係を持とうとします。結果として、それが性非行となる場合があります」

富岡によれば、性非行の少年たちの特徴には次のようなものがあるという。

・自己統制力の欠如
・認知の歪み
・自己否定感
・対人関係や親密性の問題
・共感性の欠如

少年たちはどれか一つの能力が欠けているというより、これら複数の要因が絡み合って問題行動を起こすことが大半だという。

「性非行の少年をいくつかのタイプにわけることはできると思っています。最近多いと感じるのが、虐待を受けてきて自尊心が失われてしまっている『自己否定型の少年』です。彼らは日常生活の中で虐げられている分、人を支配したいという欲求が強く、それが性非行という形で出てきます。次が、不良グループを形成するような『粗暴型の少年』。暴力が日常的になっている中で、集団での強制性交や強制わいせつといった非行をする。三番目がASDなど『発達障害の少年』。四番目が『歪んだ快楽を持っている少年』です。この四つのタイプでは、性非行に至る経緯が少しずつ異なってきます」

富岡の説明をもとに四つのタイプを見ていきたい。

最初の自己否定型の少年で目立つ性非行が、「年下の子（幼児）に対する強制わいせつ」や「盗撮・下着泥棒」などだという。

少年の中には、家族から虐待を受けたり、学校で激しいいじめにあっている者がいる。彼らの一部は幼少時代から人格を否定され、抑圧されて生きているため、ストレスをため込み、胸の奥で自分より弱い者を支配したいという衝動を抱えている。

そんな彼らが狙うのが、力で劣る幼い女児や気の弱い女子だ。路上でそんな子を見つけて物陰につれ込んで強制わいせつをする、あるいは、電車やバスで無抵抗の子に痴漢行為をする。そうすることで、支配欲を満たしてストレスを発散させようとするのである。

また、こうした少年たちは虐待やいじめによって自尊心がすり減っているため、同級生と同じように女子と交際できるわけがないと思い込んでいる。そこでクラスで人気の子の下着を盗んで「誰ももっていないものを俺は所有しているんだ」と考えたり、同級生のスカートの中を盗撮して「みんなが見ることができないスカートの中を俺はいつだって見られるんだ」と考えたりすることで、自尊心を満たそうとする。

富岡の言葉である。

「虐げられた少年が、支配欲求から盗撮や下着泥棒をはじめると、非行がエスカレートしていく傾向にあります。最初はそれらで満足するのですが、だんだんと物足りなくなって、女の子の家に忍び込んで下着を大量に盗ったり、浴室を盗撮しようとしたりする。それが強制わいせつや強制性交にまで発展することもあります」

以前、殺人の取材で医療関係者から似たような話を聞いたことがある。虐待で虐げられた少年が、支配欲を満たすために弱い生き物を虐待することがある、と。最初は昆虫や爬《は》虫類《ちゅうるい》などから入り、次に猫など小動物を殺し、やがて人間を殺害したいという欲求を抱えるようになるのだそうだ。性非行にもこれと似たような構造があるのだろう。

背景に家庭の問題

次に、粗暴型の少年の性非行について見ていきたい。

粗暴型の少年とは、暴走族に代表されるようなヤンキータイプの少年である。彼らもまた、家庭環境が劣悪であり、親から虐待を受けるなどして共感性が乏しいという特徴がある。友人を友人とも思わずに簡単に暴力をふるったり、他人をだまして金銭を奪ったりする。

彼らはそうした荒れた生活のなかで女性のことをモノとしか考えておらず、性欲のはけ口にすることにためらいがない。なので、力ずくで性行為を強いたり、脅して援助交際をさせてお金を巻き上げたりする。暴力が当たり前の世界にいるので、罪の意識さえない。

「粗暴型の少年の特徴は、本人たちに罪を犯したという意識が低いことです。それまでの人生の中にずっと暴力が身近にあって、乱交や援助交際といった性的な逸脱行為を頻繁に見てくると、それが当たり前のことのようになってしまう。だから、少年院に送られてきても、『俺は運が悪かったから捕まっただけ』としか思っていないのです。こういう子は、私たちが指導の中で道徳や被害者の感情を説明したところでなかなか理解してくれません」

三番目が、発達障害の少年である。

前章で触れたように、発達障害の少年は、虐待やいじめを受けることで問題を複雑化させてしまうことがある。彼らの「相手の気持ちを想像できない」「衝動のままに動く」といった特性が暴力につながることは紹介したが、まれにそのような特性が性的欲望と結びついて性非行にいたる場合がある。相手の気持ちを考えずにストーカーになる、触りたいと思って同意を得ずに触ってしまう。あるいは、こだわりが下着などに向いて下着泥棒になってしまうということが起こる。

最後に取り上げるのが、歪んだ快楽を持つ少年だ。

少年の中には、女性が困ったり、苦しんだりする顔を見ることで喜びを得る者がいる。こうした少年は下着を盗んだり、盗撮をしたりして、「ネットにばらまくぞ」と脅かすことで女性を追い詰め、その苦しむ様を見て自分の欲望を満たそうとする。性的な快楽を得るというより、怖がる顔を見ることが目的なのだ。そういう意味では、本人には性非行をしている意識はないが、警察が介入すれば「下着泥棒」「盗撮」ということで逮捕される。

「こうしたことからわかるように、少年たちはかならずしも性衝動に突き動かされて性非行に及んでいるわけではないのです。むしろ、支配欲を満たしたいとか、苛立ちを解消したいという方がつよい。彼らがそうなった背景には、ほかの非行と同様に家庭の問題が大きく関わっているケースが多いです。彼らが抱えた負の感情が暴力という形で表に出る子もいれば、性非行として出る子もいる。どちらにしても、根本にあるのは少年が心に抱えてしまった問題から引き起こされているということなんです」

福岡少年院で性非行防止プログラムを受けている八人のうち四人は実父母がそろっている。福岡少年院全体で実父母がそろっているのは三六・三%であることを考えれば、他の少年にくらべて若干家庭環境が良いように感じる。

だが、両親がそろっているからといって家庭に問題がないことにはならない。富岡によれば、性非行の少年の多くは、母親との関係がうまくいっていないという。母親が次々に男をつくっていたとか、十分な愛情をかけてもらえなかったといったことがあるらしい。

実際にこのプログラムを受講している少年が、ここに来るまでの経緯からそれを考えてみたい。

【松風英人(十八歳)】

九州のある町で、松風英人の父親は貿易関係の会社を経営していた。母親は専業主婦で社交的な性格。家は近所では裕福で知られていて、毎週土日は家族で外食をする習慣になっていた。

両親はプライドが高く、英人に幼い頃から英会話を習わせるなど英才教育を施した。英人自身もそれが当たり前だったので苦痛を感じることなく、勉強にスポーツに励んだ。そのため、小学校では何でもできるオールマイティーな生徒として人気者だった。小学校の高学年からは受験勉強をはじめて、市内の進学校を目指すことになっていた。

そんな矢先の小学六年生の時、家庭に大きな変化が訪れる。父親の会社が倒産したのである。

一家は集合住宅へ引っ越し、父親は一般企業に転職した。だが、経営者から一サラリーマンへの転職は容易ではなかった。新しい会社では人間関係にも仕事にもなじめず、働けど働けど給料は借金の返済に消えていった。先行きが見えない不安からか、父親は寡黙になり、たまに口を開けば妻子を怒鳴りつけた。

家が荒《すさ》んでいくなか、英人は転校先の学校にもなじむことができなかった。母親は理解を示さず、自らのプライドに固執するかのように英人に進学校へ進むよう言いつづけた。

「なんとしても＊＊中学に合格しなさい。うちはお金がないから特待生で入ることが絶対の条件。そうすれば授業料は免除になるから」

英人は家族のためと考えて懸命に勉強した。

こうした状況は小学生の英人には重圧だった。受験が迫ってくるにつれ、英人は受験の苦しみから逃れるように万引きをするようになった。塾の行き帰りにスーパーやコンビニに立ち寄り、菓子などを盗むのだ。甘いものが食べたかったわけではない。万引きによって日常生活にはないスリルを体験することで、ストレスを発散させて受験のことを一時でも忘れようとしたのだ。

年が明け、受験のシーズンに突入した。英人は猛勉強したことが実り、志望校の入学試験に合格した。ただ、目指していた授業料全額免除の「特待生」には届かず、半額免除の「準特待生」だった。

母親は英人の努力を認めず、合格を喜ぶことさえしなかった。英人は、家族に負担をかけてしまったという負い目を抱えながら中学へ進学することになった。

中学入学後、父親が精神的に追いつめられてうつ病になった。勤務先の会社が倒産の危機に瀕したことで、お金のことばかり心配して、何か言えば「うちに金なんてあるわけないだろ!」と激昂する。家には常に緊張感が張りつめていた。

英人はこう考えた。

――自分が授業料で負担をかけているから、お父さんは心を病んだのかも。

せっかく進学した中学校でも、英人は学業の問題に直面していた。入試の成績による準特待生の制度は最初の一年だけで、三年間維持するには常に学年で上位の成績でいなければばならないのだが、優秀な同級生が多く、定期テストの成績は下がる一方だった。一学期、二学期と成績は落ちていき、三学期には後ろから数えた方が早い順位になった。

時を同じくして人間関係にも悩んでいた。友達ができず、しゃべる相手さえいなかったのだ。同じクラスの成績の優秀な子や、スポーツが得意な子は、女の子と仲良くして休日に遊びに行っているのに、自分は一人で遠目に見ていることしかできない。受験勉強に苦しんでいた頃のような鬱憤がたまりはじめた。

クラスメイトの衣類を盗むようになったのは、中学一年の三学期からだった。きっかけはクラスで人気のあった華原愛美の靴下を盗んだことだ。

英人は当時の心境を語る。

「最初に靴下を盗んだのは、万引きと同じ感覚でした。ストレス解消のために軽い気持ちでやったんです。でも、盗った靴下を家に持ち帰って眺めていたら、だんだんと優越感が膨らんできました。愛美の秘密を俺だけが握っているんだといった感覚ですね。同級生は誰も持ってないものを俺だけが所有しているんだぞ。そう考えたら、なんか自分が特別な人間になって、同級生たちがザコみたいに感じられるようになってきました。そこからですね、本格的に泥棒をはじめたのは」

中学二年になって準特待生の資格を剝奪されて以降、英人は日々のストレスを解消するために、その行為をエスカレートさせていく。愛美だけでなく、他の同級生の靴下まで盗むようになったのだ。

英人は言う。

「中学一年の終わりに準特待生じゃなくなった時、勉強についていけないから退学して公立中学に行きたいって親に頼んだんです。そうすれば、学費を支払わせているっていうプレッシャーがなくなる。でも、お母さんは中退を認めてくれませんでした。それで自分でもどうしていいかわからず、むしゃくしゃする気持ちが溜まってどんどん泥棒を重ねていったんです」

英人は盗んだ靴下を眺めているうちに、ブラジャーやパンティーも手に入れたくなった。そっちの方が靴下より、大きな秘密を手にできると感じたのだ。どうすればブラジャーやパンティーを入手できるのだろう。

ある日、英人は同級生の女の子が生徒手帳に家の鍵を挟んでいるのを見つけ、家に入って下着を盗むことを思いつく。彼は隙をついて生徒手帳から鍵を盗み、自宅に忍び込んだ。タンスには、同級生の下着がたくさん収納されていた。彼がそれらを物色している時、同級生の姉が帰ってきて見つかり、取り押さえられた。姉はすぐに警察へ通報し、英人は逮捕されることになった。

その後、家庭裁判所に送致された英人は少年審判で試験観察を経て保護観察処分を言いわたされ、中学からは退学処分にされた。親の期待を一身に背負い、一度は手に入れた成功を、英人は自ら粉々に壊してしまったのである。

英人は失意の中で地元の公立中学に転校し、一年半ほど静かにしていた。そうできたのは、保護観察中だったことに加え、公立中学なのでそれなりの成績を収めることができたことが大きかっただろう。

一方、母親は事件を受け、英人を「病気」だと見なして、近所のクリニックの心療内科へ通わせた。医師はＡＤＨＤの傾向があると診断し、ストラテラという薬を処方して、週に一度のカウンセリングを受けさせた。

中学を卒業すると、英人は地元の公立の進学校へ進む。だが、同級生の学力レベルが上がったことで、再びコンプレックスに苛まれることになった。軟式野球部でも、高校二年になってから一年生にレギュラーの座を奪われたことで投げやりになった。

そんな英人に追い打ちをかけたのが、父親の心の病だった。父親はうつ病がひどくなり自殺願望をよく口にするようになった。家に帰って来てもしゃべろうとせず、たまに口を開けば「死にたい」「首をくくりたい」とつぶやく。

英人はそんな父親を見て自分を責めた。

——お父さんを病気にしたのは僕なんだ。僕が何もかも壊してしまったんだ。

英人はそのストレスからまた同級生の靴下を盗みはじめた。体育や部活の時間にこっそりと更衣室に忍び込んで持ち出す。家で一人になってそれらを見ていると、同級生の女の子の「秘密」を独り占めしている気持ちになることができた。同級生たちが手に入れられないものを自分は持っているんだと思うと自分が特別な存在になった気がした。

英人は言う。

「それまでは我慢してましたけど、一度はじめたら止まりませんでした。スリルもあったし、靴下を手に入れた満足感もありました。特別なことをしている爽快感があってもっともっとという気持ちになったんです。その後は、中学時代と同じで、次第に靴下だけじゃ満足できなくなって、ブラジャーやパンティーを盗ろうと考えだした。警察に捕まるかもしれないなんてことは考えず、やりたいという衝動だけで動いていました」

英人は、またも大量の下着を盗むために同級生の女の子の家への侵入を計画する。そして同級生が持っていた鍵を盗み、住所から自宅を探し当てて忍び込んだ。待っていたのは、前回同様の結末だった。下着をあさっている最中、同級生の母親が帰宅して見つかったのである。

この母親は警察へは通報しなかったが、学校へは連絡した。学校は英人とその両親と話し合った結果、警察沙汰にしない代わりに自主退学することを勧めた。英人は仕方なく高校を辞め、レストランでアルバイトをしながら定時制の高校へ通うことにした。

バイト生活は孤独だった。英人は高校を自主退学した際、動向を探られることを恐れた被害女性の家族から、「高校の友人とは二度と連絡を取らない」と約束させられていた。これによって、英人は数少ない友達を失って話し相手がいなくなった。

英人は寂しさを紛らわすために、アルバイト代をつぎ込んでやけ食いをし、半年で一五キロも太った。アルバイトの同僚ともうまくやっていけず、またも下着への興味が湧き起こった。そして英人はバイト先で下着泥棒を再開する。

彼の言葉である。

「店で働いていた女性の先輩のものをよく盗んでいました。これまで二回捕まっていましたから、いけないっていう認識はありました。でも、通っていたクリニックの先生に『きみは病気なんだ』と言われていたので、開き直っていた部分もあった。病気なんだから仕方ないんだ。病院に通っているんだから、いつか治るんだくらいにしか考えてなかったんです。自分で制御する気持ちはなかった。それで気の向くままにやってしまいました」

警察に逮捕されるのは、アルバイトをはじめて半年後のことだった。何もかもが、これまでと同じだった。

英人はバイト先の女性の先輩が持っていた鍵を盗んで自宅へ向かった。そしてドアの鍵を開け、家に忍び込んだところ、先輩本人と鉢合わせしたのである。慌てて家を飛び出して逃げたが、顔を見た先輩によって警察に通報された。

家庭裁判所は、すでに同じ事件を起こして保護観察処分を受けていることから事態を重く見て、少年院への送致を決めた。

【小谷龍之介（十六歳）】

龍之介は、見た目は精悍な青年だ。学力も知能指数も抜群に秀でていて、運動神経もいい。顔立ちも整っていて、中学二年の時には恋人ができたこともある。普通にしているだけで、十分女の子にもてるタイプだ。

しかし、彼は高校入学の直前に強制わいせつ事件を立てつづけに二件起こしたことで少年院にもう一年ほど入っている。被害者は、いずれも同じ中学の同級生だった。

家族は両親と兄の四人だった。同じ歳の両親は、龍之介が物心ついた時からケンカばかりしていた。原因は父親の酒癖の悪さだった。

父親は連日飲み屋で泥酔するまで飲み深夜に帰ってきた。問題は、酒を飲むと誰彼なしに絡むことだった。どうなるかは日によってちがい、機嫌が悪くなって当たり散らすこともあれば、陽気になって一人で騒ぎ立てる日もあった。龍之介が寝ている布団の中に潜り込んできて、酒臭い息を吐きながら意味不明のことを長々としゃべることもあった。

母親はまったく酒を飲まない人だったので、父親の酒癖の悪さに辟易していた。おそらく二人の間で酒に関するもめごとがかなりあったのだろう。母親は父親への嫌悪感を隠そうともせず、家庭内別居同然の生活だった。

龍之介は語る。

「家の中でお父さんとお母さんが直接言葉を交わすことはありませんでした。目も合わさなければ、話もしない。どうしても何かをつたえなければならないことがあれば、かならず僕を通してやってた。本当に小さなこと、たとえば『今日、ご飯いるか』といったことであっても、直接言わないで、僕に訊いてくるように指示するんです。だから、僕はまったく会話のない両親の間で、伝言ゲームみたいなことをさせられて育ちました」

兄は両親が嫌で、中学卒業後に祖父母の家へ行ってしまった。

龍之介は両親に向き合ってもらった経験もないまま成長していった。父親と母親が一切会話をしないのだから、人と人とが信頼関係を築いていくことの重要さを学ぶ機会はなかっただろう。龍之介は、男と女は言葉を交わさなくても夫婦関係を構築できるものだと考えるようになった。

中学に上がる年、一家は九州のある町に引っ越した。龍之介は見知らぬ土地に来たことで、疎外感を覚えるようになる。中学校の同級生たちはみんな、地元の小学校の出身で仲が良く、輪に入れなかったのだ。方言もちがっていたため、しゃべることさえ気が引けた。龍之介は学校で自分だけがのけ者にされているような劣等感をつみ重ね、やがて性に関する問題行動を起こしはじめる。

「最初にしたのは、体育や部活の時間に同級生のかわいい子の下着を盗むことです。動機は自分ってすげえみたいな気持ちを得るためでした。中学の男子って、かわいい子がいるとスカートの中をのぞこうとするじゃないですか。でも、盗めばその子の下着をずっと持っていられて、『みんなは必死にスカートをのぞいているけど、俺はこの子の下着を持ってるんだぜ』って思えるでしょ。性欲とかいうより、そういう感覚になりたいがために、女の子の下着を盗るようになりました」

なんでもない自分を大きな存在だと思い込みたいがために、かわいい女の子の下着を手に入れようとしたのだ。

最初に盗んでいたのは靴下が主だったが、やがて水泳の授業中に更衣室からパンティーやブラジャーを盗るようになった。「好きな子」というより、「好きではないが、かわいい子」のものを狙った。好きな子を汚したくないという感情があったそうだ。

龍之介は下着を手に入れて優越感を得ることができ、次第に同級生たちの中に溶け込んでいけるようになった。成績はクラスの上位を維持し、テニス部でも実力を認められ、女の子から告白されて付き合うことにもなった。

だが、龍之介は下着泥棒を止めることができずにいた。スリルや快感が忘れられなくなって依存症のようになっていたのだ。時には、同級生の家の敷地内に忍び込んで私物を盗むこともあった。

なぜ龍之介は恋人がいたにもかかわらず、やめられなかったのか。

「正直言って、付き合ってた子のことは、あんまり好きじゃありませんでした。告白されたから付き合ってた感じで、自分的にはどうでもよかったんです。キスをしようとしたり、体を触ろうとしたことがあったんですが、なんでか断られてしまいました。それでもういいやって感じになって、その子のことを放ったらかして、下着泥棒の方に没頭するようになったんです。そっちの方が楽しかったんですね」

男子中学生が恋人にキスやセックスを求めるのは普通のことだ。ただ、健全な子であれば、きちんと彼女との関係を築いて合意を得た上でしようとするだろう。しかし、龍之介は言葉を交わすことのない両親の間に育ったことで、そうした思考が欠落していた。彼女に拒まれたことで「もういいや」と割り切って、下着泥棒に没頭したのだ。

中学三年になり、龍之介はテニス部を引退。二学期からは難関と言われる高校への進学を目指し、受験勉強をスタートさせた。部屋にこもる時間が増えたことで、龍之介は性的な妄想を膨らますようにもなる。レイプやナンパもののアダルトビデオにのめり込み、自分も同じことをやってみたいと考えだした。

「家では家族の会話がまったくなかったので、帰宅したらずっと部屋で携帯ゲームするか、AV見ているかって感じでした。僕がはまったのはレイプとかナンパもののAVです。嫌がるのを無理やりするというより、嫌がっているのに感じちゃうみたいなシチュエーションが好きでした。今からふり返ってみると、女の人を女の人として見てなかったと反省してますけど」

レイプやナンパもののアダルトビデオには、男女の間の関係性がまったく描かれることがない。

こうしたアダルトビデオに興味を持つ若者は少なくないが、大方の人はフィクションとしての作品世界とリアルのちがいを切り分けて考えるので、現実世界では女性を大切にしようとする。

しかし、龍之介のような男女関係の根本をはき違えている人は、アダルトビデオの影響をそのまま受けてしまう。自分も同じことをしていいんだと考える。そして彼は受験勉強の傍ら、レイプの計画を練りはじめる。

二月、高校受験が終わり、希望の進学校から合格通知が届いた。両親はそれを知っても喜ぶことも、褒めることもしなかった。そんな家庭にあって、龍之介は合格を喜ぶことより、計画を実行することだけを考えていた。

最初に事件を起こしたのは、合格から数日後のことだ。

その日の午後、龍之介は塀の陰に潜んでいた。目をつけていた同級生の女の子を下校途中で待ち伏せて襲うつもりだったのだ。

しばらくすると、女の子が予想した通り一人で現れた。龍之介は顔見知りであるため、レッグウォーマーで口元を隠してから飛びかかり、用意していたテープで目隠しをしようとしたが、身をよじられてかわされてしまった。龍之介は失敗したと思うや否や、下着の上から軽く陰部を触り、その場から逃げだした。

――顔を見られた。バレてしまった。

逃げている最中、そんな不安がこみ上げてきたが、やってしまった事実は変えられなかった。

翌日、龍之介は先生に言いつけられていることを覚悟して学校へ行った。意外にも、校内アナウンスで「近所に不審者が出た」と注意が促されただけだった。龍之介は、あれくらいじゃバレないのだ、と安心した。

二件目の事件は、それからわずか十日後だった。

相手は、前々からもう一人目をつけていた女の子だった。龍之介は前回の失敗を踏まえて、初めから目出し帽子をかぶり、女の子の家のすぐ近くで待機した。こうすれば正体を知られることはないと思っていた。

やがて、女の子が何も知らずに歩いてきた。龍之介は目出し帽子をかぶったまま後ろから飛びついて羽交い絞めにし、嫌がる彼女を空き地へと引きずり込んだ。

女の子は恐怖の表情を浮かべて叫んだ。

「何！　誰？　何！」

龍之介は黙って制服のボタンをちぎり取った。乳房をもみ、パンティーをはぎ取る。そして抵抗する彼女の股に顔をうずめ、陰部を見てから急いで逃げ去った。当初から目的は、陰部を見ることだったのである。

初めて目標を達成したことで気を良くし、龍之介は次の計画を練りはじめた。だが、知らないところで警察に通報されていた。三月に入って間もなく、家にやってきた警察官によって龍之介は二件の強制わいせつで逮捕されたのである。

家庭裁判所で開かれた少年審判で、龍之介は少年院への送致が決まったため、せっかく合格した難関校への進学は諦めなければならなかった。龍之介は述べる。

「逮捕された翌日、警察署に両親が面会にきてくれたんです。怒られると思ったら、『がんばれ』って励ましてくれました。驚いたけど、初めて親に向き合ってもらえたって感じて、意外でしたね。ああ、お父さんやお母さんは、僕の気持ちを考えたり、心配したりすることがあるのかって……。もう少し前からそんなふうに接してくれたら嬉しかったなって思いました」

この言葉を聞いた時、私は親子の間にあった溝は彼自身の言葉以上に深かったのかもしれないと思った。

現在の龍之介の目標は、少年院を早く出て高校へ進学することだという。在院期間は一年以上になるため、二年遅れで高校に入学することになる。

性非行防止プログラム

英人と龍之介に共通するのは、長年にわたって家庭や学校で鬱屈した感情をため込んでいる点だ。それを暴力で晴らす人間もいれば、薬物で忘れ去ろうとする人間もいる。彼らの場合は、それが性非行という形になって現れたと言える。

福岡少年院で年二回一クール四カ月にわたって行われている性非行防止プログラムは、

こうした少年たちを対象としたものだ。そのプログラムの中身について見ていきたい。

プログラム開始前、福岡少年院には受講する少年たちの記録が各少年院から届けられる。そこには成育歴、友人関係、知能指数、非行に至った経緯などが事細かに記されている。法務教官たちは書類を参考にして、少年個々に合った指導計画を作成していく。

一般的な少年院の特定生活指導では、施設の法務教官がテキストをもとに具体的な指導方法を考えるが、重点指導施設である福岡少年院では、法務教官のほか、九州大学で実践臨床心理学講座の担当をしている黒木俊秀教授にも記録に目を通してもらってアドバイスを仰いでいる。少年の固有の問題点を洗い出してもらったり、教え方についての意見をもらったりすることで、細かな指導を目指しているのである。

少年たちが福岡少年院に入ると、複数ある集団寮に別々にふりわけられる。性非行の少年だけで固めるのではなく、恐喝、窃盗、詐欺、殺人といった他の非行少年たちと交ぜて寮生活を送らせるのだ。

富岡は言う。

「性非行防止プログラムは、院内において『X講座』みたいな伏せた言い方をします。非行の中でも性非行はもっとも卑劣なものと見なされて、他の少年たちに知られると冷たい目で見られたり、馬鹿にされたりするんです。性非行の少年たちがプログラムを恥ずかしいものと受け止めると、効果は弱まることもあります。そうしたことを防ぐために、講座名を隠すことで誰がどの講座を受けているのかわからないようにする狙いがあるのです」

これは成人の刑務所でも同じで、受刑者の間でも性犯罪はもっとも卑劣なものという認識があるという。

「少年たちは、中核プログラムと呼ばれる性非行に関する中心的な指導を週に一回受けることになります。それだけでは足りませんので、他にいくつかある周辺プログラムによってフォローしていきます。中核プログラムを軸に、周辺プログラムをいかにうまく絡めて少年たちに罪を認識させ、改善方法を身につけさせるかということが重要になるのです」

中核プログラムは、J-COMPASSと呼ばれる教育プログラムを使用している。これは認知行動療法に基づくものであり、「内発的動機づけ」「ストレングスベース（長所を活かす指導）」「マインドフルネスベース（瞑想を活用する指導）」の三点を特徴としている。テキストの目次を抜粋すれば次の通りだ。

はじめに
グループワークに参加するみなさんへ
個別に先生と学習を進めていくみなさんへ

第一回　どんな自分でありたいか
第二回　これが私です
第三回　モチベーション
第四回　行動の選択
第五回　思考について
第六回　気持ちについて
第七回　性へのとらわれ
第八回　周囲の人との関係
第九回　自分にとっての大きな出来事
第十回　観察する自分
第十一回　自分らしい生き方
第十二回　新しい出発

指導は、グループワークを基本として、受講者八人で順番に自己のふり返りをして、性についての認識を改めていく。

すでに見てきたように、少年たちはその生い立ちから何かしらの問題を抱え、歪んだ認識の中で相手の気持ちを考えずに性非行をしている。そこで、少年に「本来自分はどうありたいか」という自らの価値を確認させ、非行とそれとのギャップに気づいてもらい、長所を活かして非行に代わる行動を活性化していくことを目指す。

具体的には、自分の生い立ちがどのようなものであったのか、なぜ性非行をするようになったのか、被害者の心の傷はどの程度のものなのか、正しい性のあり方とは何なのか、今後社会で生きていくにはどのように衝動を抑えていかなければならないのか……。毎週金曜日の午前中、四カ月かけてそうしたことを学ぶのだ。

ただ、週に一度、こうした中核プログラムを受講するだけでは、自己理解から問題解決までの力を身につけることはなかなかできない。そのため、その不足部分を、周辺プログラムによって補うことになる。

周辺プログラムは、他の少年院でも行われているもので、マインドフルネス（毎日十五分）、アンガーマネジメント（百分×六回）、被害者心情理解指導（百分×二回）、性教育（百分×六回）、個別面談（適時）である。たとえば、アンガーマネジメントによって衝動をコントロールする方法を身につけたり、個別面談によって各々が持っている家庭や友人などとの問題の解決策を探る。

では、少年はこうした矯正教育を受けてどのように変わっていくのか。一つの例を紹介しよう。

【塩崎亮（十九歳）】

亮はシングルマザーの下で生まれ育った。母親は精神を病んでいたため就労できず、生活保護を受けていた。

物心ついた時から、亮は掃除や料理など家事をしていたが、母親は体調の変動が激しく、気分が悪い時は息子に理不尽な罵詈雑言《ばりぞうごん》を浴びせかけ、時には手を上げた。

亮は小学校へ通っていたものの、母親の影響もあって女子と接するのが苦手だった。女性というものに対して恐怖心や不可解さを抱いていたのだ。また、背が低かったことから、劣等感も強かった。

高校生の頃、初めて女性の恋人ができた。だが、この女性は亮との関係がうまくいかなくなると、「気持ち悪い！」などと正面から攻撃的な物言いをするタイプだった。また、亮が彼女に宛てたメールを友人に見せて、みんなで笑いものにしたこともあった。

ほどなくして彼女とは別れることになったが、亮はこの時の体験から女性への苦手意識を膨らませた。母親から理不尽なことを言われつづけ、恋人からも見下すように嘲笑されたことで、同年代や年上の女性への恐怖心が一層大きくなったのだ。

大学に進学後、亮の女性への劣等感は性非行となって現れる。年上や同年代の女性と接するのは怖いが、幼い女の子であれば見下されることもなく思い通りにできると考え、性欲を少女に向けたのである。

ある日、亮は道を歩いていた幼女をつかまえ、強制わいせつをした上で、自宅へつれ去ろうとした。だが、たまたま居合わせた近所の住人が気づき、警察に通報。亮は駆けつけた警察官によって「誘拐未遂」と「強制わいせつ」の容疑で逮捕された。未成年だったことから、少年院への送致が決まった。

その後、亮は心理検査などで「共感性に乏しい」「目の前の状況への対応力がない」「女児を支配することで自己肯定感を得ようとする傾向がある」といった特性があることが明らかになった。福岡少年院に送られた後、亮はそうした問題点を矯正するべく性非行防止プログラムを受けることが決まった。

J-COMPASS のグループワークで、亮は自分の人生をふり返り、劣等感とそれが生み出された理由を洗い出した。そして母親や恋人との関係が健全でなかったことを認識し、同年代の女性と関係を築いていく大切さについて考えた。

さらに低身長というコンプレックスへの対応策も身につけた。低身長であることは変えられないが、それを劣ったものとして捉えるのではなく、低身長にも良さがあるのだと前向きに考えることにしたのだ。

共感性の乏しさについては、J-COMPASSだけでなく、周辺プログラムである被害者心情理解指導などによって被害者の心情を何度も考えた。襲われた幼女はどれだけの恐怖を味わったのか、心の傷はどのようなものなのか、それを引きずって生きるのはどれほど困難なのか。そうしたことを一つひとつ理解していったのである。

最後に、出院後に幼女に対する性的衝動が起きた時の解決策も学んだ。その一つが幼女に対する関心が生まれたらゲームをするということだった。ゲームが大好きで、それをしている間は性的な妄想から離れられるため、ゲームによって心を落ち着かせる方法を身につけたのだ。

四ヵ月間このような取り組みをしたことで、プログラム終了時、亮は自分自身の行動を客観的に見つめ、衝動を抑制する術を身につけたという。


これは、モデルケースの一つである。

だが、すべての少年が亮のようにプログラムを受講することで、きちんと共感性を持てるようになったり、自己統制力を身につけたりできるわけではない。現場にいる職員は、それぞれの立場で困難にぶつかっている。

次はその現場の声を拾い上げてみたい。

ここで性教育を担当している蟹江清美（仮名、五十四歳）と、スーパーバイザーである中島美鈴（三十九歳）の二人である。蟹江は筑紫少女苑の法務教官、中島は認知行動療法を専門とする臨床心理士で、グループワークなどを見学して問題点を見つけ出し、指導法を教官にアドバイスしている。


【蟹江清美（法務教官）】


私は普段は女子少年院で働いていて、週に一度だけ福岡少年院に来て性教育を担当しています。

ここの少年たちと接していて感じるのは、女性を「性の道具」としてしか見なしていない子が少なくないということです。女性は男子なら誰とだってセックスして快感を得ると思い込んでいる。あるいは、女性がセックスを嫌だと思う気持ちを想像できないのです。

私が「女子は男子とはちがう。信頼関係や愛情が必要なので、それを築かなければならないんだ」と言ったとします。すると、少年からは次のような反応が返ってくる。

「誰とでもヤル女はいますよ。自分の知り合いはそうですから」

たしかに不良グループと四六時中一緒にいて、一日に何人もの相手と援助交際をしたり、先輩に迫られて断れずに性行為を受け入れたりする子はいるでしょう。では、彼女たちが望んでそうしているかと言えばそうじゃありません。そこには彼女たちなりの苦しみや悲しみがある。

でも、少年たちは、その子がセックスをしたという表面的な行為だけを見て「彼女は楽しんでいる」と考えるんです。彼らが女性の内面にまで想像力が及ばない原因は様々ですが、ここで行っている性教育では彼らにきちんとした性の知識をつけさせることを目的としています。

私が、扱いが難しいと思う少年のタイプは二つです。

一つが、性非行に対する罪悪感が極端に乏しい少年。みんなやっているのに、自分だけが運悪く捕まったと考えているタイプです。こういう少年は、考え方を改める必要性がわかっていないので、真剣に性教育を受けて自分を変えようとしません。

たとえば、集団で女性をレイプして、その少年は性行為には参加せず、動画撮影をしていたとしますよね。そうなると、「俺はセックスはしてない。動画を撮っていただけ。捕まったのは運が悪かったから」と考えます。

当然ですが、これはまったくのまちがいです。女性にしてみれば、レイプされているところを動画撮影されることだって、レイプと同じくらい恐ろしいことなのです。こういう少年は自分の立場からでしかものを考えていないので、自分が捕まった理由を正しく理解して生き方を改めようとしません。

　二つ目の難しいタイプが、家族間の性的虐待の加害少年です。一例を出せば、姉や妹に対して強制わいせつをして捕まった子ですね。

　近親相姦の多くは劣悪な家庭環境の中で起こることです。被害を受けた少女は加害者がきょうだいであるために事実を打ち明けられずに、長期間事態が判明しないケースが大半です。それが明るみに出た時は、二年、三年と毎日のようにくり返されてきたということが珍しくないのです。

　こうしたケースでは、相手がきょうだいだからこそ、少女の方が抵抗できません。そうすると、加害少年は姉や妹が性的な関係を受け入れてくれていると思い込んでしまう。きょうだいの遊びの延長の一つで、同意の上だったと考えているんです。そのため、本人に姉や妹にひどいことをしたという罪の意識がないのです。

　とはいえ、こうした少年たちに対しても、きちんと正しい性のあり方をつたえるのが私の仕事です。そのために重要なのは、抽象的な言葉で説教をするのではなく、具体的なところから感覚的に理解できる話をすることだと考えています。

　私は筑紫少女苑でもたくさんの性被害にあった女子を見てきていますし、プライベートの友人にも被害を受けた女性がいます。そういう実際の事例から、被害者がどれだけ大きな心の傷を負って、その先何十年も過去に苦しみながら生きていくのかということを話します。「私の知っている人の体験だけど」という言い方をするだけで、少年の受け止め方はちがってくる。それをつみ重ねて理解させていくしかありません。

少年たちは、ここを出た後も、何年、何十年と多くの異性とかかわっていくでしょう。だからこそ、今のうちに正しい性の知識と、責任感を身につけさせていかなければならないのです。

【中島美鈴（臨床心理士）】

私は普段は大学に籍を置いていて、ここでは外部のスーパーバイザーとしてかかわっています。主にJ-COMPASSのグループワークを見学させていただいて、先生方に感じたことをいろいろとアドバイスしています。

プログラムに参加している少年たちは、それなりに理解力のある子がそろっていますし、少しずつ性非行の内容がちがうので、グループワークでは多様な意見が出てきます。

たとえば、グループワークのメンバーの中には盗撮をしたオタクっぽい静かな子から、強制性交で捕まったヤンキー気質の子までいます。

彼らを一堂に集めて、「性非行をしないために、きちんと女の子に想いを告白しよう。さて、あなたたならどうしますか」というお題を出したとします。当然、オタクの子と、ヤンキーの子とでは、女の子へのアプローチがちがう。でも、そのちがいを認識することが、彼らの選択肢を広げることにつながるのです。

とはいえ、少年たちの性に関する理解度は、同年代の普通の子にくらべると劣っていると言えます。

彼らはＩＱは普通ですし、精神的な疾患もないとされる者が大半です。しかし、問題家庭で育つなどして一般常識が欠落していたり、歪んだものの見方をしたりする子が結構いる。

多いなと思うのが、女子の言葉をうまく理解できない少年です。わかりやすいのは、女の子の発する「いや」という言葉。彼らは相手の立場に立って心情を想像できないので、自分の都合に合わせて「いや」という言葉を「いい」と同じことだと受け取ってしまうんです。それが強制性交や強制わいせつといった性非行になってしまう。私の役割は、そういう少年を発見し、きちんとそれを指摘し、指導の仕方を先生方に伝えることです。

また、人の行動をイメージすることができない子がいます。自分がした盗撮についてはイメージして議論できるのですが、グループワークで別の子がしたレイプについては思い描くことができない。こういう子に対しては、レイプのシーンを絵に描くことで理解させ、話し合いに加われるようにする必要があります。

このように、私の仕事はグループワークを外から見て、少年それぞれの問題を見つけて指摘、アドバイスすることです。多くの少年には何かしらの問題がありますから、普通にグループワークをしてもなかなかうまくいかない。専門的な見地からそれを適した形にしていく必要があるのです。

とはいえ、少年の更生は本当に難しいと感じますね。ある方から、こんなことを言われたことがありました。

「少年院を出る時は、みんな矯正教育を受けていい子になる。でも、社会にもどって一週間経つと、捕まる前の状態にもどってしまう」

少年院というのは特殊な環境です。一歩外に出てしまうと、また外の空気に染まってしまう。一年ほどの期間で、染まらないだけの力をつけさせるのは容易ではないのです。

たくさんの少年を見ていて、更生しやすい子かどうかのポイントはあると思っています。幼少期にきちんと親の愛情を受けて自尊心を持っているかどうかです。

知的障害や発達障害があってもいいんです。それより、親から愛情が注がれているかどうかが大事。

そういう子は他人のことを信頼するし、被害者や周辺の人たちの心境を想像することができる。さらに自分を大切にしようとするから、更生への意志が芽生えるのです。

でも、そうじゃない子は難しい。他人をまったく信用していなかったり、自分を大切にしようとしない。こうなると、いくらきちんと生きていく方法を教えたところで、「俺なんてどうでもいい」といって自暴自棄な行動に走ってしまう。

とはいっても、少年院の役割が小さいとは思いません。少年は十歳を超えると、家族より、他人の言葉を聞き入れる傾向があります。家族が一生懸命に何かを言うより、少年院の教官が言った方が響くこともあるのです。少年院には少年院にしかできないことがある。そう信じて、私は少年たちに向き合っています。

社会でどう再非行を防ぐか

福岡少年院で性非行防止プログラムを受けている少年たちは、ある意味で「選ばれた者」だ。そこそこの知力を持っていて、深刻な精神疾患もなく、集団生活もできる。指導内容をきちんと理解して更生しやすい少年たちなのだ。

そんな少年たちですら、蟹江や中島が語るように、性教育やグループワークを通して正しい知識を身につけさせることは容易ではない。重点指導施設で通常より一カ月多い四カ月間のプログラムを受講させ、個々に定めた目標を達成しても、出院後にまったく同じような非行に手を染めてしまうことがある。

興味深いのは、少年たち自身が同様の危惧を抱いていることだ。

たとえば、先に紹介した松風英人は、性非行防止プログラムを受けることについて、「自分の弱い点に気づいた」「病気ではなく、自分で改善していく問題だとわかった」「アンガーマネジメントで感情を統制する方法が身についた」「グループワークで自分自身のことを生まれてはじめて肯定してもらえた」など一定の意義があったと述べる。今後についても、看護師の資格を取って病院で働きたいと目標を持っていた。

しかし、再犯への不安はないかと質問したところ、一転して表情を曇らせて答えた。

「再非行をするかどうかは、半々です。ここでたくさんのことを学べたけど、やりたいという衝動がなくなったわけじゃない。それを抑制するのは自分です。今は、少年院にいるので、女子もいないし、指導してくれる大人もいる。でも、出院して社会にもどったらちがいますよね。バイト先にはたくさんの女子がいるし、指導してくれる大人はいない。その中で、ストレスがたまった時に衝動を抑えて、きちんとした行動をとれるかと尋ねられれば、正直、自信があるとは言えません。死ぬまでの間、自分を自制していけるかどうかまではわからないんです。それでも、次にやったら、僕は少年院じゃなく、刑務所に行くことになるので、やめたいと思っていることは事実です」

小谷龍之介も、同様の不安をほのめかしていた。

「性非行で再犯が多いという話は聞いています。僕自身、今は大丈夫だけど、社会に出て環境が変わったらどうかと言われれば、不安です。またやっちゃうんじゃないかって。だけど、がんばるしかないですよね。先生方から女性に対して同意を得る必要があることを教えてもらいましたから、これからはそう努力していくしかないと思っています」

少年たち自身も、社会に出た後に性非行防止プログラムの指導通りのことができるかどうか確信を持てているわけではないのだ。それは少年院の環境と、社会の環境とのちがいを自覚しているからだろう。

NPO法人「性障害専門医療センター」

一つの原因で性非行が起きるわけではない

少年院の外では、こうした少年に対してどのような取り組みがなされているのだろうか。

それを知るために、私は性非行治療の最前線に立つ医師に会いに行くことにした。

二月の凍てつく風が吹きつける日、東京都内の貸会議室で、私は福井裕輝《ひろき》（四十八歳）と会った。京都医療少年院に勤務した経験があり、現在はNPO法人「性障害専門医療センター」の代表理事を務める傍ら、司法精神科医として精神鑑定などを行っている。

私はまず福岡少年院での取材の話をし、プログラムの意義について訊いた。福井は次のように述べた。

「京都医療少年院に勤めていた経験から言えば、少年院で行われているプログラムにはほとんど効果がないと思っています。まったくないわけではないですよ。少年院内で行われている認知行動療法だけでは十分ではないということです。ただし、《予防》の部分では多少なりとも効果はあるかもしれません。これをしたら捕まりますよ、とか、被害者はこんなに苦しんでいるんですよ、ということをわからせることにおいては意義はある。でも、そのことと、性衝動を抑えて社会の中で生活していけるかというのは別の話なのです」

誤解のないように述べておけば、福井自身はJ-COMPASSを多少なりとも評価し、能力の高い少年には有効だと考えている。だが、少年の中には大きな認知の歪みを持っていたり、後に述べるように別の問題を抱えていたりするケースも少なくない。そういう少年に対する有効性については再考の余地があるとしているのだ。

「医師として臨床の現場に立っていると、少年たちが性非行をする背景には、数えきれないくらいの原因があることを思い知らされます。ストレスから強制わいせつをしたと言っても、その背景には家庭の問題、友人関係、発達障害、精神疾患、環境要因、被害者との関係性など多様な原因が絡み合っているのです。何か一つの原因だけで性非行が起こると考えるのはまちがいです。

少年たちに性非行防止プログラムを受けさせ、認知行動療法などを行うこと自体は理にかなっています。しかし問題は、少年院という環境です。少年院にはその子を理解する専門家がたくさんいて、性非行の対象となる女子はいません。性犯罪をしたくても、まったくできない環境なんです。そんなところで認知行動療法を行ったところで有効性はほとんど期待できないでしょう」

少年院のような特殊な環境ではなく、社会の中で指導をするべきだというのが福井の考えなのだ。

福井が設立した「性障害専門医療センター」は、まさにそれを実践するための場である。東京、大阪、福岡に拠点を置いて、社会復帰している性犯罪者に対して再び同じ罪を犯さないように指導しているのである。

「うちで行っているのは、性非行防止プログラムと同じく認知行動療法です。少年院とちがうのは、誘惑がたくさんある社会の中できちんと自分の問題と向き合わせ、自制する力を身につけさせていく点です。性非行は、風邪のように薬を飲んでウイルスを退治したら快復するようなものではなく、リハビリのようなトレーニングが必要なものなのです。治るまでには、一般的に三年から五年の歳月を要します」

現在、センターに治療のために通っているのは三百人ほど。このうち四分の一が未成年だそうだ。少年の場合、少年院から出院した後、あるいは家庭裁判所で保護観察処分などになった後に、保護者の勧めによって治療に通うことが多い。

ただ、少年の性非行は、家庭の問題と密接に絡み合っているケースが大半だ。親の不適切な養育だったり、家族が抱えている問題だったりが、性非行の遠因になっているのである。そのため、少年の治療と同時に、家族に対するケアも同時に行う必要がある。

治療にあたって福井が用意しているのは、四方面からの取り組みだ。

1、少年に対する認知行動療法（三年〜五年）
2、家族のコンサルテーション
3、家族セミナー（半年）
4、家族の会

それぞれ見ていきたい。

まず「少年に対する認知行動療法」は、週に一度のグループワークを基本として行われる。少年個々が抱えている問題を洗い出し、グループで意見を出し合いながら対人関係や感情抑制の術を身につけていくという方法は、少年院の性非行防止プログラムと同じだ。

福井が大切にするのは、社会生活の中での実践を通してスキルを身につけることだ。学校やアルバイト先で女性と接すれば、当然性衝動が湧き起こることもある。そこで何ができて、何ができなかったのか。どうしていくべきか。実社会の中でそうしたことを考え、自分を変えていく。

治療期間が三年～五年と長いのも、少年が社会で一通りの状況を経験するための時間が必要だからだ。女性との適切な関係を学ぶにしても、学校で同級生に接するのと、バイトの部下の子と二人きりになるのと、恋人とデートをしているのとでは、まったく別の適応力が求められる。対人関係を築けるようになるには、多くの経験をつまなければならない。

「家族のコンサルテーション」は、加害少年の家族支援だ。大方の家族は、子供が性非行を犯したことを受け止められず、どうしていいかわからない状態にある。近隣住民から冷たい眼差しが注がれたり、少年のきょうだいがいじめられたりすることで、家庭環境が悪化することもある。家族が混乱していては次のステップに進むことができないため、医師は適切な対処法を指南したり、精神面をケアしたりする。

これが一段落すれば、家族は「家族セミナー」を受けることになる。月に一回、半年にわたって行われ、「性非行の理解」「家族としてのかかわり方」「早期発見の仕方」「親の生き方」などテーマを決めて他の家族とグループワーク形式で話し合う。

親が少年に対して「少年院に行って懲りたでしょ」とか「あとはあなたの自覚次第」と言って突き放せば、少年はまた再び罪を犯す。ゆえに、親に子供が性非行をしたプロセスを理解してもらい、反省すべきところは反省し、支えるべきところは支えるようにしてもらわなければならない。

最後の「家族の会」は、性非行をした子供を持った家族の当事者グループだ。家族には家族にしかわからない苦しみがある。息子への接し方、事件の受け止め方、親戚への説明の仕方、きょうだいへの説明方法……。親が自分自身を責めつづけてしまうこともあるだろう。家族の会は、そういう悩みを共有し、その後の生き方を模索していく場なのである。

福井は語る。

「性障害専門医療センターで行っている取り組みは、私が経験的に最良だと考えている方法です。とはいえ、この内容がきちんとしたプログラムになって日本全国に広まっているわけではありません。実際は、病院によってやっていることにズレがある。それこそ医者個人の偏見で、病気だと考えて薬を投与して終わりということもあるでしょう。今後は性非行の少年への治療の方法を医者の間にも広めていかなければならないと考えています」

ハイパーセクシャリティー

福井の性非行に対する考え方は、基本的には少年院のそれと同じで、単に性欲が原因というより、共感性の乏しさ、適応力の欠如、自己統率力の欠落などが少年を性非行へと突き動かしているとしている。だからこそ、認知行動療法や家族からのサポートが不可欠なのだ。

ところが、こうした方法だけでは更生が難しい少年も存在する。

一つが、「ハイパーセクシャリティー（性欲が極度に亢進した状態）」と呼ばれる過大な性衝動を持っている少年だ。性欲は、食欲や睡眠欲と同じように個人差がある。一般的にはさほど大きなちがいはないが、ごく稀に本人の意志では抑えきれないくらい強い性欲を持っている者がいる。

福井は、ある凶悪事件を起こした元少年と面会した時の記憶が忘れられないという。その元少年は性犯罪も含めた重大事件を起こして刑務所に収監された。福井が面会をしたところ、彼は逮捕後も性欲が抑えられず、一日十回以上自慰をしても昂る衝動を鎮めることができないと苦しんでいたそうだ。

福井の言葉である。

「認知の歪みだけであれば、認知行動療法を辛抱強くやっていけば十分です。しかし、中には、普通の人とはちがうハイパーセクシャリティーを持っていて、感情のコントロールが難しい人もいます。そういう人に対しては性欲を弱める薬を処方して、気持ちが多少治まっている間に、認知行動療法に取り組んでもらわなければなりません」

処方するのは、女性ホルモンである。ただ、これを過剰に摂取すると男性機能が低下してしまうため、個人に合った量を見極めることが必要だ。うまくいけば、適度に性衝動を抑えながら、認知行動療法を施すことができる。しかし、未成年に対してこうした薬の処方がよいかどうかはまた別の問題だという。

「未成年は脳が発達している最中ですので、女性ホルモンを投与すると、脳に悪影響が出ると言われています。あるいは、女性ホルモンで無理やり男性ホルモンの分泌を抑えても、服用をやめた直後に反動で大量の男性ホルモンが出て、より性衝動が大きくなることもある。なので、やむをえない場合を除いて、私は二十三歳未満の患者にはホルモン治療を極力行わないようにしています」

ハイパーセクシャリティーのことで、福井が以前から懸念していることがある。ある薬に性衝動を過大にさせる副作用があるのではないかと疑っているのだ。

福井が懸念しているのは、Rという低身長の少年に成長を促すために使用する薬である。大手製薬会社の商品だが、福井の経験によれば、性犯罪者の中には幼少期からこの薬を使用していた者が少なくないのだという。因果関係は証明されていないが、Rはホルモンに作用する薬であるため、性衝動に影響を及ぼしている可能性は否めない。

性欲とサディズム

ハイパーセクシャリティーと同様に治療のハードルが高いのが、自分の命さえ大切にできない少年だ。性非行を止めさせるには、被害に遭った異性の心の痛みを考えさせるのが第一歩だが、少年自身にそもそも生きる意欲がないことがある。

「うちに来る少年のうち、五%から一〇%くらいは、共感性が欠落していると感じさせる子です。その中には、他人だけでなく、自分自身さえ大切にすることができない子もいます。『他人のことなんてどうでもいいし、自分のことだってどうでもいい。もう死んだっていいんだ』と考えている。医学的に言えば、扁桃体の異常が疑われますが、こうした少年に認知行動療法をしたところで、改善の期待はあまり見込めません」

扁桃体とは感情をつかさどる脳の器官であり、正常に機能しないと考え方がネガティブになり、うつ病や自殺願望を生じる率が高いと言われている。

これ以外にも自己否定感をふくらませる要素は複数あるが、いずれにせよ、死んでもいいと思っている少年に対して、相手の痛みを考えろと言ったところで心に響くことはないだろう。

本来は少年の自己否定感を取り除いた上で治療を行わなければならないが、自分を肯定できるようになるまでにかかる時間は長く、その間に司法や福祉の手から離れて再犯をしてしまうことがあるのだ。

もう一つ困難なケースを挙げれば、性欲とサディズムが絡み合っている少年である。福井は言う。

「サディズムという言葉があります。これはSMでいうSとはちがう概念です。SMはあくまで疑似的な行為によって快楽を得るためのプレイですが、ここでいうサディズムとは人の手足を切断したいとか、息ができずに苦しんでいる顔を見たいといった衝動です。本来は性欲とは何の関係もないもの。しかし、人によっては、これが性欲と結びついてしまうことがある。そうなると、性的快楽を得るために人の腕を切りたいとか、首を絞めて窒息させたいという思考になってしまう。こういう少年に両者を別物だと切り分けて、やってはいけないのだと理解させるのはとても難しいのです」

福井が一つの事例として挙げるのが、一九九七年に兵庫県で起きた酒鬼薔薇聖斗の事件だ。犯人の少年Aは被害者の首を切断した後、それを自宅の浴室に持ち帰り、自慰行為に耽ったことを告白している。サディズムと性欲が結びついてしまった例だという。事件から二十年近く経って、彼が著作を発表したり、ホームページを開設したりして、被害者家族の感情を無視して勝手な主張をしていることを考えれば、更生したとは言い難い。

このほか、知的障害児が性非行に及ぶ場合も治療が困難だという。精神疾患であれば薬で症状を抑えて、その間に認知行動療法をすればいい。だが、知的障害児には原則的に有効な薬というものがなく、認知行動療法を受けられるほどの知力にも乏しい。そうなると、少年の行動に規範を与えることが難しくなるのだ。

治療の成功事例

ここまで更生が困難な少年について見てきたが、福井としては右記のような少年は例外であり、九〇%以上の少年は治療が可能だという。ただし、再三述べてきたように、少年院のような特殊な環境下での指導ではなく、社会で生活をしながら福井のような専門家による治療を数年にわたって受けることが条件となる。だが、親の理解、治療費、生活環境の問題などから、継続的な治療を受けて更生できる少年は決して多くはない。

「今の法律では、性非行をした少年は主に二つの道をたどります。一つは、保護観察処分になってほとんどお咎《とが》めもなしに社会の中で生きていく道。二つ目が、少年院に入れられて三、四カ月の性非行防止プログラムを受ける道です。くり返し申し上げたように、私は社会に身を置いて矯正教育を受けなければ意味がないと思っていますが、現在の制度ではそうした選択肢がないのです。性非行の更生は決して難しいわけではなく、環境とやり方さえ整えればできるはず。国はそのことに気がついて制度そのものを変えていく必要があります」

実社会に身を置いて更生を目指すことは、「社会内処遇」と呼ばれている。福井が精神科医の立場から考えている更生の方法はこうだ。

家庭裁判所は、性非行をした少年の少年院送致を見送る代わりに、保護観察処分にして医療機関で治療を受けるよう命じる。裁判所の命令があれば、少年は否応なく従わざるを得ない。もし拒めば、保護観察処分が取り消され、少年院へ送致されるからだ。医師は、その間に少年に適切な治療を施し、性非行を犯さないようにすればいい。

このように考える背景には、福井なりの成功事例があるからだ。

ある日、家庭裁判所の調査官から福井のもとに連絡があり、試験観察中の少年に治療をしてほしいと頼まれたことがあった。少年院に行かせる代わりに治療を受けさせたいのだという。福井は承諾し、数年にわたって少年のケアを行い、経緯は逐一調査官に報告した。その結果、少年は性非行に手を染めることがなくなり、大学卒業後は外資系企業のエリートサラリーマンになったそうだ。

「あの少年を少年院に送っていたら、どうなっていただろうって考えるんです。少なくとも、外資系企業のエリートサラリーマンになることはなかったでしょう。学校中退を余儀なくされ、親から見捨てられ、夢も希望もなくなって非行をくり返していたっておかしくありません。そういう意味では、社会の中できちんと矯正教育をすることが有効なのだということをわからせてくれた一件でした」

とはいえ、これを実現にこぎつけるためには課題は山ほどある。

第一は医療機関の問題だ。専門家が少年と家族に対して数年間にわたって治療を施すのであれば、それなりに医療施設の数が必要になる。専門家の養成も欠かせない。だが、専門的な医療機関は、現状でほとんどないのだ。

治療費の問題もある。現在福井のもとで治療を受ければ、一カ月あたり二万五〇〇〇円がかかる（投薬が必要な場合は、薬代五〇〇〇円も必要）。さらに家族に対するケアをしようとすれば、それなりの費用がかかってくる。ある程度、経済的なゆとりがなければ、これを数年にわたってつづけていくのは困難だろう。

さらに、少年にとって壁となるのが治療を受ける時間帯だ。病院で行うグループワークなので、プログラムは日中に組まれる。そうすると、少年は最低でも週に一度は学校を休んで通院しなければならなくなる。

こうしたことを踏まえれば、性非行の少年たちが、社会の中で医療機関とつながって治療を受けられるようになるのは、国のバックアップがなければ難しいだろう。それでも福井は重要性を説く。

「これは少年だけの問題じゃないんです。少年のうちに治さなければ、成人になって性犯罪をする者も出てくるでしょう。痴漢や盗撮など、逮捕にいたっていないものも含めれば、日本で起きている性犯罪件数は膨大です。それを考えれば、できるだけ若いうち、つまり未成年のうちに介入して食い止めることが欠かせないのです。日本の政府に危機感はありませんが、オーストラリアなんかではその動きが出はじめています。私としては国際的にこの流れができてくれれば、日本も追随してくれるのではないかと思っています」

被害者の感情を考えれば、性非行をした少年を社会に置いておくことには異論が出るだろう。「隔離しろ」「罰を与えろ」と言いたい気持ちはわかる。

だが、それによって再び事件が起きてより多くの被害者が出るとしたら、どちらが得策なのか。

性被害の犠牲者は、認知されていない数を含めれば膨大だ。私の周りにだって被害者は大勢いるし、トラウマとなって長らく引きずっている者もいる。

そうした犠牲者を一人でも減らすために、私たちは性非行の問題に今一歩深く踏み込んで、向き合い方を議論していくべきではないだろうか。

第四章　ドラッグという底なし沼

ある女性の告白

「パパ」に教わったクスリ

覚せい剤で逮捕され、少年院に入った経験のある女性の独白を記す。十二歳で覚せい剤を覚えた女の子が母親になるまでの人生である。

私はパパに覚せい剤を教えられたんです。パパというのは、本当の父ではなく、居候《いそうろう》していた母の恋人のことです。

生まれは神奈川県の川崎市だったそうです。でも、母が妊娠中に父が逮捕されたのが原因で離婚したみたい。顔は写真でも見たこともないし、どういう人だったかぜんぜん教えてもらえなかったので、父のことは何も知らないんです。

離婚後、母は私をつれて地元である東京の国分寺にもどりました。母はラウンジとかスナックとか夜の商売をしてましたけど、もう典型的なクスリ漬けの人でしたね。たぶん、父と付き合ってた時からやってたんじゃないかな。アパートに次から次に売人の男を引っ張り込んでいて、半年に一度は「新しいパパ」がやってきました。

床にバスタオルを敷いて寝てたんですけど、朝起きると知らない男の人が隣で寝ているんです。母を起こして誰だって訊くと、「新しいパパだから」って。

私は嫌とかいう感情はなくて、あー、またパパが替わったんだってごく普通に思ってたかな。物心ついた時からそんな感じだったし、嫌なんて口に出したら母にボコボコにされるからね。何も訊かずに「パパ」と呼んでいれば、家の中は無事です。とりあえず無事ならいいじゃないですか。

そういえば、家に二人の男が同時に住んでいたこともあったな。その時はどっちも「パパ」です。名前は忘れちゃったけど「太郎パパ」とか「次郎パパ」とか言い分けてたと思う。嫌というか、ややこしいなって感じでしたね。

パパはみんな普通じゃなくて、ヤクザばっかですよ。体にスミ（刺青）入れてましたし、右翼の街宣車に乗ってる人もいました。今考えれば、売人をやってて、母はクスリ目的でつれ込んでいたんじゃないかな。女って得なんですよ。男にセックスをさせれば、タダでクスリをもらえるでしょ。母にしてもキメ・セックス（覚せい剤をやりながらのセックス）の気持ちよさから逃げられなくなったんだと思う。

母は私が幼い頃は、クスリやセックスは、目の届かないところでしてました。さすがに娘の前でやる気になれなかったんだと思う。でも、途中からはそんなことすら考えられなくなったみたいで、リビングでセックスをはじめることもあったし、お風呂場から呼ばれて「ポンプ（注射器）持ってきて」と頼まれることもありました。

幻覚はしょっちゅうでしたよ。特に警察が家宅捜索に来るって妄想がひどくて、いきなり慌てふためいてクスリを隠しはじめるんです。私の体育着を入れるバッグの中にクスリを隠した時は、「この女、マジ最悪」って軽蔑しましたね。娘より、自分の方が大切なのかよって。

こんな家庭だったんで、私は小学五年生くらいの時から不登校でした。同級生からは母ちゃんが狂ってるとか言われてバカにされるし、昼夜が完全に逆転したんで登校時間に起きられない。母も学校の先生とケンカして、「あんなうぜえセンコーのいる学校なんて行くな」って言ってました。

私が初めて覚せい剤をやったのは、小学六年の時です。その時に家に居候していたパパに無理やりやらされたって言った方がいいのかな。

ちょうど十二歳とかで胸が膨らんでブラつけはじめたんです。あの男はそんな私を女と見なして狙ったんでしょうね。夜中に母がいない時に、いきなり注射器を持ってこう言ったんです。

「これをやれば元気になる。打ってやるぞ」

最初は嫌がったんですけど、あの男が「打てって言ってんだろ！」って怒りだしたんで怖くなって言いなりになった。それで腕に注射を打たれ、そのまま犯されたんです。クソ最悪ですよ。

あの時のことは、あんまり覚えてないんですよね。もちろん、母の男だから、イヤっていう気持ちはありましたよ。ただ、それまでも別のパパから体を触られたことはあったから、いつかやられるだろうって予感はあったし、それが現実になっただけで、「ああ、やっぱりこうなったんだ」みたいな感じだった。

この日から、あの男は母がいなくなると私にクスリを打ってセックスをしてきました。十二歳でも、クスリをつかってやるセックスってむちゃくちゃ気持ちいいんですよ。あいつのことは嫌いだったけど、やっている時は夢中になれた。

セックスの快感のためにやってたんですかねぇ。あんまり考えたことないです。でも、母に見つかったら、絶対に殺されると思ってビクビクしてた……。

その男はアパートから一年くらいでいなくなりました。母が追い出しちゃったみたい。たぶん、私とのことに気づいたんだと思います。それから、母は私のことをマジで虐待するようになった。それまでも殴る蹴るはあったんですけど、掃除機のパイプで頭を殴ってきたり、コップとかハサミとかを本気で投げつけてくるようになって、何度か血だらけにされたこともありました。

二度の少年院

母とうまくいかなくなって家出をしたのが中学二年生の夏休みかな。その頃は族のメンバーの人たちと仲良くなって夜遊びをするようになっていたから、男の先輩の家に住まわせてもらいました。家は結構金持ちで、親がマンションの三階に暮らしていて、先輩が二階に一人で住んでいたんですが、その部屋がたまり場になっていたんです。毎日、代わるメンバーがやってきてはクスリを打ってましたね。

先輩たちはカツアゲとか車上荒らしをして稼いだり、ヤクザの下でクスリを売ったりしていました。私も手伝ってお小遣いをもらうことはあったけど、基本は何もしてなかった。先輩たちが手に入れたクスリをやってセックスしていれば、寝るところは困らなかったし、服とかバッグとかも盗んだり、買ってもらったりしていた。

メンバーはみんなクスリやってたよ。私は最初から覚せい剤だったけど、シンナーやってから覚せい剤っていう子も多かったかな。今ふり返って怖いなって思うのは、中学生でも高校生でも、女が一度クスリをやると、あっという間にヤバイ男たちが群がってくること。目的は、体。クスリ漬けにしちゃって乱交につかったり、援交をさせたりする。女は抵抗はしないよ。したら殺されるもん。

最初に年少（少年院）に行ったのは、十五歳になってすぐ。それ以前にも恐喝とかバイクの窃盗で捕まったことはあったけど、どういうわけか年少は行かなくて済んでた。でも、クスリで捕まった時は一発でアウトでしたね。たまたま母も少し前に逮捕されて刑務所に行ってたから、親子でお世話になった感じです。

年少は規則だらけで自由がなかったからつらかったな。年上の女からのいじめとかもあるし。陰で何度も唾を吐かれた。長くいるうちに、だんだんと気が滅入ってクスリとは縁を切って更生しようって思ったけど、出院したら元通りでした。

だって、地元の先輩たちと会ったら、みんな「お帰りー」みたいな感じで次々にクスリを持ってくるんだもん。先輩たちに囲まれて、クスリを出されたら、やろうやろうみたいな感じになっちゃって、そのまま年少に入る前の生活にもどりました。

十六歳から十八歳くらいまでは、ヤクザの人からクスリを買って、仲間内で売ってました。十代の後半になると、地元に年下の不良の後輩がたくさんできるようになるでしょ。基本、彼らは言いなりだから、私たちが買えって言えば買うし、売れって言えば売る。ヤクザもそれを知ってるから、うまく私たちを利用するんです。

あの時は、生活のすべてがクスリを中心に回っていました。アパートに住むにも、どこなら警察に目をつけられにくいかとか、服を買うにしても、どれだったら注射の痕を隠せるかとかで選ぶ。ジュース買う時だって、ペットボトルより紙パックの方が、飲んだ後にクスリを隠す道具になるだろうって思って買うんです。狂ってますよね。

二度目に年少に入ったのは、十八歳の終わり。先輩が運転する盗難車に乗ってたら警察に止められて、そこで所持品をチェックされた時にクスリが出てきちゃった。また一年くらいぶち込まれました。

この時は、もうやめようとは思わなかったですね。二回も年少行ったら、人生終わりじゃないですか。立ち直るとかムリでしょ。だから、二回目の時はとにかくおとなしくして一日でも早く出院して、みんなのところにもどって遊びたいという気持ちしかなかったです。

シングルマザーになってクスリを再開

二十歳で出院してからは、またすぐにクスリを再開しました。子供を産んだのは二十二歳の時です。それまで三回中絶したことがあったけど、この頃は彼氏がセクキャバを経営している人でお金もあったから、結婚しようってことになった。もともと家族がほしかったから、即答でオッケーして籍を入れました。

妊娠がわかった時はうれしかったし、あれだけハマってたクスリもすぐに抜きました。年少に入っている時以外でやらなかったのは、これが初めてだったかも。子供を障害児にしたくないとか、温かい家庭を築きたいという気持ちがあったので、やめること自体には抵抗はありませんでした。旦那も協力的で一緒になってやめてくれたし。

結婚生活がつづいたのは、一年ちょっとです。子供が生まれてすぐに旦那が家に帰ってこなくなって、私も育児でいっぱいいっぱいになってケンカばかりするようになった。ホルモン的にもおかしくなってたんだと思います。それで別れちゃった。まだ子供が一歳になる前です。

シングルマザーになって間もなく、クスリをはじめました。生活に困って昔の友達に会っているうちに、クスリを勧められて手を出した。その頃だったかな、ヤクザの愛人になったのは。友達の知り合いのヤクザと遊んでいるうちに、こう言われたんです。

「俺の女になってクスリを売るの手伝え」

離婚後は、実家に転がり込んでいたんですけど、母もちょうど体を壊して収入がなくなっていた。それで私は母を誘って、そのヤクザの仕事を手伝うようになったんです。

母はあいかわらずイカれてたけど、私がヤクザの家に泊まる時は子供を預かってくれたし、昔にくらべればそこそこ丸くなっていました。心も体もボロボロで、予知夢を見たとかなんとかって話ばかりしてました。

一年くらいしてヤクザの彼氏が捕まってからは、彼の兄貴分と仕事をしはじめました。兄貴分ともセックスはしてました。クスリとセックスって二つで一つみたいなところがあって、クスリをやればセックスをしたくなるんです。相手とかどうでもいい。彼氏とかあってないようなもんですし、それは男の方だって同じです。

クスリをやっている間、自分では完璧に家事をしているつもりなんですが、現実的には生活は崩壊していたと思います。母と同じなんですよ。結局、全部の中心がクスリになっちゃってて、周りのことが何も見えてない。

母が死んだのは、子供が五歳の時でしたね。長年クスリをつかっていたせいで何度か血を吐いたことがありました。その日も少し前から何言ってるのかわからない状態で、近所の酒屋で飲んでいる最中に突然倒れたんです。私が病院に駆けつけた時には、心拍停止でした。

運が悪かったのは、倒れた母がクスリを持っていたことです。それで警察が家を調べて私まで逮捕されることになった。最初はしらばっくれようとしたんですが、検査で引っかかってダメでしたね。二十代の初めに別件で捕まったこともあって、執行猶予はつかずに刑務所行きが決まりました。

刑務所を出所したのは、一年くらい前です。出てすぐはスナックでパートをしていたんですが、体調を崩しちゃって、今は生活保護を受けて暮らしています。子供は、私の逮捕と同時に児童相談所に引き取られて児童養護施設で暮らしています。

何度か児童相談所の職員と面会して、子供を引き取りたいって頼んだんですけど、生活が安定するまではダメだと言われて拒否られてます。安定って言うけど、どこからが安定なんですかって訊いても答えてくれない。まぁ、こんな母親なんで仕方がないんですが、今は子供を奪われて寂しくて頭が変になりそうです。

今回は刑務所を出てからは一度もクスリをつかっていません。もし今誰かがクスリをくれるって言ってきたら、つかわないとは言い切れませんね。だから、できるだけ昔の友達と会うのはやめようと思ってますけど、仕事もしてないし、ずっと一人ぼっちで子供と離れて生きていけるかって言われれば難しいかな。それでも今は子供と暮らしたい気持ちがあるので、がんばって仕事を見つけようと思っています。

水府学院

薬物非行防止の最前線

茨城県笠間市にある友部駅からタクシーで二十五分ほど行ったところに、林に囲まれたコンクリートの建物がある。男子少年院「水府学院」だ。

水府学院は約百名の少年を収容でき、十五歳十カ月から十七歳四カ月未満の長期処遇の少年たちが集められている。在院数は他の少年院と同じように年々減少しており、現在ここにいるのは定員の六割ほどにあたる五十六名。職員は四十三名となっている。

水府学院は薬物非行防止指導の「重点指導施設」の一つだ。第三章で見たように性非行の重点指導施設は全国で二カ所あるが、薬物の重点指導施設もここと四国少年院が指定されており、年二回薬物非行の少年たちが送られてきて、プログラムを受けている。

二〇一六年度の統計によれば、薬物によって検挙された少年の人数は、覚せい剤が百三十六名、大麻が二百十一名だ。水府学院の法務教官・和田徹（四十六歳）は語る。

「暴走族が多かった二、三十年前は、シンナーなどの使用者が非常に多かった印象があります。シンナーを含ませたティッシュなどを容器に入れて吸う、ライターなんかのガスを吸うという遊びが流行っていました。今でもシンナーやガスをやっていたっていう子が稀にいますが、そこで終わることはまずありません。大抵はそれが入り口となって、大麻や覚せい剤へとエスカレートしていきます」

ここ十年くらいの傾向だと、危険ドラッグが挙げられる。

「二〇一四年くらいまでは、危険ドラッグに対する法の規制が厳格ではなく、町の店やインターネットなどで堂々と販売されていました。多くの少年たちがシンナーやガスの代わりに、危険ドラッグに手を出していたんです。これで捕まって少年院に送られてくることはありませんでしたが、常用者はかなりいましたよ。暴行なり強盗なり他のことで捕まってうちにくるのですが、よくよく調べてみると危険ドラッグのせいで言動がおかしかったり、後遺症で幻覚・幻聴に苦しんでいるような子がいました。合法とはいえ、体には大きな害を及ぼしますので、わずかな使用期間で障害が出てしまうのです」

危険ドラッグは当初、「合法ドラッグ（脱法ハーブ）」などと呼ばれ、当時は法律の穴をすり抜けて一般の店で発売されていた。だが、乱用者による交通事故で死傷者がつづけざまに出たことから、二〇一四年には警察が「危険ドラッグ」と名称を変え、所持を禁じる法律を定め、本格的な取り締まりに乗り出したのだ。

図５　薬物に対するイメージ（薬物を利用した経験のある少年院在院生）

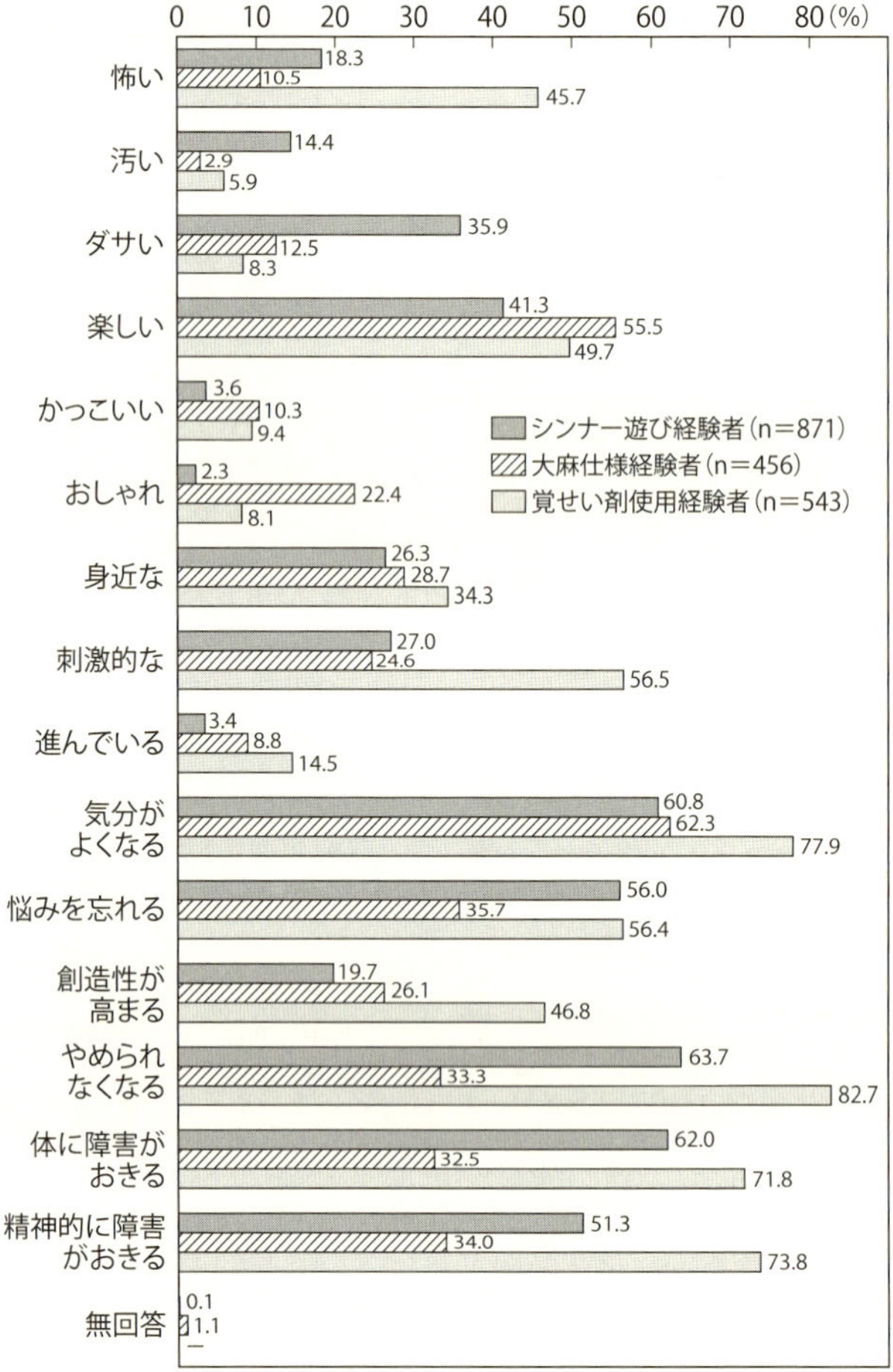

出典：青少年の薬物認識と非行に関する研究調査（1997年、総務庁青少年対策本部）

図6　薬物の入手方法（使用経験のある少年院在学院生）

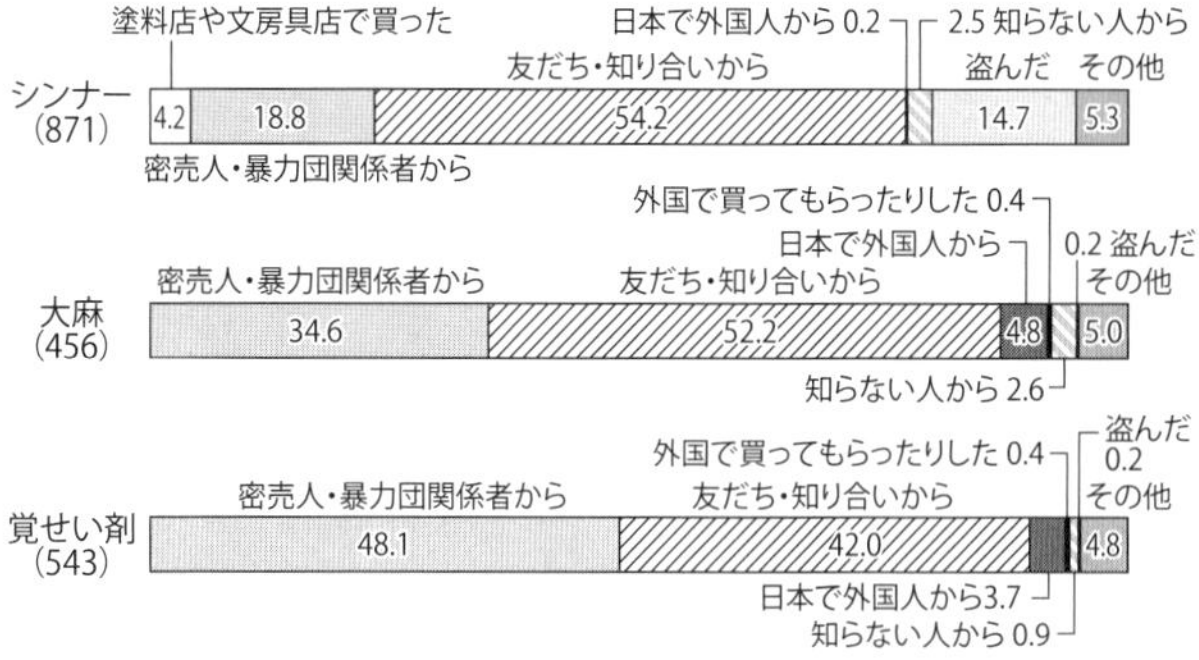

出典：青少年の薬物認識と非行に関する研究調査

「法律が整備されたことによって危険ドラッグの使用者が減ったのは確かですが、そのあたりから大麻の使用者が急増しましたね。おそらく薬物全般をやる少年の数が減ったわけではなくて、危険ドラッグから大麻に乗り換えたと見るのが正しいと思います。近年はマンションや一軒家での『栽培プラント』によって、大麻が大量に出回るようになっているという話もあります。今、うちの少年院にいる男子にかぎって言えば、大麻と覚せい剤が半々くらいです」

薬物に手を出す少年の多くは、背景に家庭問題など様々な事情があり、薬物を現実逃避の手段として使用している。危険ドラッグを禁じたからといって、彼らの問題がなくなるわけではないので、別の薬物に走る可能性は高い。少年たちが危険ドラッグから大麻に流れた背景には、そうした事情もあると思われる。

ちなみに、大麻は覚せい剤より害が少ないなどと言う人もいるが、最近では大麻の幻覚成分だけを抽出し、精製してつくる「大麻リキッド」と呼ばれる強力な薬物も出てきており、幻覚など薬理作用の強さばかりでなく、有害性も甚大だ。

「大麻にせよ、覚せい剤にせよ、少年が薬物を手に入れるには、それなりに悪い人間関係を持っていて、反社会的な入手ルートにつながっていることが必要になります。少年たちに薬物をつかった理由を尋ねれば、『誘われたから』『遊びだった』『寂しかった』という答えが返ってきますが、結局、薬物に手を染める以前から何かしらの問題を抱えていて、悪い環境に流されていることが多いのです」

セックスと覚せい剤

少年と薬物という視点ではあまり論じられないが、男子と女子にわけると状況が大きく異なるのも薬物非行の特徴だ。

図7を見ていただきたい。女子の場合、非行内容で一番多いのが覚せい剤取締法であるのに対して、男子の場合はランクに入ってさえない。水府学院に在院中の五十六名のうち薬物非行の子がわずか一名であることを考えれば、全少年院の二%ほどというのが現実な

図7　少年院入院者の非行名別構成比（男女別、2016年）

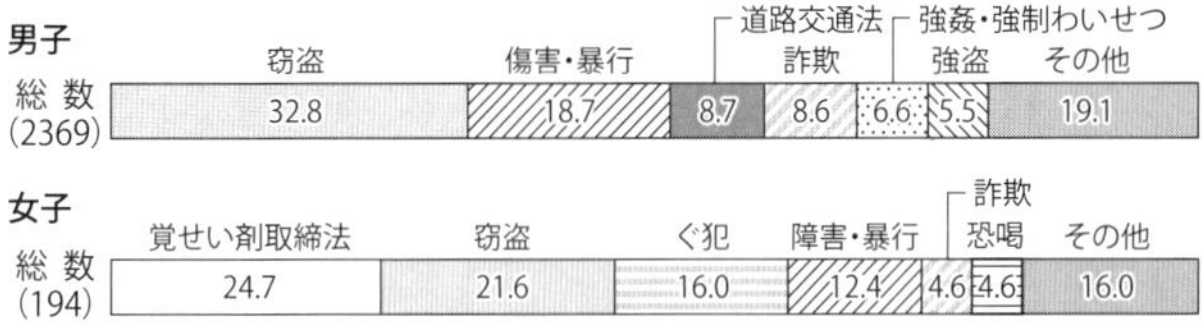

矯正統計年表による

のだ。

なぜ、これほどまでに男女で開きが出るのか。和田の見解は次の通りだ。

「女子は売春で捕まって少年院に送られてくる子が多いですが、そういう子たちが覚せい剤をつかっていると聞いています。セックスと覚せい剤とがセットになっているケースがあるのです。一方、男子の場合は売春で捕まることはまずありませんし、非行が薬物とセットになっていることもほとんどありません」

これを裏付ける発言をしたのが、本章の冒頭の女性だ。彼女は自身が覚せい剤で逮捕された経験から、十代の女子に薬物が出回っている理由を次のように語る。

「未成年の女子が覚せい剤をつかっているのは、セックスと関係するからですよ。ヤクザはクスリを禁じていますけど、末端のペーペーとかは破門を覚悟でクスリを売らなければ生きていけない。彼らが一番利用しやすいのが、十代の子なんです。家出中の子とか、ちょっとメンヘラな子を見つけるとすぐにクスリ漬けにする。

そうすれば、自分のセックスの道具にもなるし、売春させることで金儲けもできる。女の子だってクスリをキメてやるセックスが楽しくて仕方がないからハマっていくでしょ。だって、あんなに気持ちよくて、何もかも吹っ飛ばしてくれるものなんて他にないもん。それでも警察に捕まっているのはごく一部じゃないかな。私はバカだから二度も逮捕されたけど、何十人もいる知り合いでクスリで年少行った子なんて私以外にいなかったですよ」

事実、私もこれまでいくつもの女子少年院を訪れたが、女子が覚せい剤を使用している場合はほとんどセックスがからんでいた。

和田はこれに加えて、男子が薬物で捕まるケースが少ないもう一つの理由をこう語った。

「男子は女子とくらべると、非行の方向性がちがいます。男子は暴力や恐喝といった非行によって力ずくで他者を押さえ込んで、不良社会における高い地位を手に入れようとします。暴走族のトップになるとか、暴力団の幹部になるとか、そういうふうに上を目指そうとするのです。でも、薬物を常用していれば廃人になって、そうした競争からこぼれ落ちていってしまうので、あまり入り込むことがないのかもしれません」

女子はどうなのか。

「少年鑑別所などでの経験では、女子は、寂しさのようなものを自分の体をつかって埋めようとします。セックスによって孤独を紛らわせようとしたり、薬物によってつらい現実を忘れようとしたりする。一方で、女子を性的に利用しようとする暴力団関係者などにより、薬物の使用が強いられることがあり、さらにそういう男と恋愛関係になることで薬物に依存してしまう人が多いといったことが女子の特徴だと思います」

この指摘も一理あるだろう。暴走族や暴力団の一部は、薬物の使用や取り扱いを禁じており、破れば追放処分という掟を定めている。理由は数あれど、暴力による力のピラミッドの中では、薬物使用者は「負け犬」と見なされていることを示している。

一方、女子の場合はちがう。和田の指摘する通り、社会から外れたところで、ピラミッドのトップを目指してのし上がろうとするより、異性交遊やドラッグによって一時的な快楽に溺れてつらい現実を忘れようとする傾向がある。男子の少年院では薬物非行防止の重点指導施設が全国で二カ所しかないのに対して、女子少年院は全国にある九つの施設すべてが重点指導施設となっているのは、こうした特徴を示しているといえよう。

薬物非行のプログラム

水府学院の重点指導施設としての取り組みは、年二クールのうち一回目が五月から九月、二回目が十一月から三月。それぞれ定員は十名。一クールごとに受講者は入れ替わり、実質的な期間は三・五カ月間だ。

水府学院に集まるのは東日本の少年院に薬物非行で入っている少年たちだ（西日本の少年院の在院者は四国少年院）。そのつど募集が行われ、水府学院と東京矯正管区で調整しながら受講者を選別する。

これまで六年にわたって計十二回プログラムを実施してきたが、大抵の場合は定員を下回る、四、五名に絞り込まれるそうだ。男子は対象となる人数が少ない上、ほかの少年とコミュニケーションを取りながら進める必要があるので、それなりの協調性や理解力が求められる。知的障害や精神疾患、それに薬物の後遺症を抱えている少年は、受講する能力がないと見なされて除外されるのだ。さらに、出院後の帰住先が定まっていることも受講の条件の一つだ。

私が訪れた二〇一八年度の前期のプログラム受講者は四名。二名が大麻（二人とも詐欺事件で逮捕された際に大麻も見つかった）、もう二名が覚せい剤だ。覚せい剤のうち一名については、覚せい剤以外にも複数のドラッグの使用が判明している。

和田は語る。

「少年院では薬物の怖さをたびたび感じます。たとえば、水府学院全体でも年に二回保健所の職員を招いて、薬物非行防止の講話をお願いしているのですが、薬物への依存度が高い少年は、薬物の名前を聞いたり、パンフレットに載っている白い粉や葉っぱの写真を見ただけでフラッシュバックが起きて幻覚が見えて気分が悪くなることがあるんです。それだけ体の中に薬物の記憶が焼きついてしまっている。なので、講話の際は、そうした少年を除外したり、資料に気をつかったりしなければならないのです」

それくらい薬物は少年の体の奥深くに入り込み、長年にわたって本人を苦しませるものなのだ。

薬物非行防止指導は、J.MARPPという方法を用いたグループワークを中核プログラムとしている。指導には法務教官と法務技官が一人ずつつき、講義、ワークブック、記入、集団討議などで進めていく。

性非行防止指導と同じく、中核プログラムJ.MARPPを軸に周辺プログラムが用意されている。アンガーマネジメント、マインドフルネスといったおなじみのものから、薬物依存症回復・治療施設「茨城ダルク」のスタッフによる講話まである。これらによって、中核プログラムでの学びを活かすのだ。

J.MARPPの中身について見てみよう。

1、薬物をやめることに挑戦してみましょう
2、依存と回復

3、　引き金と欲求
4、　あなたのまわりにある引き金について
5、　あなたのなかにある引き金について
6、　再発を防ぐために
7、　再使用のいいわけ
8、　薬物使用とアルコール
9、　新しい生活のスケジュールを立ててみよう
10、「強くなるより賢くなれ1」
11、「強くなるより賢くなれ2」
12、回復のために――信頼と正直さ

法務教官の山本真純（四十二歳）は、これまでの全十二回すべてに立ちあってきた。彼は述べる。

「少年たちの中には、薬物の問題をことさら矮小化している者が少なくありません。みんなやってるのに、なんで俺だけ捕まったのかと不満を抱いていたり、薬物なんていつでもやめられるとか、煙草や酒より健康にいいと勘違いしているんです。社会に流れているま

ちがった情報を鵜呑みにしてしまっている。最初はそういう誤解を修正して、真実をつたえるところからはじめなければなりません」

社会には「大麻はアルコールより害が少ない」とか「覚せい剤は受験勉強やダイエットに効く」といった誤った情報が広まっていて、少年たちはそれをもとにドラッグを正当化する。したがって、プログラムではドラッグがどのように脳機能に影響を与え、永久的に機能不全を引き起こすのかということをつたえるところからはじめる必要がある。

「少年の間で、特に大麻に対する危機意識が低いことが気にかかります。彼らは平然と『合法の国もある』『煙草より依存性が少ない』と言うんです。でも、現場で依存症の少年たちに会っていると、大麻などの使用期間は短くとも、深刻な後遺症状がみられるケースもあります。脳神経が影響を受け、幻覚や幻聴に悩まされてしまっているんです。そこまでではないにしても、記憶の機能が著しく低下するなどしている。当の本人は普通の精神じゃなくなっているので、自分がそうなっていることに気づいていない。それで自分は平気だと思ってどんどんエスカレートしていくうちに、取り返しのつかない状態になってしまう。私たちは根気強く向き合って丁寧に一つずつ説明して理解させていくしかありません」

依存症は「否認の病」

少年たちに理解させなければならないことの一つが、「依存症」の実態についてである。一般の人たちが依存症と聞いて想像するのは、薬物を手放せずに幻覚や幻聴に襲われて苦しみもだえる状態かもしれない。だが、そうなるはるか以前の段階で依存症になっているのだ。

薬物の効用は種類によって異なるが、共通するのは、一度の使用で快楽が忘れられなくなり、その体験が生涯にわたって記憶に残ることだ。だから、自分では「いつでもやめられる」と思って薬物をコントロールしているつもりでいながら、何かしらのタイミングで再開してしまう。アルコール依存症と同じだ。禁断症状が出るにせよ出ないにせよ、この時点で依存症なのだ。

「依存症は『否認の病』とも呼ばれていて、使用している人自身が依存症であるという認識がないことが多いのが特徴なのです。自分は薬物をコントロールしていて、適度に使用しているんだと信じて疑わない。毎日お酒を飲んでいる人だってそうですよね。『やめる』といって数日やめたところで、また飲みはじめる。本人は自分が抜けられない状況にあるということを自覚していない。煙草やお酒とちがうのは、薬物はそれらよりもはるかに速いスピードで重い後遺症が残るところまでいってしまうことです。私たちは依存症の正確な意味をつたえて、彼らにそのことをわからせなければなりません」

話を聞いて思い出したのが、私がこれまでに会ってきた薬物を使用したことのある人たちだ。彼らの大半は何度か薬物を「中断」した経験を持っている。なぜ止められたのかと訊くと、「意志がつよいから」とか「やろうと思ったらできるんです」と胸を張って答える。だが、そう言いながら薬物をやっていたり、何かしらの出来事をきっかけに再開したりする。冒頭に紹介した女性も、妊娠を機にやめたが、離婚をきっかけに再び手を出した経験があった。自分は大丈夫と一瞬でも思った時点で依存症がはじまっているのかもしれない。

彼らはどういうタイミングで再開するのか。

「大概は、少年たちが挫折を味わうタイミングですね。たとえば、最初は家庭に恵まれずに夜遊びをしているうちに、寂しさを紛らわすために薬物に手を染めたとしましょう。中学を卒業して就職して薬物をやめても、上司とケンカをしたり、仕事を辞めたりすると、また薬物に手を出してしまう。恋人にふられて再開するというケースもありました。このように挫折の節目ごとに不安、孤独、寂しさといった感情に負けて薬物に走るのです。ただ、少年院に来る少年たちは生活環境が悪く、常に周りとぶつかっているので、本人たち自身もどこが挫折体験なのか認識できないことがあるんです」

一般的に若者の挫折といえば、受験の失敗、恋人との破局などが挙げられるだろう。だが、援助交際をしている家出少女であれば、悪い環境の中で次々と挫折感を味わうため、日常そのものが再非行のタイミングになってしまうのだ。

反対に、挫折を克服しようとして薬物に手を染めるケースもある。

「覚せい剤の場合は、大麻とちがって意識が覚せいします。職場で仕事ができないことに挫折感を覚えている時に覚せい剤をやれば三日三晩寝ずに仕事ができる。あるいは、人間関係がうまくいかない時に覚せい剤をやったらうまくしゃべれるようになると信じ込んでいる。実際は薬物の影響でひたすら手を動かしたり、しゃべりつづけているだけで、決して何にもなしえていないんですよ。なのに、自分ではできたと思い込んでいるんです。本人だけが自分がうまくいっていないことに気づかず、覚せい剤が自分を劇的に変えてくれるんだと喜んでやりつづけてしまう。こうした認識も変えていかなければなりません」
J.MARPPでのグループワークの意義は、他者の事例を通して自分を客観的に見つめ直すことだ。人の挫折体験を聞いたり、薬物の再非行の経験を聞いたりすることで、自分の中にも同じ感覚があることに気づき、どうすればいいかを話し合うのだ。
「とはいえ、何もない普通の少年が薬物で逮捕されて少年院に来ることは割合的には少ないです。十代半ばで覚せい剤まで手を伸ばしている場合、少年自身の非行が相当進んでいることが大半だと言えるでしょう。そうなると、薬物をやめようと言うだけでは、なかなか少年の社会復帰につながらないのが現実です」

非行が進んだ結果として少年院に送られてくるケースとはどのようなものなのか。水府学院でプログラムを受講している少年の例を紹介したい。

【門田道行(十九歳)】

群馬県のとある町で、門田道行は生まれ育った。父親は暴力団の組員、母親は夜の街でホステスをしていた。結婚して間もなく出産したものの、家庭内暴力がひどかったせいで、母親はまだ一歳にもならない道行をつれて家から逃げだした。

母親は離婚してしばらくシングルマザーとして働いていたが、別の男性と再婚して六歳違いの妹を出産した。母親は道行が小学生になっても、離婚した実父のことについては一切語ろうとしなかった。思い出したくもない過去だったのか、暴力団員だったことはもちろん、写真も見せず名前さえ教えなかった。

母親は昼はパート、夜はスナックで働き、養父は運送会社で仕事をしていた。共働きだったこともあって生活はなんとか回っていたが、家で道行は養父を慕うことができず、学校でも母親が水商売をしていることを理由にいじめられていた。こうしたストレスもあって、小学三年生からお菓子やゲームの万引きをくり返すようになった。

道行が実父を知ったのは、小学六年の時だった。その日、彼は飼っていた犬の散歩をしていた。すると、突然目の前に一台の車が停まり、見るからに風体の悪い大人たちがぞろぞろと降りてきた。一番偉そうな男が言った。

「おまえ、道行だろ。知らないと思うけど、俺はお前の親父だ。久しぶりだな。元気にしてたか」

どうみても暴力団員だ。道行は恐怖で青ざめ、犬をつれて逃げ帰った。

家に着くと、道行は母親に外であったことを話した。彼女は急にガクガクと全身を震わせ、家じゅうの鍵をかけ、「二度とその男とは会っちゃダメよ。絶対だからね！」と言った。道行はうなずきながら、あの男が実父というのは本当なのだろうと察した。

中学生に上がった後も、道行は同級生からいじめられていたが、間もなく転機が訪れる。同級生たちにからかわれた際に、カッと頭に血を上らせて飛びかかって反撃したところ、相手を打ち負かしてしまったのだ。

これで同級生間での力関係が逆転した。道行はケンカによって相手をねじ伏せればのし上がれることに気づき、次々と暴力によって同級牛たちを屈服させ、いつしか不良グループを率いるようになっていた。

時を同じくして、道行は暴力団員である実父と付き合いだした。小学六年の時に初めて会って以来、実父はたびたび家の近くに現れ、声をかけてきた。養父とうまくいっていなかったことから、母親には内緒で会っていると、実父は頻繁に中学の正門にセルシオを横付けして迎えにくるようになった。これまでの空白の期間を埋めたかったのだろう、道行をレストランへつれて行って御馳走したり、組事務所を案内したりした。

道行は、次第にそんな実父に憧れを抱くようになる。彼の言葉である。

「当時の俺には親父がムチャクチャかっこよく見えました。高級車に乗って、若い衆をつれて、何でも好きなものを買ってくれる。組の定例会や組長の誕生日会にも誘ってくれて、本家の大幹部を紹介してくれた。ヤクザの人たちも、中学生の俺をかわいがってくれる。それで嬉しくなって、俺も親父みたいにヤクザになろうって真剣に考えだしたんです」

母親は途中で気がつき、道行に実父と会うなと注意したが、耳を貸すことはなかった。

暴力団との付き合いは、いやが上にも道行の不良としての地位を押し上げた。不良の先輩たちが道行のバックにいる暴力団を恐れて言いなりになったのだ。

道行が危険ドラッグをはじめたのは、この頃からだ。違法でなかったことから、歓楽街の店やインターネットで堂々と売っていたし、先輩たちも当たり前のようにやっていた。

道行は実父からもらった小遣いでそれらを買っては遊んでいた。

少年院の中でも暴力沙汰

最初に少年院に入ったのは、中学二年の時だ。父親の悪口を言った一学年上の女子生徒を学校内で殴りつけ、止めに入った男子生徒や教師にも暴行して鼻の骨を折るなどした。これによって、道行は児童自立支援施設へ送られたが、たてつづけに施設を脱出しては実父のもとへ逃げた。そして、三度目の脱走で、少年院への送致が決まったのだ。

少年院在院中も、道行は教官に歯向かって暴力沙汰を起こした。彼の夢は暴力団員になることであり、教官に従って更生することは負けを意味した。

少年院を出られたのは中学を卒業後だった。道行は保護観察がついていたため、しばらくはおとなしくしていようと宮城県にある親戚の家に身を寄せ、建設会社で鳶《とび》をしながら全身に刺青を彫ったりしてすごしていた。

十八歳の時、道行は付き合っていた女の子と結婚をする。彼女から妊娠したと告げられた時、結婚すれば保護観察が解かれるということを思い出して籍を入れたのだ。あくまで自由になるための結婚だった。

道行は、保護観察が解かれてすぐに妻に言った。

「俺はここ（宮城）を出てヤクザになるからな！」

暴力団に入るために妻子を捨てて別の土地で暴力団に入ると言いだしたのだ。妻は驚いて引き留めたが、道行の暴力団員になって実父のような羽振りのいい人間になりたいという気持ちは揺るがず、家を出ていった。

こんな道行だが、彼なりに妻子を捨てたことへの後悔があり、地元の群馬にもどって実父へそのことを相談した。実父は道行の肩を叩いて、「悩んでいるならこれをやれ。気持ちが楽になる」と言って白い粉を差し出してきた。それが覚せい剤だった。

道行は語る。

「それまで（脱法）ハーブをやってたんで、ぜんぜん抵抗はありませんでした。むしろ、ヤクザやるならクスリ（覚せい剤）くらい知っておかなきゃなぐらいな感じだった。やってみたら、ハーブとはぜんぜんちがったね。ハーブはダウナーで幻覚が見える感じだけど、クスリはアッパーだから全身の毛が逆立ってシャキッとして何でもできるようになる。マジすげえって思って、それからハマりました」

道行は覚せい剤によって家庭を捨てた罪悪感を忘れ、不良時代のつてをたどって兵庫県へ行った。そして実父とは別の広域暴力団に入り、事務所に住み込みで働くようになる。

売春ビジネスに手を染める

組に入ってから、道行は水を得た魚のように瞬く間に活躍しはじめる。本家からは覚せい剤の取り扱いを禁じられていたが、暴対法でしめつけられている状況では、末端の組員たちはなりふり構っていられなかった。先輩たちのやり方を見習い、道行も覚せい剤の売買をはじめた。売り上げは、倍々ゲームで増えていった。

「ヤクザやってれば、クスリの入手ルートはいくらだってありますよ。俺は舎弟を何人かつかって、そいつらと一緒にクスリをさばいてました。買いに来る客は女子高生から中年の主婦まであらゆる層でしたよ。まじめな女子大生やOLなんかもたくさんいたけど、『エス』とか『スピード』って呼んで、ダイエットやテスト勉強に効果があると説明すれば、どんどん買ってくれた。就職活動でつかっている子もいましたね。やり方も注射を勧めちゃダメなんです。あくまで炙《あぶ》り（火で炙って煙を鼻から吸う）。煙草と同じ感覚でできるって言えば、そんな抵抗ないですよ。それに一人がクスリに手を染めれば、まちがいなく友人もやりますから、客はどんどん増えていくんです」

もちろん、道行は売るだけでなく、自分でも浴びるほど覚せい剤をやった。毎日のように腕に注射をし、身近にいる薬物依存症の女性たちと片っ端からセックスをしてすごした。

さらにそこから売春ビジネスにも手を広げた。

「クスリを扱っていれば、女とは（セックスが）やりたい放題なんですよ。特に若い子は金がないから、『クスリをただでやる代わりにヤラせろ』と言えばオッケーする。彼女たちもクスリをつかったセックスのよさはわかってるしね。それでいろんな女とやっているうちに、彼女たちをつかって売春で稼ぐことにしたんです。まずデリヘルのホームページをつくって客を集めて、女の子たちを派遣する。いわゆる、援デリってやつで、女の子は十五、六歳から二十代前半くらいまで扱ってました」

道行は覚せい剤と売春に加えて、偽ブランドや盗難車の売買もはじめた。

わずか一年ほどで、道行は大金を手に入れて、レクサスなど三台の高級車を乗り回すまでになった。ありあまる金で豪遊し、好きな時に好きなだけ覚せい剤やセックスをする、酒池肉林を絵に描いたような生活だった。この頃には後遺症のせいで道行の言動に異常さが現れていたが、本人はまったくそれに気がついてはいなかった。

道行は組に多額の上納金を払っていたため、幹部たちから目をかけてもらっていた。だが、これが周囲からの妬みを招き、別の組員に覚せい剤を取り扱っていることを密告された。

暗黙の了解でやっているうちは咎められないが、表沙汰になれば処分せざるを得ない。

後遺症が出ていたことも一因だっただろう。幹部は筋を通すために道行を「所払い（組織を辞めさせたうえで縄張りの地域から追放すること）」にした。

道行は覚せい剤によって暴力団員の立場を失い、地元の群馬県にもどった。地元であれば、暴力団に所属しなくても、不良時代のつてでしのぎができると考えたのだ。関西時代のノウハウを駆使して、再び覚せい剤、偽ブランド、中古車の売買、援助交際ビジネスを軌道に乗せて多額の金を稼いだ。

だが、もはや道行は覚せい剤の泥沼にどっぷりとはまりこみ、自力では抜け出せない体になっていた。仕事は後輩に任せ、自分は一日中覚せい剤をむさぼりながら、それを求めてやってくる女の子たちとの性行為に明け暮れた。

「普通に生きるか、ヤクザにもどるか」

こうした生活に終止符を打ったのは、またも覚せい剤だった。道行が覚せい剤を打って手懐けた十六歳の少女が逮捕されたのだ。少女は警察の取り調べで覚せい剤の入手ルートをしゃべり、道行は指名手配された。道行は群馬県から逃げだして宮城県に潜伏したが、間もなく警察に居場所を突き止められて逮捕。十九歳だったことから、二度目の少年院送りが決まった。

道行は言う。

「クスリで破滅しちゃいましたね。まず親父に勧められてクスリをやったせいで妻や子を捨てることを決意して、二番目にクスリでヤクザの世界から追い出された。最後は自分がハメた女のせいでパクられた。全部、クスリが関係している。自分じゃ気づかなかったけど、クスリに手を出した時点で、どうやってもうまくいかないスパイラルに入っていたんでしょう」

道行は水府学院の薬物非行防止指導のプログラムを受けて約三カ月になる。茨城ダルクのスタッフが週に一回来て行う講話などは、経験者の実体験として学ぶことはあるが、教官が指導するグループワークはあまり意味がないと語る。薬物に対する一般知識が身についたところで、無数の落とし穴のある実社会で薬物をやるかやらないかというのはまったく別のことだからだそうだ。

道行は刺青を隠すためにつけた腕のサポーターをなでながら言う。

「今後の人生には二つの選択肢しかないと思っています。仕事をして普通に生きるか、もう一度ヤクザになるかです。どっちに進むにしても、クスリを完全にやめることはできないかなって思ってます。ここにいてもクスリをやっていた時の全身の毛という毛が立つような感覚が蘇るし、それをつかって女とセックスをしたいっていう思いがつよくある。やめるなら、普通のセックスに慣れるしかないけど、一度知ってしまった以上物足りなさはあるし、それで我慢できるかどうか自信はない。こういうのも何ですけど、少年院を出て、目の前に出されたらつかっちゃうかもしれませんね」

インタビューには教官も同席していたが、道行は構うことなく堂々とやめられないと言い切った。それだけ覚せい剤が自分の奥深くにまで入り込んでいる自覚があるのだろう。

覚せい剤に手を染めれば、効用がもたらす快楽だけでなく、簡単に大金を手にしたり、若い女性を好きなように性の道具にしたりすることができる。たとえその先に待っているのが死だとしても、一度そのうまみを知ってしまった人間が、時給数百円で単純労働をマニュアル通りに毎日こなして、きちんと人間関係を築いて生きていくことは非常に難しい。ましてや、二度も少年院に行き、全身に刺青を入れた彼が、そうした過去を完全に捨て去るのは至難の業だ。しかし、それが薬物から離脱するということなのである。

少年たちをいかに社会につなげるか

インタビュー終了後、同席していた法務教官の山本は言った。

「薬物は、一度依存してしまうと、その快楽が頭に焼きついて離れられなくなり、止めることができなくなると言われています。五年、十年と中断していたとしても、何かの拍子でその時の記憶が蘇って手を染めてしまうこともよくある。そのため、私たちは薬物依存症は『進行性の慢性疾患』だと説明しています。糖尿病などと同じように、一度薬物依存になったら、完治することはなく、ずっと付き合っていくしかない病気だと認識させるのです」

このことは、薬物非行防止指導の中ではっきりと明記されている。つまり、指導プログラムは、依存をやめさせることはできないという前提でつくられているのだ。

「私たちができるのは、『やめさせる』ではなく『やらない期間をどれだけ長くつづけさせるか』ということです。薬物非行防止指導の中で、その点は少年たちにはっきりと自覚させますし、それだけ薬物からの離脱が難しいものだと知らせています」

少年たちに教えている対処法の一つが、「HALT（ハルト）」だ。Hはhungry（空腹）、Aはangry（怒り）、Lはlonely（孤独）、Tはtired（疲労）。特に男子の場合は、こうした感情や状況に陥った時に、薬物の再非行に走る傾向がある。

だからこそ、少年院ではそういう状況になった時にどうすればいいのかを講義やグループワークを通じて少年たちに考えさせる。貧しさの中でいかに趣味をつくるのか、怒りを覚えた時にどう考え方を変えるのか、孤独は何によって埋められるのか……。壁にぶつかった時にできることをシミュレーションさせるのだ。

もう一つ重要なのが、少年たちの生活環境の改善だ。薬物をつかっている友人から遠ざかるのはもちろん、家族がきちんと薬物依存症のことを理解してサポートする必要がある。

そこで、プログラムの中盤で、少年の親たちを水府学院に呼び集めて、薬物非行防止の保護者会を開いている。ここで講師の役を担うのは、法務教官や、県内で薬物治療を行っている茨城県立こころの医療センターの医療スタッフだ。

彼らは薬物の基礎知識や矯正教育の内容を説明した後、少年院から出てきた子供たちとどうかかわればいいか、どのような病院や支援機関とつながるべきなのかを教える。親だけでは依存症の子供のサポートは難しいため、公的機関の協力を得ることを勧めるのだ。

「依存症に完治という言葉がない以上、私たちは少年たちをいかに社会につないでいくかを考えていかなければなりません。男性の場合は、仕事に励んで生活を充実させることができれば、薬物から距離を置くことができます。それでも、やりたくてしょうがなくなる時もあるでしょう。その時は、少年院で学んだ方法で回避する。それでもダメなら、病院やダルクのような専門機関に行ってもらって、社会的支援を得られるようにする。こうしたことを家族の手厚いサポートの中で行わせなければならないのです。少年には誰かを頼れる力を持ってもらいたいと思うし、家族には子供への理解を深めてほしいのです」

こう語る山本には、プログラムを通した成功体験がある。

その少年は二度にわたって覚せい剤で捕まり、少年院に送られてきた。一度は矯正教育を受けて出院したものの、再び覚せい剤に手を出して逮捕されたのだ。こうなると、なかなか本人の力だけでは更生は難しい。山本は必死に少年と向き合って薬物からの離脱方法をつたえた。

少年なりにいろいろと悩み、考えたのだろう。重点指導施設でのプログラムが終了し、元の少年院にもどって出院の日を待つことになった。山本がうまくやっていけるだろうかと案じていると、少年から手紙が送られてきた。こう記されていた。

〈これからのことを考えましたが、自分一人で止めるのは無理だと思います。少年院を出た後、僕はダルクに入ることにしました〉

悩んだ末に専門の施設で治療することを選んだのだろう。多くの少年が出院して自由になることを望むなか、彼は少年院から真っすぐ施設に入って、不自由さを承知のうえで治療を受けることを決めたのだ。

「一回目の時はそのまま社会に出て再非行して送り返されてきました。でも二回目は、自分の意志でダルクに行くことを決めた。ダルクへ行ったところで、薬物と距離を置くには大変な努力が必要になりますが、社会につながったという点では、大きな進歩だと思います。こういう進歩を少しずつつみ重ねていくしかないのです」

ダルクへ入ったからといって、薬物から離れられるわけではない。だが、依存症の少年にとっては、これだけでも大きな一歩なのだ。

山本は最後にこう言った。

「これをすれば薬物をやらなくなるという特効薬はありません。少年は何十年という年月、薬物の誘惑と闘いつづけなければならない。少年院でのプログラムは、その一歩にすぎないのです。だからこそ、私たちは一歩で終わらすのではなく、その先の二歩目、三歩目へとつなげていかなければなりません。それが自分たちの役割だと思っています」

では、外でつながる相手とは誰なのか。

水府学院とつながっていて、長年にわたって協力関係を築いてきたのが、茨城ダルクだ。私は水府学院の取材を終えた後、そこへ行ってみることにした。

茨城ダルク

八月の終わり、JR水戸線の結城駅から車で郊外へ向かって走っていくと、十分と経たないうちに田園風景に囲まれた。農家が点在するだけで、人影はほとんど見当たらない。

アブラゼミの鳴き声が響くなか、畑のあぜ道に錆だらけの廃車が放置されている。

二十分ほど行くと、田畑の真ん中にプレハブの建物が建っているのが見えた。車が速度を落として敷地内に入っていくと、プレハブの前に半裸の男性たち十数名が汗だくになりながら洗車や草むしりをしている。目を見張ったのは、男たちの体にはおどろおどろしい和彫りの刺青が彫り込まれていたことだ。首には太い金のネックレスが光っている。

車の運転をしてくれた男性が無表情で言った。

「ここが茨城ダルクです」

彼は茨城ダルクのスタッフだった。

「地元の人からは『サティアン』って呼ばれていたんですよ。オウム真理教の施設になぞらえてね。それだけここでは自分らが異様な存在だったんでしょう。何度も立ち退き運動がありましたが、なんとか留まっているんです」

それはそうだろうな、と思った。農家のお年寄りにしてみれば、突然プレハブ小屋が建てられ、刺青だらけの薬物中毒者が何十人も集まって共同生活をはじめれば、不安に駆られるのは当然だ。

茨城ダルクは、一九九二年七月に設立された薬物依存からの回復施設だ。ダルク（DARC）とは、ドラッグ（薬物）、アディクション（依存）、リハビリテーション（回復）、センター（施設）を組み合わせた名称で、現在は日本全国に六十カ所以上の支部がある。

茨城ダルクは、このうち四番目にできた老舗の支部で、定員は三十名。薬物にかぎらず、様々な依存症者たちが集まり、部活の合宿のような共同生活を送りながら、回復プログラムを受けているのだ。元暴力団員や元密売人なども多い。

四千人の薬物依存症者と向き合う

車を降りた私は応接室としてつかわれている六畳ほどのプレハブ小屋につれていかれた。棚には表彰状や著作物が所狭しと並べられている。茨城ダルクの代表を務める岩井喜代仁《きよひろ》（七十一歳）がやってきた。眼光の鋭い、広域暴力団の元組長だ。岩井はソファーにすわるなり、まくしたてるようにしゃべりだした。

「今日は未成年の薬物について聞きたいんだって？　俺は全国の学校で何千回と講演をしているし、ここに未成年の子がくることもある。うちにいたヤツで一番若いのは十七歳だな。十代でくる子は、親がつれてくるケースがほとんどだ。警察に逮捕されて初めて親が事態に気がつき、どうしていいかわからず、『うちの子を薬物から引き離してくれ』って頼んでくるんだ。親にしてみれば薬物の知識もなければ、回復の方法も知らない。とにかく、ここに頼めば何とかなると考えているんだよ」

岩井は語調をつよめて言った。

「最初に一つ言っておくけど、十代でクスリに手を出したヤツは、どんなに手をかけても回復しないね。それだけクスリは人間を壊してしまうんだ。これまでの経験で言えば、ほぼ無理。何年ここにいたって、社会にもどればまたすぐにクスリに手を伸ばす。俺が話せるとしたら、そういう現実だけだけど、いいんだな」

厳しい言い方は、薬物依存からの回復の難しさを示しているようだ。茨城ダルクに来てから二十六年、岩井はそれだけ多くの悲しい事実を見てきたのだろう。

岩井の経歴を簡単に記せば、京都府宮津市で生まれ、貧しい子供時代をすごした。家庭に恵まれなかったことから、ケンカや窃盗をくり返して不良の道へ進み、愚連隊を結成。少年院へも行った。出院後は十八歳で暴力団に入り、二十三歳で自分の組を持つようになる。

手っ取り早く稼ぐため、彼は本家で禁じられていた薬物の密売に手を出した。その頃に、船の仕事をしていた近藤恒夫に出会い、勧められて何気なく覚せい剤を使用したのがきっかけで自らも虜となった。

依存症になってからの二十数年間は、転落を絵に描いたような人生だった。暇さえあれば、覚せい剤に溺れているうちに、しのぎもうまくいかなくなり、失敗を重ねて二回も指をつめることになった。やがて家族に捨てられ、暴力団からも追放された。幻聴や幻覚に苦しむようになってもなお覚せい剤の魔力から逃れることができず、三十三歳から全国を転々としながら密売をして食いつなぐ日々を送った。

四十代の時に警察に逮捕されて刑務所へ。出所したものの、食い扶持を稼ぐことさえできず、ホームレスに転落する寸前まで追いつめられた。そんな時、たまたま手に取った週刊誌で目にしたのが、自分に覚せい剤を教えた近藤の活躍だった。近藤もまた長年依存症に苦しんだものの、七年ほど前にダルクを創設してマスコミの脚光を浴び、さかんに記事やニュースに取り上げられていた。

岩井は近藤から金をせびろうと考えて連絡を取り、詐欺まがいの話を持ちかけた。近藤はそんな岩井の胸の内を読み、その場で三つのうち一つの選択を迫った。

「ヤクザをとるか、クスリをとるか、人生をとるか」

すぐにでも食べられなくなるような状況にあったため、岩井は人生を選びたいと答えた。近藤は彼に茨城ダルクの代表になるよう言った。そして彼は右も左もわからない状態で設立間もない茨城ダルクへ送られ、第二の人生をはじめることになったのである。

岩井は支部の代表として他の薬物依存症者と寝起きを共にし、薬物から抜け出す努力をした。責任者にさせられたことで、なんとか立ち直らなければという思いが芽生えたのだろう。また若い子を更生させたり、メディアの取材を受けたり、講演会に呼ばれたりするうちに守るものも増えてきた。それが薬物の歯止めとなった。

以来二十六年もの間、岩井は茨城ダルクの代表を務めてきた。ここにやってくる薬物依存症者からは報われることより裏切られることの方が多いが、それでもやってこられたのは薬物の先には死しかないことをわかっているからだ。なんとかして一人でも多くの人を支えたい。そんな思いで、約四千人もの薬物依存症者に向き合ってきたのである。

「依存症者同士じゃなければわからない」

岩井とのインタビューで、私はまず少年院の教育と茨城ダルクの取り組みとでは何が異なるのかと尋ねた。岩井は即答した。

「少年院に薬物依存症の子供を半年や一年閉じ込めたって、回復には何の効果もないんだよ。少年院にいるかぎりは、どれだけやりたくたってクスリに手を出すことなんてできないだろ。そんなところで、覚せい剤も大麻もやったことのない教官が『危険だからやめましょう』と説教を垂れたって、依存症の人間が『はい、やめます』ってきっぱり絶つわけないじゃないか。大切なのは、自分の意志で薬物から距離を置いて、やりたいけどやらないという状況でどれだけ耐えられるかということだ。それには一緒にやめる仲間が周りにいて、励ましたり愚痴を言ったりできる環境が必要だ。それができるのがうちなんだよ」

茨城ダルクでは、基本的に全員がプレハブに住み込み、同じプログラムを受けることになる。寝食を共にしていれば、仲間意識が芽生えることもあるだろう。

「今、うちには三十名の薬物依存症者と八名のスタッフがいる。スタッフは、俺も含めて全員が薬物依存症者だ。結局のところ、依存症者同士じゃなければ薬物のことはわからないし、話も噛み合わないんだよ。ここではみんなで雑魚寝をして朝の六時四十分に起床することになっている。午前中は薬物離脱のためのダルクミーティング、午後は季節や曜日ごとにプログラムがあって、夜は教会や寺院でNAミーティングだ」

一日のスケジュールは表1のようになる。午前中のダルクミーティングは茨城ダルクのメンバーで行うグループワークだ。心理学に基づいたプログラムにそって薬物を使用した理由を打ち明けたり、回復の方法を話し合ったりする。少年院で行われているプログラムと似ているが、目の前に何年もやめているスタッフが

	金	土	日
	ダルクミーティング	ダルクミーティング	セルフケア
	温泉プログラム	セルフケア	
	つくばカトリック教会（茨城）、友部カトリック教会（茨城）	土浦カトリック教会（茨城）、真岡カトリック教会（栃木）	第1、3 小山カトリック教会（栃木）、第2、4 結城福音教会（茨城）

表1　茨城ダルク　1日のスケジュール

	月	火	水	木
起床 6:40・朝食 7:00				
午前（8:30〜10:00）	ダルクミーティング	ハウスミーティング	ダルクミーティング	ダルクミーティング
室内清掃、各係当番、昼食など				
午後（13:30〜15:00）	DVD鑑賞、ソフトボール	施設内清掃・洗車、町作り研究会（ボランティア参加）	ステップミーティング、海水浴（夏季）	スポーツプログラム、太鼓
夕食				
NAミーティング	古河（茨城）、乗国寺（茨城）	取手カトリック教会（茨城）、結城福音協会（茨城）	水戸カトリック教会（茨城）	下館カトリック教会（茨城）、真岡カトリック教会（栃木）
投薬 22:00・就寝 23:00				

いたり、薬物依存症者が主体的に進めていくところにちがいがあるという。

昼過ぎはスポーツなどによって気分転換をし、夕方から夜にかけて寺院や教会で外部の人も含めたNAミーティングに参加する。NAとはナルコティクス・アノニマスの略で、薬物脱却を目指す者たちの地域に根差した集まりだ。茨城ダルクだけにとどまらず、地域の人たちと意見交換することで幅広い視点を得ることを目指す。

実践的な形で回復プログラムを受ける一方で、薬物依存症者たちは社会に出た後のことを見越して医療機関（病院、精神保健福祉センター、保健所）にかかる。医学的な治療を受けながら、いざとなった時に助けを求められる術を身につけるのだ。

また、家族が協力的な場合は、家族にも積極的に参加してもらう。茨城ダルクでは「家族会」や「家族教室」を定期的に開催しており、そこで家族に薬物の知識や支援方法を教えたり、家族にしかわからない悩みを打ち明けてもらったりするのである。

ちなみに、茨城ダルクでプログラムを受けるには費用がかかる。未成年は親が負担するのが一般的だが、成人は暴力団関係者が多いこともあって家族の支援は期待できず、九割がた生活保護によってまかなわれている。長年薬物をつづけた後遺症で精神疾患、内臓機能の問題、身体障害などを抱えており、福祉制度の恩恵に与れる可能性が高いのだ。

彼らはそうして得た金をすべて茨城ダルクに預け、生活費を差し引いてもらい、一日千円の小遣いを受け取る。このようなシステムを採るのは、薬物依存症者にまとまった金を持たせると、すぐに悪いことにつかってしまうからだという。

「未成年がクスリに手を出すようになる背景には、今の子を取り巻く環境があるよ。まず今の子供は友達が少なすぎる。学校で講演して『本当に友達と呼べる人間が三人以上いる人は手を挙げろ』と言っても五十人のうち一人いるかどうかだ。クスリの誘惑があった時、人には三つしか拒絶する方法はないいんだ。『断る』か、『逃げる』か、『つかわない友達をつくる』かだ。心から信頼できる友達が何人もいれば、断る勇気を持てるし、逃げる先もあるし、別の楽しみもある。逆にもし友達が一人二人しかおらず、そいつからクスリをやらないかと誘われたら拒絶することはできない。今の子供は、あまりにも友達が少なすぎ

図８　薬物使用を誘われた相手（少年院在院生）

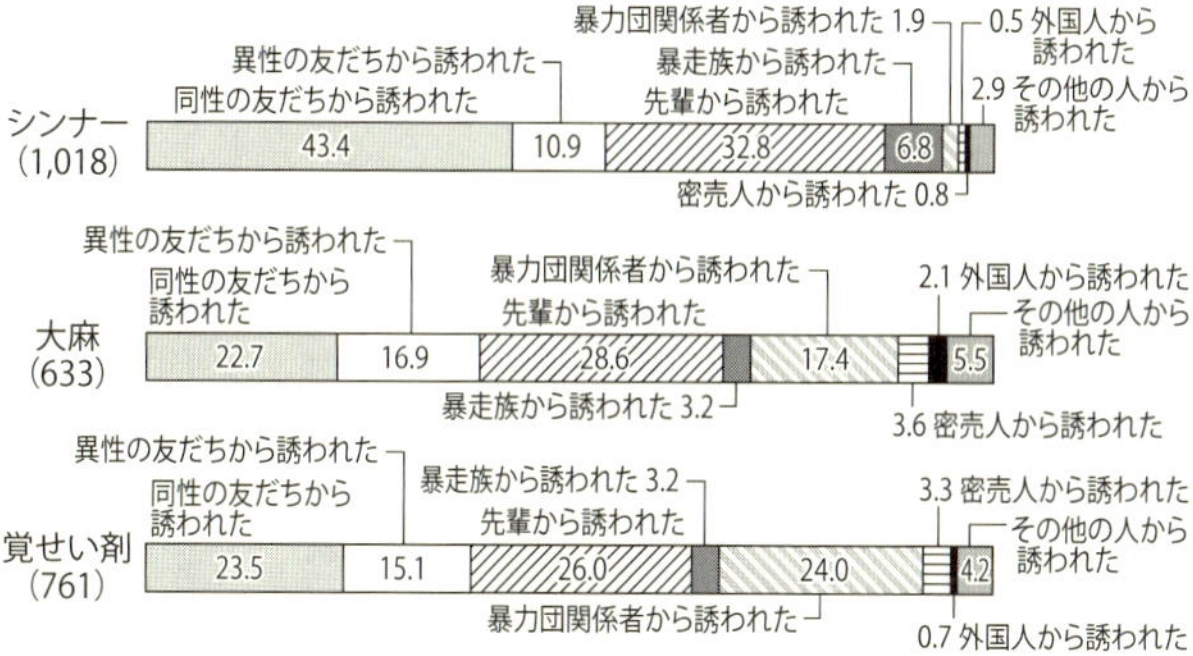

出典：青少年の薬物認識と非行に関する研究調査

る。それで引きずられてズブズブとクスリにはまって、気づいた時には手遅れってことになるんだ」

薬物依存症者の孤立

図８を見てほしい。薬物を使用したことのある少年たちの六割から九割が友達や先輩といった身近な人たちから誘われて手を染めている。もし薬物に縁のない「親友」がいれば、断ったり、逃げたりすることができるが、そうでなければ仲間外れになりたくないという意識から手を出してしまう。そうして依存症に陥ることになる。

岩井によれば、現代の子供は友達をつくることにさしたる重要性を見出しているようには思えないという。他人と深くつながることを「面倒くさい」と考え、安易にゲームやネットの世界にのめり込み、仮想現実の中で生きている。そのため、いざ現実世界で数少ない知人からドラッグを勧められた時、きっぱりと断る術も知らなければ、頼れる親友もいない。未成年の薬物汚染が広がる背景には、こうしたことが一因としてあるそうだ。

「教師や親の対応も、ほとんどはまちがっていると俺は思ってる。子供がクスリをやっていることが発覚したら、大概の大人は『試しにやっただけ』という子供の嘘を鵜呑みにして、それを隠そうとするだろ。『受験があるから』『あと半年で卒業できるから』といった理由をくっつけて、この子の将来のためとか無責任なことを言って、軽く注意するだけで医療機関につなごうとしない。事実を葬り去ってしまうんだ。

でも、教師や親が口先で注意しただけでやめられるほどクスリは甘いもんじゃない。半年やれば、一生やめられない体になってしまう。それで、一年後には子供が手に負えないほどクスリでおかしくなって困り果て、ようやくうちだったり、医療機関だったりに駆け込んで助けを求めるけど、それじゃ手遅れなんだよ。専門家だって手の打ちようがない。本当はやっているとわかった瞬間に、引きずってでも治療につれていかなければならないのに、それを怠ったせいで子供の人生を壊してしまっているんだ」

こうした状況を生み出しているのは、国のドラッグに対して取り組む姿勢も少なからず影響を及ぼしているという。

国は薬物乱用防止のコピーとして「ダメ。ゼッタイ。」という標語を長年にわたって使用してきた。これによって、ドラッグは決して手を出してはいけないもので、使用することは大きな罪なのだという認識が世間に広まった。

このこと自体はまちがいではない。だが、薬物の使用を絶対的な悪と決めつけられたことで、手を出してしまった人が「悪人」「犯罪者」と見なされ、回復したいと思っても、それが足枷になってうまくできないという悪循環が生じた。

たとえば、高校生でドラッグをやっていることがわかったら、学校側は退学処分にするだろう。少年は学校から捨てられたことで、学歴を失い、まともな職にもつけず、将来への絶望感の中で薬物にのめり込んでいってしまう。使用した者は切り捨てられるだけで、回復の道をつくってもらえないのだ。

「国は『ダメ。ゼッタイ。』と言うだけじゃなくて、薬物依存症者がきちんと回復して社会で生きていけるためのモデルを示してあげなければならないんだよ。欧米だって今は刑罰を与えるんじゃなく、回復施設で治療するようにさせるという方向に向かってる。罰を与えたって、クスリをやる要因が増えるだけなんだ」

日本の薬物依存症者の孤立を象徴するのが、元プロ野球選手の清原和博だそうだ。

「清原は覚せい剤をやって捕まったことで世間からものすごいバッシングを受けて、回復施設にも入った。一生懸命にがんばろうとしている。同級生の佐々木（主浩）が友情を持って温かく接している姿は本当に素晴らしいと思うよ。でも、野球界はあの二人の姿を褒めるどころか、無視しているでしょ。クスリをやった清原はアンタッチャブルな存在になってしまっている。

もし清原が社会に受け入れてもらって、野球の監督でもコーチでもやりながら回復を目指せば効果は期待できるけど、あんなふうに孤立させちゃったら、いつまた再犯をしないともかぎらない。清原のような著名人だって、こんな状況に陥るんだ。問題家庭に育った子供たちだったら、一体どれだけ絶望的な状況に追いやられるか想像がつくだろ。結局、国も、学校も、親も、そして当の本人も一度でもクスリをやったら抜け出せない環境を自らつくってしまっている。その構造を根本から変えないかぎり、本当の意味での回復は難しいよ」

ドラッグが蔓延する欧米では、使用者を罰するより、医療機関につなげて回復の道筋をつけていく。専門の医療機関や自助グループも数多くあり、回復したことを称賛される機会もある。日本を欧米と同じように考えていいかどうかは別にしても、岩井の目には日本の社会構造が薬物依存症者にとって厳しいものと映っているのだ。

なぜ岩井はここまで今の日本のあり方に警鐘を鳴らすのか。それは、一刻でも早く子供たちを救い出さなければ、二度と社会で生きていけない廃人になってしまうという危機感を持っているからだ。

岩井はその証拠だと言って、茨城ダルクにいる鎌谷秀治という男性をつれてきた。背中から胸や腕にまで和彫りの刺青が入っている。彼は十代でドラッグをはじめて少年院に入り、出院後に岩井のもとに来たものの、二十年近くやめられずに刑務所と社会を往復しているらしい。岩井に言わせれば、「一生やめられないヤク中」だという。

【鎌谷秀治（三十五歳）】

福岡のとある町で、秀治は四人きょうだいの三番目の長男として生まれ育った。町はかつて炭鉱として栄えていたこともあって、老舗の暴力団がその地域社会の深くまで根を張っており、九州内でも治安の悪さは指折りだった。

こうした土地にあっても、秀治の家庭は比較的恵まれていた。父親は県庁に勤めていて、母親は児童相談所の職員。親戚は警察官ばかり。親族のほとんどが公務員といった家柄だった。

両親は教育熱心で、長男だった秀治に期待をかけていた。幼い頃から習い事に通わせ、秀治もがんばって勉強し、地元の進学校に合格した。秀治はそんな自分について「要領がよかったんで、なんでもある程度はできた」と語っている。

ところが、高校に入ってから、秀治は不良たちと付き合うようになる。中学まで優等生を演じてきたが、反抗期もあって夜遊びをするようになったのだ。

都市部の高級住宅地に住んでいれば、勉強が多少疎かになるくらいで済んだかもしれない。だが、治安の悪い田舎町には暴走族が跋扈し、暴力団がシンナーから覚せい剤まであらゆる薬物を売りさばいていた。秀治は知り合いの暴走族の集会を見物しに行くうちに、シンナー遊びを覚えた。進学校だったこともあって、秀治の成績は瞬く間に急落。中退して転校を余儀なくされた。

覚せい剤と出会ったのは、そんな矢先のことだった。秀治はバイク事故を起こして地元の病院に入院したことがあった。同じ病室に、四十代の暴力団関係者がおり、毎日子分に覚せい剤を持ってこさせては注射していた。ある日、その男性から声をかけられた。

「おい、ガキ。じろじろ見てんなら、おまえもやれよ」

秀治はシンナー遊びをしていたことから薬物に抵抗はなかったし、断って怒らせることの方が怖かった。それで注射器を借りて覚せい剤を打ったのである。一発やって、こんな素晴らしいものが世界にあるものなのかと感動した。

その日から、秀治は男性に誘われるままに覚せい剤を打ちつづけ、退院する頃には立派な依存症になっていた。そして彼は男性に元締めを紹介してもらって密売をはじめる。

　秀治は語る。

「ヤバい町でしたから、地元の組だけじゃなく、福岡の他市や関西の組まで入ってきていて、それぞれがクスリの売人を抱えていました。売人は売り上げの分だけ、幹部から金かクスリかをもらえる仕組みになっていました。俺は金よりクスリがほしかったので、いつもクスリをもらっていましたね。売り子たちは組がちがっても仲良くやっていて、共通のルールを設けたり、クスリの勉強会を開いたりしていました。みんなで今回どこそこから入ったブツはいいとか悪いとか話し合うんです。客はいろいろです。組の幹部から得意先に届けるように命じられることもあれば、自分らの後輩に売りつけることもあった。学生もいたけど、ごく普通のサラリーマンや主婦もかなり買いに来てましたよ」

　自由に覚せい剤が手に入る環境になったことで、秀治の使用量はますます増えていった。一年も経たないうちに、毎日三万円分の覚せい剤を使用するようになっていたという。しかも「一人でやってても寂しい」という理由から、地元の若い女の子に覚せい剤を覚えさせ、注射をしては何時間も狂ったようにセックスをした。

　逮捕されたのは、十九歳の誕生日を迎えてしばらくしてからだった。暴走族の集会に出たことで警察に追われ、住んでいた家の家宅捜索が行われた。その際、自室から注射器が出てきたのだ。収容先は、大分少年院だった。

ダルクを脱走して歌舞伎町へ

少年院を出たのは二十歳の時だった。両親は引き取りを拒否し、彼を評判の良かった茨城ダルクへ送った。もどってくるなら完治してからということだった。秀治はプレハブ小屋で共同生活をはじめたものの、元暴力団員や後遺症で苦しむ人に囲まれた生活は耐え難かった。代表の岩井から熱心に言葉をかけられても心に響かず、逃げる機会をうかがっていた。

二カ月後、ついに秀治は茨城ダルクから脱走して東京新宿の歌舞伎町へと向かった。頼ったのは、一足早く茨城ダルクから逃げ出した住田敏だ。住田は新宿を縄張りにする暴力団の組員で、覚せい剤の密売をしのぎにしていた。秀治は彼の舎弟となって全身に刺青を入れ、胸には住田の名前まで彫り、再び売人の仕事をはじめた。

二年間、彼は歌舞伎町で覚せい剤にどっぷりと浸かった生活をしていたが、ある日、兄貴分の住田が逮捕されてしまう。すべてを住田任せにしていたことからしのぎが回らなくなり、秀治は堅気の道を進むことに決める。当時付き合っていた女性に薬物を絶つ手伝いをしてもらい、なんとか禁断症状を脱することができた。

建設会社で鳶の仕事をはじめたが、秀治の頭には常に覚せい剤のことがあった。注射を打った途端に全身を駆け巡る快感のことを一日に何度も思い出し、眠っていても夢にまで見た。仕事で失敗した時、職場の人間関係がうまくいかなかった時、恋人と口論になった時、覚せい剤をやりたい衝動にかられたが、手を出さなかったことは彼の自信になり、自分は完全にコントロールできていると思った。

しかし、こうした生活は五年で幕を閉じる。刑務所に入っていた住田が町にもどってきたのである。秀治はもともと暴力団の任侠の世界に憧れがあり、建設会社で働き出してからもヤクザの真似事をするように刑務所へ行っては住田に差し入れをしたり、手紙を書いたりしていた。無意識のうちに、もう一度暴力団の世界にもどって、覚せい剤をやりたいという思いがあったにちがいない。

出所した住田は秀治に言った。

「またクスリを売るから、おまえも手伝え」

建設会社での仕事に希望を見いだせなかったこともあり、秀治は誘いに飛びついて、暴力団にもどることにした。

覚せい剤を再開すると、秀治は明らかにおかしな言動が目立つようになった。十代の頃から使用していたことで脳に相当のダメージを負っており、再開したことで異常さが一気に表面化したのだろう。

自殺未遂を起こしたのは、組の事務所に住み込みで働きに行く直前だった。その日、秀治は覚せい剤をキメて、歌舞伎町の裏の新大久保の町を歩いていた。様子が明らかに変だったのだろう、警察官が近づいてきて、職務質問をしてきた。秀治は覚せい剤を所持していたことからパニックになり、妄想に駆られた。

——ここで逮捕されれば、せっかく自分を受け入れてくれた組を裏切ることになり、組の幹部に殺される。

突然秀治は走りだした。なんとかして逃れなければという一心だった。警察官は大声を出して追いかけてくる。距離が縮まり、取り押さえられるのは時間の問題だった。

秀治の壊れた脳に浮かんだのは、「(組の幹部に)殺されるなら、自分で死んだ方がマシだ」という思いだった。そして、傍にあったマンションの階段を駆け上がると、七階から飛び降りたのである。

地面に叩きつけられた秀治は、頭蓋骨など全身の骨を折る重傷を負ったものの、木にぶつかったこともあって奇跡的に一命を取り留めた。実家の親は病院から知らせを受けて、慌てて茨城ダルクの岩井に連絡を入れた。親も岩井しか頼る者がいなかったのだ。

岩井はわざわざ東京まで赴き、入院中の秀治と面会した。岩井は一目見て、「こいつには何を言ってもムダだな」と思った。ここまで覚せい剤に溺れている状態では、他人が何か言ったところで意識は変わらない。それでも岩井はベッドに横たわる秀治を叱り、いつでも茨城ダルクにもどってくるようつたえた。

覚せい剤への思いが消えることはない

一カ月後、秀治は病院を退院したが、岩井の言葉もむなしく、またもや覚せい剤を再開した。もう覚せい剤のことしか考えられなかった。彼は親をだましたり、女性に貢がせたりして得た金をことごとく覚せい剤につぎ込んでいった。毎日考えることといったら、覚せい剤とセックスのことだけだ。

「クスリにハマると、それをやることが最優先になって、友人関係や家族関係を簡単に壊してしまうんです。家族をだまして金を盗る、友人の約束や信頼を裏切る、職場をほったらかしにする、依存症であることを隠すためにつじつまの合わない嘘ばかり言う……。気がつくと、薬中で狂った人間たちの中にしか居場所がなくなっているんです」

こうも言う。

「周りはみんなクスリをやっていておかしくなっているヤツばかりだから、俺はそれを見て自分だけはまともだって思う。それで安心してクスリの量がどんどん増えていく。そのうち、体が言うことを聞かなくなります。クスリをやっている時は三日三晩寝もしないで女とセックスしつづけられるんですが、切れると途端にだるくなって体が動かなくなる。石みたいに重くなって立ち上がることもできない。それで、『体を動かすために』と理由をつけてクスリを注射して元気になり、また女を呼びつけて三日三晩セックス。ひたすらそのくり返しです。怖いのは、それでも俺はまだ大丈夫って思ってることですね。クスリのせいでボロボロになっているのに、クスリの幻覚の中で俺は正常だって思っている。正常な自分がどこにあるかわからなくなっているんです」

秀治が警察に逮捕されたのは、三十四歳の時のことだった。裁判では有罪判決を受けたものの、二〇一六年から実施されていた薬物に関する刑の一部執行猶予制度が適用され、茨城ダルクで治療を受けることになった。

刑の一部執行猶予制度とは、薬物使用罪など治療による社会復帰が適切だと見なされた場合に、懲役刑を満期まで務め上げるのではなく、社会内処遇によって治療を受ける制度である。

秀治は十四年ぶりに茨城ダルクに頭を下げてもどることになった。彼がここに来て数カ月が経つが、頭の中からは覚せい剤への思いが消えることはないという。毎日何度も覚せい剤がつくりだす快感を思い出し、昼寝をしていても夢に見ることがあるそうだ。それだけ意識の深いところに入り込んでしまっているのである。

秀治は語る。

「今はここにいるのでやらずに済んでいますけど、目の前に出されればまちがいなくやると思います。やめられるという自信もありません。できるかぎりつかわずにいるということが目標です」

「今でも夢に見るくらいやりたい」

茨城ダルク代表の岩井は、秀治の話を隣で聞いた後、怒り気味に言った。

「こいつ（秀治）は全然ダメだよ。後ちょっとしたら、またここから抜け出していなくなって、ヤクザの世界にもどってクスリをつかうね。まずまちがいない。こいつの一番いけないのは、『やめたことがある』とか『建設会社で働いたことがある』なんてくだらないことに執着してること。そんな過去なんて、クスリの脅威の前じゃ何の役にも立たないんだよ。頭がおかしくなって七階から飛び降りるようなマネまでしているのに、まだクスリに負けてない、コントロールできているって言い張っているようなもんだ。たとえ数年やらない期間をつくれたとしたって、その後に一回でもやっていたら、クスリに支配されているってことなんだよ。そういう現実を受け入れないから、また同じ過ちをくり返す。こういうヤツが本気で危機感を持つのは、後遺症によって死ぬ寸前まで追いつめられて、地獄が目の前に見えてきてからだ。くたばるのが早いか、ボロボロになってここにたどり着くのが早いか、そのどちらかだ」

秀治は苦笑したが、否定しなかった。自分でもやめられないことがわかっているのだろう。岩井はそんな秀治を鼻で笑ってつづけた。

「いいか、依存症っていうのは、こいつみたいな状態を示すんだ。特に十代の若いうちに経験したヤツは、覚せい剤をつかったセックスの快楽を忘れられず、ずっとクスリのことだけ考えつづけることになる。一生涯だ。経験から言えば、十四、五歳でクスリをはじめたヤツは、二十代半ばで精神病院行きだ。二十代ではじめたヤツならギリギリ三十代半ばまで生きられるけど、四十代に人生が終わるのは確実だな。結局、死の一歩手前にきて注射器を持てなくなるまで、延々と同じことをつづける。それが薬物依存症の怖さなんだよ」

岩井の言葉は脅しでも誇張でもない。茨城ダルクに来る薬物依存症者の八割が、二カ月以内に脱走して再び薬物に手を出しているのだ。逆に言えば、薬物を絶とうと決めてダルクに住んだ人間でさえ、治療を継続することが困難なのである。

茨城ダルクを飛び出した薬物依存症者たちの末路は悲惨だ。岩井が把握しているだけで、すでに百五十六名が命を失ったという。最初の犠牲者は十八歳の少年。ここを去った後にビルの七階から飛び降りて自殺した。先月だけでも二名が亡くなっており、一人はケンカで首を絞められて殺され、もう一人は酩酊状態で海に飛び込んで死亡した。自殺、他殺、事故、後遺症による急死など死因は様々だが、ほぼすべてが薬物に関係している。

「死ななくたって、後遺症で完全におかしくなって社会復帰どころか、日常生活さえままならなくなったヤツなんて数えきれねえ。一応、うちでもNPO法人茨城依存症回復支援協会というケアホームをつくって、そういう仲間を支援しているけど限界もある。俺が常々クスリのたどり着く先は墓場か病院しかないって言っているのはそういうことなんだよ。社会がそこから目をそらしているかぎりは今の状態がつづくだけだ」

岩井は、依存症になってしまった人はどうすればいいと思っているのか。

「茨城ダルクは、『今日一日ハウス』って名乗っているんだ。クスリを完全にやめることはできないけど、今日一日やらずにいる努力はできる。依存症になった者はそれをつみ重ねていくしかない。茨城ダルクはそのための施設なんだ」

九割以上が再犯をする一方で、岩井のように二十六年間もやらずに済んでいる者もいるのも事実だ。両者のちがいは何なのか。

「本音を言えば、俺だって今でも夢に見るくらいやりたいんだよ。死ぬ前に一度でいいから、クスリをつかって女とやりたいと思っている。それでも、『今』やらないで済んでいるのは、茨城ダルクの代表になってメディアに取り上げてもらったり、賞をもらったり、高校や大学で教えることで、大きなものを背負わせてもらっているからだ。絶対に失いたくないものを長い年月をかけてつみ重ねていくことができた。クスリをやれば、一瞬にしてそれをすべて失ってしまう。それがイヤだからなんとかクスリをやりたい衝動に耐えて、一日一日を乗り越えているんだ」

裏切られても並走する

岩井は話を区切ってつづける。

「クスリをやめたいなら、そいつにとって絶対に失いたくない宝物をつくるのが一番だ。子供でもいいし、嫁でもいいし、仕事でもいい。そういうものをたくさん手に入れるんだ。一つしかなければ、それがダメになった途端にクスリに逆戻りしてしまうけど、たくさんあれば踏みとどまれる。ゼロからそうしたものをつくるのが、どれだけ大変かってことは身に染みてわかってる。それでも、そうしなければならないというのが、クスリをやった人間に課せられた代償なんだよ」

茨城ダルクとしては、一度かかわった以上、できるかぎり薬物依存症者が立ち上がろうとする努力を支えたいという。

「茨城ダルクができるのは、依存症の人間に何度裏切られても並走することよ。何度逃げられても、何度嘘をつかれても、何度侮辱されてもいい。俺たちはそれでも『いつでもおまえらを迎え入れてやる』と言いつづけなければならないんだ。依存症のヤツらは周りが見えなくなっているから、いったん逃げてしまえばダルクのことをこれっぽっちも必要だと思わないだろうけど、何年か経って彼らがボロボロになって立ち上がることさえできなくなった時、手を差し伸べてやれるのは俺たちだけなんだ。あえて俺の役目を誇張して言えば、クスリをやめさせることではなく、依存症のヤツにいつまでも並走してやって、そいつが限界にきて助けなしに生きていられなくなった時に駆けつけてやることだと思ってる」

秀治との長きにわたる関係を見れば、岩井が茨城ダルクの門をくぐった人間と並走しようとしていることがわかる。心配し、親と連絡を取り、何かあれば裏切られるのを承知で駆けつける。彼はそうやってたくさんの宝物をつみ重ねて薬物と距離を置くことに成功したし、他の薬物依存症者にもそうなってもらいたいと心から願っているのだ。

インタビューを終えて、プレハブの応接間を出た。暑い陽射しの下で、相変わらず刺青だらけの男たちが庭仕事をしていた。ここに来た時は、いかつい暴力団員にしか見えなかったが、今は道なき砂漠を必死に這いずり回って湧き水にたどり着いた、傷だらけの小動物のように見えた。

彼らにとって茨城ダルクはスタートラインにすぎない。ここから、彼らの薬物と闘っていく一生が幕を開けるのである。

第五章　被害者遺族の慟哭

取り残される被害者

「事件を起こした少年は、少年院に入って一年やそこらおとなしくしていれば、少年法に守られて何食わぬ顔で普通の人生をすごすことができるんです。前科がつくこともないので、同じような凶悪事件を起こしたってどうってこともない。むしろ出院した後は少年院帰りというハクがつくくらいなんです。でも、被害者はプライバシーを暴かれ、一生傷を背負って生きていかなければならない。こんな不条理なことがあっていいと思いますか」

これまで少年によって我が子を殺された多くの親たちに会ってきたが、かならずと言っていいほど聞かされた言葉である。

本書で見てきたように、少年たちの大半は罪の意識を持たない（持てない）まま事件を起こしている。「ムカついたから」といって友達を暴行死させたり、ストレス発散のために性犯罪を起こしたりする。被害者がＰＴＳＤ（心的外傷後ストレス障害）に苦しみ、時には自ら命を絶ってしまうほど傷ついていることとさえ考えられない。

少年院の役割は、こうした少年たちに罪の重さを認識させ、更生させることだ。しかし、その期待に応えられる少年は決して多くない。図９のように少年院に入ったことのある少年の五年以内の再入院率・刑事施設入所率は二一・七パーセントに及ぶ。つまり、五人に一人が少年院か刑務所にもどってくるのだ。さらに言えば、逮捕されなくても悪いことをしていたり、五年以上経って刑務所に入る者を含めれば、再犯率はかなり高いはずだ。

出院後の少年たちの身勝手な行動が、被害者やその遺族を深く傷つけていることは想像に難くない。二〇一五年には、神戸連続児童殺傷事件の加害者である少年Aが『絶歌』という著書を出版して、それが議論を巻き起こした。

一九九七年、当時十四歳だった少年Aは神戸市内に暮らす二名の児童を殺害。犠牲者の一人、土師《はせ》淳《じゅん》君にいたっては、頭部を切断され、それを学校の正門の前に置かれた。

逮捕後、少年Aは精神鑑定を経て関東医療少年院へと送致されることになった。法務省は事件の重大さから矯正教育に新課程を設置し、精神科医

図9　少年院出院者5年以内の再入院率と再入院・刑事施設入所率（2011年）

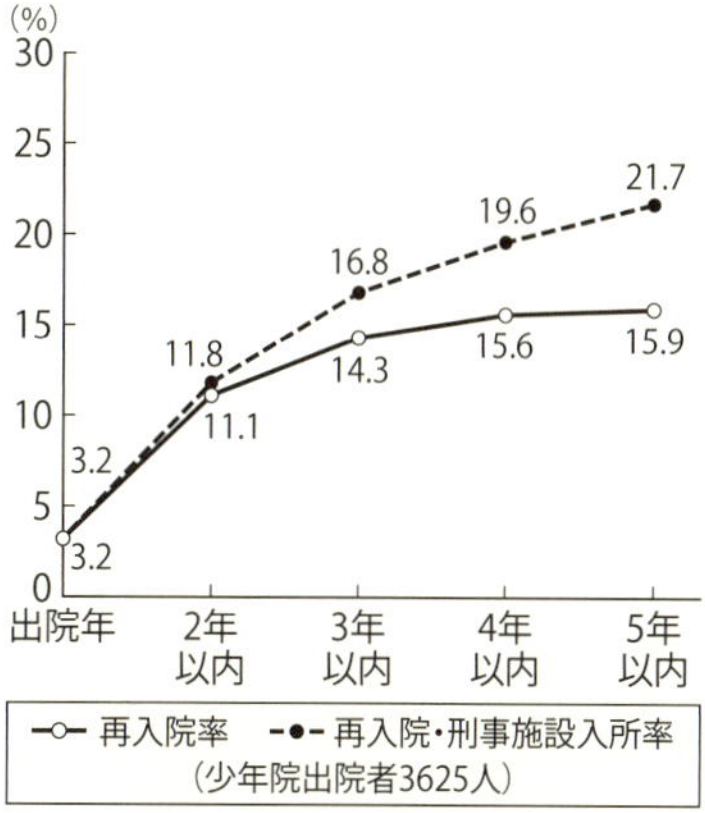

注1：矯正統計年報及び法務省大臣官房司法法制部の資料による。
2：「再入院率」は、2011年の少年院出院者の人員に占める、同年から2015年までの各年の年末までに、新たな少年院送致の決定により再入院した者の人員の比率をいう。
3：「再入院・刑事施設入所率」は、2011年の少年院出院者の人員に占める、同年から2015年までの各年の年末までに、新たな少年院送致の決定により再入院した者、または受刑のため刑事施設に初めて入所した者の人員の比率をいう。

やベテランの法務教官からなる特別処遇チームを組んで手厚い指導を行った。法務省の威信にかけて、少年Aを更生させようとしたのだ。

あしかけ六年に及ぶ矯正教育の末、少年Aは社会に出していい段階に達したとされて出院が決まった。社会復帰した後、彼は淳君の命日に合わせて淳君の遺族に宛てて謝罪の手紙を送るなど一定の贖罪《しょくざい》の姿勢は見せてきた。遺族にしてみれば、思うことはあったが、少しずつでも事件と向き合おうとしているという期待はあった。

ところが、出院から約十年が経たある日、その思いは唐突に裏切られる。

少年Aは事件の手記『絶歌』を出版して凄惨な事件の経緯を明らかにしただけでなく、自らの異常なサディズムを前面に押し出すようなホームページを開設（二〇一六年に閉鎖）したのだ。有料メルマガを配信する準備もはじめた。

こうした一連の行為は、遺族の心を踏みにじることになった。淳君の父親である守氏は次のようなコメントを出した。

「今、改めて事件の内容を多くの人に伝える必要がどこにあるのか。私たち遺族の心も傷つき、『息子は2度殺された』という思いだ」（「産経新聞」二〇一五年六月二十九日）

この出来事は、約六年間の手厚い矯正教育を受けてもなお少年Aが更生していないことを示すとともに、事件後も遺族が苦しめられていることを明らかにした。

本書のテーマは、事件を起こした少年たちの内面に迫り、更生について考えるというものだ。だが、それは被害者の感情を抜きにして論じることはできない。

被害者たちは、事件後の人生をどう生き、加害少年について何を思っているのか。

本章では三つの殺人事件の遺族の言葉を通して、そのことについて見てみたいと思う。

兵庫県高一リンチ殺害事件

事件の一報

兵庫県加古郡稲美《いなみ》町の田んぼに囲まれた木造の古い一軒家。庭に立つと、畑の向こうに神社が見える。直線距離にしてわずか一〇〇メートル。車で迂回しても三分ほどの距離だ。

一九九七年八月二十四日の夜明け、この神社で高松聡至《さとし》（事件当時十五歳）は全身が腫れて変色するほどの暴行を受け、口から泡を吹き、両耳に煙草を突っ込まれて倒れている姿で発見された。数時間前、同級生ら十名に取り囲まれ、バイクや角材をつかったリンチを延々と受けたのである。到着した救急車によって病院に搬送されたものの、彼は一度も意識がもどらぬまま八日後に息を引き取った。

翌日の朝日新聞には次のような記事が掲載された。


兵庫県加古郡稲美町で八月二十三日深夜、中学時代の友人たちから集団暴行を受け、意識不明の重体だった同町印南、県立播磨《はりま》農業高校一年高松聡至君（一五）は一日午後二時十二分、入院先の同県高砂市内の病院で死亡した。兵庫県警少年課と加古川署は同日、新たに同郡内、内装工事手伝いの十六歳の少年を傷害容疑で逮捕。この事件の逮捕者は七人となり、さらに暴行に加わっていたとみられる三人の行方を捜査している。


被害者である聡至の生い立ちから見ていきたい。

農業を営む両親のもと、聡至は三人兄弟の長男として生まれ育った。小学生の頃から体が大きくスポーツが好きで、地元の公立中学へと進学してからは野球部に入って練習に取り組んでいた。しかし、野球部で背番号をもらえなかったことや、自転車を盗まれたことをきっかけに、一年生の後半から同級生の不良グループと付き合いだした。

聡至は、主に四人のメンバーと固まっていた。当時流行していた不良漫画の真似をするように変形した学生服を着たり、煙草を吸ったりした。真夜中に出かけては盗んだバイクに乗って無免許運転で補導されたこともあった。

中学二年になってからは、メンバーとつるんで学校をさぼるようになった。だが、物心ついた頃から将来は農家を継ぐように言われていたことから、どれだけ夜遊びをしても翌日は日の出とともに起きて、両親の畑仕事を手伝った。農作業の間は、メンバーから遊ぼうと誘われても、「終わるまで待ってて」と応じなかった。

親は聡至を心配しつつも、いつか立ち直るだろうと思っていた。親が「授業に出ないなら、塾へ行って勉強しなさい」と言えば塾に通ったし、「部活だけでもつづけてみては?」と言えば、毎日夕方に親の運転する車に乗って野球部の練習に参加した。根は家族思いのいい子だったのだ。

聡至の意識が変わったのは、中学三年の高校受験が迫ってきた頃だ。ある日、親から「本当は学校へ行きたいんやろ」と尋ねられると、素直に「うん」と答え、学校に通うようになった。

進路面談の際、聡至は思い切って「高校に行きたい」と言った。担任の先生は答えた。

「家の仕事手伝ってるんやろ。出席日数が足りてへんけど、農業高校なら、聡至は実習ができるから合格するかもしれへん」

この言葉でやる気になり、勉強に打ち込み、播磨農業高校に合格した。不良グループのメンバーが進学をあきらめたり、定時制高校へ進む中、彼だけが全日制の高校への進学を実現したのだ。

中学の卒業式を終えると、聡至はメンバーとの付き合いをやめた。高校が全寮制だったことに加えて、いつまでも不良の真似事をしていられないという思いがあったようだ。彼の目には農家を継ぐ未来が見えていた。

事件へ

高校生活は、中学時代とは比べものにならないほど充実していた。友達もすぐにでき、勉強や実習は苦にはならなかった。先生からの信頼も厚く、同じ寮にいた自閉症の生徒の世話係を「聡至なら」と任された。

一年の一学期が終わり、夏休みに稲美町の実家に帰ることになった。親の目には、たった数カ月で息子が別人になったようにたくましく映った。学校で同級生たちに囲まれ、夢を持って励んでいるのがつたわってきた。

夏休みの間、聡至は親の農作業の手伝いをしたり、地元の友人と会ったりしてすごした。中学でつるんでいた不良グループのメンバーとだけは距離を置いていた。彼らはフリーターをしながら暴走族に入り、窃盗や恐喝をくり返していたからだ。

八月十日は、地元の花火大会が開催される日だった。聡至は友人と一緒に遊びに行ったところ、たむろしている不良グループのメンバーに遭遇した。彼は面倒なことになるのが嫌だったので立ち去った。

不良グループのメンバーは、聡至に避けられていることに気づき、彼だけが高校生活を楽しんでいることへの嫉妬から逆恨みするようになる。そして十二日後の未明に事件が起こるのである。

その夜、田畑に囲まれた家は虫の音につつまれていた。両親は朝が早いので午後十時には床につくのだ。部屋にいた聡至のポケベルが鳴ったのは午前○時頃のことだった。不良グループのメンバーからだった。聡至が連絡を取ると、こう言われた。

「ガソリン入れるポンプを持ってきてくれや。今、おまえの家の裏の神社におるから」

聡至は断るわけにいかず、家を出て神社へと向かった。

神社には五台の盗んだバイクが並び、主犯の和也ら十四歳から十六歳のメンバー十名が顔をそろえていた。和也は聡至を見るなり「付き合いが悪うなった」などと言いがかりをつけてきた。

メンバーは数十分前まで自転車に乗っていた同級生のカップルを襲撃していたこともあ

って気が立っていた。一人が聡至を蹴りつけたのをきっかけに、ほかのメンバーも一斉に襲いかかって集団リンチをはじめた。

聡至は身の危険を感じ、走って逃げだした。メンバーはバイクにまたがって追いかけ、聡至を押さえつけた。今度は角材やバイクをつかい、入れ代わり立ち代わり聡至が動けなくなるまで暴行した。

母親の由美子は供述調書を見た時の思いをこう語る。

「十人は神社やその周辺、三ヵ所で一時間以上にわたって聡至をリンチしたんです。供述調書の内容はあまりに残酷で読み進めないほどやった。聡至を裸にして、角材で滅多打ちにしたり、順番に一人ずつ殴りつづけたり、バイクで何度も轢《ひ》いたり……。さらに逃げる聡至を追いかけて暴行をつづけた。

最初、聡至はひたすら謝っていたそうです。『ごめんなさい』『もう無視したり逃げたりせえへん』って。六十回以上も命乞いをしたけど、彼らはリンチをやめんかった。気絶して泡を吹いていても、ゲーム感覚で鉄パイプなんかで殴りつづけ、火のついた煙草を耳に突っ込んだり、局部に押しつけたりした。あんな恐ろしいこと、人間のやることやあらへん。

聡至は動かなくなってしまった。バイクで何度もはねられて引きずり回されれば当然です。見ればこのままでは危険だってわかっていたはずなのに、誰一人としてやめようとか、救急車を呼ぼうとは言わんかった。そして彼らは聡至を神社に裸で放置してその場から離れたんです」

この後、メンバーはカラオケへ遊びに行ったようだ。

家族が事件を知ったのは朝になってからだった。夜明け前の午前四時頃、家に一本の電話がかかってきた。事件の直前に同じ不良グループから襲われたカップルの男性だった。彼は自分たちが襲われた後に、聡至が呼び出されたことを知って心配して電話してきたのだ。

「聡至君はおりますか」

由美子と夫の康文は初めて部屋に聡至の姿がないことに気づいた。だが、友人は詳しいことを言わずに電話を切ったので、何が起きたかわからず、畑仕事に出かけることにした。

午前五時頃、畑で農作業をしていると神社の方向から救急車のサイレンが聞こえてきた。由美子も康文も特に気にすることなく仕事をしていた。さらに一時間が経った時、畑の間の一本道を通ってパトカーがやってきた。

警察官が由美子に言った。

「そこの神社で成人男性が倒れていました。怪我をしていたので、さきほど病院へ運んだのですが、身元がわからないのです。何かご存じありませんか」

由美子は「成人男性」と言われたので息子ではないだろうと思ったが、念のため見に行くことにした。

神社に到着すると、異様な光景が広がっていた。何台ものパトカーが止まり、大勢の警察官が現場検証を行っていたのである。警察官に付き添われて現場へ行ってみると、遺留品の赤いポロシャツと白いズボンが落ちていた。一目で息子のものだとわかった。

「これ、うちの子のです！」

警察は目の色を変え、由美子を警察署へつれていき、康文を病院へ急行させた。

警察署で何をしたのか、由美子の記憶はぽっかりと抜け落ちてしまっている。ただ、康文から電話があり、「聡至の容態が危険だ」と言われたことだけ覚えている。

後で由美子が病院へ向かい、ベッドに横たわる聡至を見た時、あまりの変わり果てた姿に愕然とした。暴行を受けたため全身がパンパンに黒く腫れ上がり、煙草を押しつけられた箇所は焼けただれ、耳はぐちゃぐちゃに変形していた。耳元に口を近づけて呼びかけても、まったく応じない。一体何をすれば、こんな大怪我を負うのか。

医師は言った。

「脳挫傷で非常に危険です。脳死状態なので、助かっても植物人間になる可能性があります」

由美子はベッドの脇にひざまずき、「お願い、目を開けて！　聡至！　何か言うて！」と叫んだ。

それから八日間、由美子と康文は病院に通い、回復を祈りつづけた。だが、聡至は一度も意識を取りもどすことのないまま、新学期がはじまる九月一日に息を引き取った。

形ばかりの謝罪

事件後、十人のメンバーの一部は逃亡していたが、一人また一人と逮捕されていった。無職や大工見習い、それに中学生までもが含まれていた。

聡至を失って以来、由美子と康文はなぜ息子が殺されなければならなかったのか疑問だった。息子にここまでひどい暴行を受ける理由があったのか。メンバーが逮捕された後、警察に何度も尋ねたが、「少年事件なので」と真相を教えてくれなかった。

事件の翌月、十人のメンバーは家庭裁判所で少年審判にかけられた。事件があまりに重大である場合、逆送といって検察に送られて成人と同じ刑事裁判が開かれ、証言はすべて公にされる。だが、この事件では少年審判に留まり、被害者遺族は蚊帳の外に置かれ、その日程さえ教えてもらえなかった（現在は、被害者やその家族は少年審判に参加することが可能になっている）。

由美子と康文は、事件の全容を知りたい一心で、加害少年の家族を家に招くことにした。この地区には三百世帯しか住んでおらず、警察に教えられなくとも犯人の名前は漏れつたわってきていた。それで由美子たちは、親たちに線香をあげに来るよう求め、仏壇の前で彼らが知っている情報を聞き出そうとしたのである。

加害少年の親たちは遺影の前で知っていることを話したが、満足のいくものではなかった。親たち自身も子供がなぜ事件を起こしたのかわかっていないばかりか、世間体ばかりを気にしていたのだ。

ある親はこう語っていた。

「警察に逮捕された息子がタオルを鑑別所に持っていった。事件のことで息子はとてもナイーブになっている。もしかしたらタオルをつかって自殺してしまうかもわからへん……」

なぜ遺族の前で息子の自殺の心配ができるのか。

事件から二カ月後、家庭裁判所は加害少年十名の処遇を決めた。二名は初等少年院、八名が中等少年院へ送られた。全員の在院期間は、おおむね一年四カ月から一年八カ月だった。それを聞いた時、由美子も康文も悔しさのあまり言葉を失った。こんなつらい思いをするくらいなら、もう死んでしまいたい。それが正直な気持ちだった。

二年後、加害少年たちは一人残らず少年院から出院してきた。由美子と康文は事件直後同様に失意の底にあったが、加害少年の親には子供たちが出院したら、家に線香をあげに来るようつたえていた。彼らが事件と向き合って反省しているのかどうかたしかめたかったし、事件の動機や経緯を教えてほしかった。

加害少年たちは出院した順に親にともなわれて家にやってきた。彼らは仏壇の前で手を合わせ、頭を下げて謝るものの、反省を感じることはできなかった。「すみませんでした」とは言うのだが、事件に対していかに向き合い、どのようにして償っていくかまったく考えていないのだ。

このままでは、彼らはもとの生活にもどるのではないか。由美子と康文の胸の中にそんな不安がよぎった。

それは的中した。少年たちはまた同じグループでつるむようになり、何人かは暴走族に加入した。改造したバイクにまたがって爆音を轟かせ、あちらこちらで窃盗や暴行など非行をくり返したのである。

小さな町なので、由美子は外出先で彼らと遭遇した。ある時はスーパーで特攻服を着てたむろしているのを見かけ、ある時はイベント会場で楽しそうにはしゃいでいるのに出くわした。早々に子供をつくって結婚している者もいた。

――なぜうちの息子が殺されて、あいつらがのうのうと生きているのか。

彼らを町で見るたびに、怒りに体が震えた。

そんなある日、由美子はまたまた出先で加害少年たちが暴走行為をしているのを目撃した。まだ十七歳なのに車を運転している者もいた。体がわなわなと震え、いても立ってもいられなくなり、保護司に連絡をした。

「あなたが担当している子が暴走族みたいなことをしてます!」

保護司は少年の行動を見守る役目があるはずなのに、「わかりました」と言うだけで動こうとしない。逆に、「高松さんのところは口うるさい」と陰口を叩かれた。

近所の目も冷ややかだった。外で由美子が談笑していれば、「あの親は息子が殺されたのにヘラヘラしている」と言われ、法事で涙を流せば「いつまでも泣いている」と非難された。さらに、由美子が記者のインタビューに答えれば、「ずいぶん偉くなったな」と嫌味を言われた。

由美子はこの時の思いを語る。

「地元の人たちは事件のことをさっさと忘れて、あの少年たちを受け入れていました。町民運動会が開催された時、少年たちが参加してみんなと楽しそうにしているのを見かけましたからね。なんで地元の人たちは加害少年にこんなにやさしいんやろうって思います。

保護司も更生させようとしないし、近所の人たちは加害少年をあっさりと受け入れる。法律も町も世間も、みんな犯罪者にやさしく、被害者につらい。そんなことって許されますか。でも、それが現実なんです。被害者にはそんな苦しみを訴えるところすらないんです」

そしてついに、恐れていたことが起こる。加害少年たちの一部が傷害事件や、警察に対する公務執行妨害で捕まったのである。事件後もまったく反省の色を見せず、窃盗や暴力行為をつづけ、周りもそれを見て見ぬふりをしていた末に起きた出来事だった。この中には事件の主犯格だった和也も含まれており、彼については二度目の少年院送致が決まった。

由美子は、加害少年たちは聡至のことを忘れてしまっているのだろうと確信した。だから、ためらうことなく、再び事件を起こすことができるのだ。彼らの中で、事件がなかったかのようにされていることが許せなかった。

「少年事件の遺族は、事件の内容すら知らされず、少年たちが外に出てきて自由に楽しく生きているのを見ていることしかできません。どうしようもないくらいに悔しいですよ。でも、何もできない。そうこうしているうちに、またあの少年たちが事件を起こして少年院へ入っていった。これじゃ、なんのために聡至は殺されたんでしょう」

加害少年たちの身勝手な証言

事件から三年後、由美子と康文は民事訴訟を起こすことを決めた。

加害少年たちは口先で謝罪をするだけで、事件の真相を語ろうとしない。少年院の矯正教育も役に立たないばかりか、地域住民さえ事件を遠い過去のものとして忘れかけている。もはや加害少年の責任と親の保護者責任を民事訴訟で問うしかないと考えたのだ。

訴訟までの道のりは平坦《へいたん》ではなかった。法律のことを何もわからないまま、法律事務所を訪ねたが、親身になってくれる弁護士はなかなか見つからなかった。それでも自分たちで調べたり、被害者団体で相談をしたりして、ようやく三人の弁護士をつけ、加害少年と保護者合計二十九人を相手取って民事訴訟を起こすことができた。

裁判になったことで、由美子たちは少年たちの供述調書を手に入れることができた。分厚い紙の束には、少年たちが取り調べで話した内容が細かに記されていたが、由美子たちは一部に目を通すので精一杯だった。深夜の神社で一時間以上にわたって行われた壮絶な暴力の数々はとても冷静に読み進められるものではなく、知れば知るほど逆に加害少年たちがなぜここまでひどい行為に及んだのか理解ができなかった。

どうして謝っているのに許さなかったのか、どうして角材で立ち上がれなくなるまで殴ったのか、どうして泡を吹いて意識を失っているのに救急車を呼ばなかったのか……。

裁判では、被害者遺族がじかに被告人に質問することは認められていなかったが、由美子と康文はどうしても自分の口から質問したいと頼み込み、三つだけ許してもらった。「なぜリンチしたのか」「聡至が何かしたのか」「なぜ救急車を呼ばなかったのか」である。

裁判では少年たち一人ひとりが証言台に立ち、その質問に答えた。だが、返ってきたのは、誠意のない言葉だった。次は一例である。

康文　暴行の途中でなぜやめられなかったか、聞きたいです。

少年　……わかりません。

康文　これほどの暴力を受けるほど、聡至はあなたに何をしたんですか。

少年　……裏切られた気持ちがありました。

康文　聡至を裸のまま放置し、なぜ救急車を呼んでくれなかったのか。

少年　朝になったら、一人で帰りおるやろうなと思ったから。

康文　その後放置したままなぜカラオケに行けたの。

少年　……。

主犯格の和也は、弁護士から少年院を出た後に暴走族に入った理由について尋ねられて「まじめにしててもおもしろくないというのが一番の理由です」と答えた。そして殺意に関しても次のように否定した。

弁護士　工具で殴ったことは認めるね。
和也　はい。
弁護士　後頭部を殴ったとき、高松君の命があぶない、死ぬかもしれないと思わなかったの。
和也　思わなかったです。暗かったんで、どうなっているとかがわからなかったです。
弁護士　突起部分で頭殴るんでしょう。
和也　はい。
弁護士　死ぬかもしれんと思わなかったの。
和也　思わなかったです。

加害少年たちのこうした証言を、由美子たちは悲嘆の中で聞いていた。少年院に二年近く入っていて何を学んだというのか。三年経って、今なお事件を直視して生き方を正そうとしないのはなぜなのか。もはや同じ人間とは思えなかった。

唯一の救いは、裁判所が加害少年と親の非を認めたことだった。裁判長は双方に責任があるとして十家族に対して合計一億四〇〇〇万円の損害賠償を命じたのである。当然の判決だが、これまで裏切られつづけてきた由美子たちにとってまっとうな判決が出たことの方がむしろ驚きだった。

図10　賠償金支払い状況

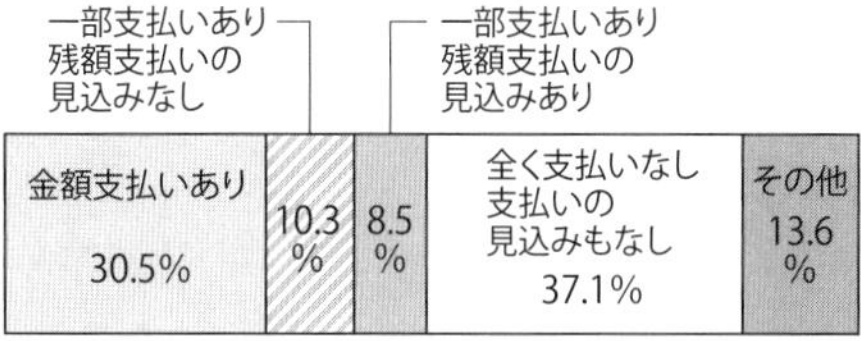

法務総合研究所研究部 報告（2000年）より

この損害賠償を、十組の家族は分担して支払うことになった。原則的には等分することになり、一家族あたり一〇四〇万円。一度に支払うことができないため、月々の支払い額は六万円と決められた。

だが、間もなく由美子と康文は、加害少年や親たちの不誠実さを目の当たりにすることになる。十家族中四家族は経済的に困窮していることを理由にまったく支払わずに行方をくらましてしまったり、最初の何回かだけ払ってその後はピタリとやめてしまったりしたのだ。

こうしたことは、なにも珍しいことではない。法務省によれば、損害賠償請求に対しまったく支払わなかった者は三七・一％になり、全額を支払った三〇・五%よりも多いのだ（これは殺人事件以外の損害賠償請求も含む）。聡至の事件の場合は、十家族のうち六家族が支払いに応じたが、それでも加害少年自身が全額を支払った家はひとつもない。みんな親に代わりに払ってもらっていた。これでは加害少年が責任を果たしたことにはならない。

さらに数年してこんな出来事があった。

事件の主犯格の和也が、今度は二十歳をすぎて恐喝で逮捕されたのである。由美子はそれを知って裁判の傍聴へ行った。すると、和也が法廷で事件を起こした理由として、驚くべきことを述べたのだ。

「高松さんに損害賠償を請求されていて、そのお金を支払うために脅し取ったのです」

由美子は耳を疑った。和也はこれまで暴走族に入ってバイクに乗って非行をするなどさんざん好き放題しておきながら、損害賠償の支払いは親に押しつけていた。にもかかわらず、恐喝で逮捕されたら、まるで損害賠償のせいで犯罪に手を染めたと言わんばかりの言い訳をしたのだ。

立ち上がって和也のこれまでの悪行の一切合切をぶちまけてやりたくなったが、傍聴席で悔しさを飲み込むほかになかった。

遺族にとっての二十一年

　事件から二十一年が経ち、加害少年たちは三十代の後半になった。彼らの中には未だに稲美町で暮らしている者もいるが、その大半は家庭を持って事件などなかったかのように平然と暮らしている。たまに町で会っても、気づかないふりをして通りすぎるだけだ。

　現在、由美子は事件を語る講演活動を全国で行っている。少年院、少年鑑別所、少年刑務所といった施設から、学校や法律関係のシンポジウムまで幅広く赴いて、遺族の立場から事件について話しているのだ。

　きっかけは事件後に少年院の法務教官に対して被害者遺族の立場から体験を話す機会を得たことだ。由美子が思いを語ったところ、その場にいた法務教官の一人がこう言った。

「あの事件の加害少年は、私が勤めていた少年院にいたんです。私は加害少年と罪の重さについて話し合いましたし、彼の態度から更生したと思い込んでいました。でも、ご遺族から見ると、まったくちがう現実がそこにあったんですね。私たち指導をする立場と、ご遺族の立場とで、ここまで開きがあるとは想像もしていませんでした。これからは、もっと高松さんのような当事者の方に話を聞いた上で、少年たちと接して更生について考えなければならないと思いました」

由美子は、日本の矯正教育が被害者感情とはかけ離れたところで行われていることを知った。そして遺族の無念を少しでも知ってほしいと思って講演活動をはじめたのだ。

彼女は語る。

「事件が起こるまで、殺人なんて自分には遠い世界の話やと思っていました。地方で細々と農家をしていてそんなことに巻き込まれるなんて想像もしとらんかったんです。そんな中で事件に遭遇して、立ち直れないほどに打ちのめされて、生きる希望さえ見いだせなくなりました。そんな私の心の支えになったのは、被害者団体や被害者支援をしてくれる弁護士や大学の先生方との出会いです。事件のトラウマ、少年法の不公平さ、少年たちの更生の在り方などを語り合うことで一連の出来事を整理し、自分の体験を踏まえて社会に問題提起をしていこうと考えられるようになったのです。周りに支えられ、そういう機会をいただけたからこそ、今までやってこられたんやと思います」

由美子は「全国犯罪被害者の会」(二〇一八年解散)に加わるなどして少年法の改正など数多くの問題提起をしてきた。その仲間や活動が、由美子の壊れそうな心を支えていたのだろう。

ただし、公の場では何度も体験を語っておきながら、由美子は二人の息子たちと事件について一度も話したことがないという。

「事件当時、聡至の弟たちは小五と中二でした。事件が起きた当初は詳細がわからんかったし、民事裁判でわかった内容はあまりに悲惨やったので、説明することができませんでした。また、弟たちと同じ学校に、加害少年の弟がいたこともありました。思ったのが、弟たちを『加害者』にしてはいけないということでした。事件の全貌や犯人の名前を教えれば、弟たちが復讐をしたり、グレたりして加害者になってしまうかもしれない。それが心配で触れることができんかったのです。もちろん、今は二人とも三十歳を超して社会人になっていますので、インターネットなどで事件のことはわかっていると思いますし、私が講演に行くことも知っています。それでも深くは訊いてきませんし、私からもしゃべりません」

息子たちにとっても、事件はいまだに話題にしてはならないものなのだ。

「悲しいのは、私が講演やマスコミの前でしゃべると、近所の人たちが『まだ事件について語っている』と嫌な顔をすることです。彼らにしてみれば、とっくの昔に終わったことで、今になって掘り返すことじゃないっていう気持ちなんでしょうね。でも、私の中では終わるわけがないんです。一生涯この事件とともに生きていかなければならない。それが遺族の感情なんです」

遺族だけが、二十一年前の事件発生当時に置き去りにされているのだ。

最後に私は、少年院での矯正教育についてどう思うか質問してみた。由美子はしばらく考えてから答えた。

「私が犯人の少年たちに願ってきたのは、聡至の命を奪ったという過去ときちんと向き合って反省し、正しい道を進んでほしいということです。何も難しいことを言っているつもりはありません。再犯をしない、聡至のことを忘れない、ちゃんとした生活をする。それだけです。それなのに、彼らは少年院を出てからずっと期待を裏切ってきました。暴走族に入って、再犯をして、損害賠償を払わない。いつしか自分の中で彼らの更生をあきらめるようになりました。これ以上何かを望んでも自分が苦しくなるだけなんです」

さらにこうつづける。

「犯人たちは事件のことを忘れたのでしょうが、私は一日たりとも思い出さない日はありません。聡至が生きて、あんなつらい目に遭ったということをいつまでも記憶してあげなければかわいそうですよね。私にできることは、聡至について語りつづけることなんです。周りからは『いつまでも事件のことを話してる』と言われますが、それでも構いません。いつまでも聡至のために語るつもりです」

加害少年が事件をなかったことにするなら、自分が代わりに語り継ぐということなのだろう。

インタビューを終えた後、私は聡至の部屋を見せてもらった。そこは時間が止まったように、聡至が生きていた当時のままになっていた。ベッドも、漫画も、プラモデルも、何もかも二十一年前と同じなのだ。

由美子はつぶやいた。

「どうしても片づけられないんです。ゴミ箱の中身さえ捨てられないんです……」

部屋の入り口に立ちすくみながら、私は由美子の心の傷がまだ少しも癒えていないことを感じずにいられなかった。

香取市暴走殺人事件——被害者母の独白

ブレーキをかけずに突進

「誰でもよかった。とにかく、親父を困らせるために人を殺したかった」

二〇〇八年十一月十日、息子の（澤田）智章はそんな理由によって、見も知らぬ十九歳の少年によって軽トラックにはねられ、命を奪われました。大学を卒業して三年目の二十四歳の時のことでした。

　智章は四人きょうだいの次男でした。長男、智章、長女、次女の順です。子供の頃は身体的にも精神的にも弱いところがあったのですが、高校生で少林寺拳法を部活ではじめたのがきっかけで、みるみるうちに男らしくなりました。練習はかなりきつかったようですが、それでも最後までやり遂げたことで大きな自信になったようです。

　埼玉県内の大学の経済学部に入学後は、一年間、都内の専売所に住み込みで新聞配達の仕事をしながら大学に通っていました。四人きょうだいだったので経済的に十分な支援をしてあげられず、苦労をかけました。新聞配達と学業をこなすのは大変だったらしく、一年で普通のアルバイトに移り、そのぶん勉強を頑張るということで簿記の勉強にのめり込み、二十歳で簿記一級を取得しました。

　そんな努力を認めてくれたんでしょうね、智章は千葉県内の地銀から内定をもらいました。すでに長男と長女は家を出ていましたし、次女も大学進学を希望していました。それを考え、地銀ならここ（成田の実家）に住みながら通えると考えて受けてくれたようです。本当に家族思いの子でした。

　赴任先は、家から三十分くらいの香取市にある支店でした。智章は毎日朝早くに家を出て、午後の九時頃に帰ってくる生活をしていました。事件があった年、高三の次女は大学受験を控えていて、智章に進路のことを相談していたようです。

　十一月十日は、いつもと変わらない平日でした。智章は午後七時過ぎに仕事を終え、先輩と一緒に駅に向かって歩いていたようです。その時、後ろから一台の軽トラックが時速七、八〇キロの猛スピードで突進してきました。運転席でハンドルを握っていたのが、加害少年でした。

　加害少年は、父親の営む建設・造園関係の会社に勤めていたようです。その父親とはずっと折り合いが悪く、この日も激しい叱責を受けていたのだとか。それで加害少年は「人を殺せば、憎い親父に迷惑をかけられるし、家で顔を合わせなくても済む」というあまりに身勝手な考えで、車で轢く相手を探していたようです。

　最初に狙われたのは、高校生だったそうです。加害少年は軽トラックでその子をはねて殺害に成功したと思ったみたいですが、実際はカバンか何かに当たっただけで失敗していました。その後、加害少年は「もう一人殺さなければ重い罪にならない」と考えて、新たな標的を探したところ、前を歩いていたのが帰宅中の智章だったんです。

　加害少年はブレーキもかけずに突進してきたそうです。隣を歩いていた先輩の話では、一瞬のことだったとか。ものすごい音がしたと思ったら、智章は飛ばされて民家の塀にぶつかり、そのまま道路に叩きつけられました。周囲の人たちは二度の衝突音をはっきりと聞いています。カバンが三〇メートル飛ばされたといいますから、よほどの衝撃だったののでしょう。
先輩が駆け寄りましたが、すでに意識を失っていました。後でわかるのですが、智章は全身の骨折、脳挫傷、内臓破裂をしていました。先輩は何度も声をかけました。

「澤田！　大丈夫か」

智章は目を開くことなく、いびきをかきはじめたそうです（筆者注・終末期の人間は筋力の低下で酸素を吸えなくなり、いびきをかくことがある）。この時点でもうダメだったんでしょうね。

それでも商店街の人たちが駆け寄ってきて智章の治療に当たってくれました。タオルやハンカチを集めて出血を押さてくれたり、頭を傾けて気道を確保してくれたりしたそうです。先輩は動揺しながらも一一九番をして救急車を呼び、支店で残業している同僚を呼びました。その同僚の一人が、うちに電話して事故を教えてくれたのです。

あの時間、私は台所仕事をしながら主人と週末に行く予定の紅葉見物について話していました。電話が鳴ったので出ると、銀行の同僚の方にこう言われました。

「澤田君が事故に遭いました。今、救急車を呼んでいる最中です！」

電話越しに救急車のサイレンが聞こえていたので、大変なことになっているのだろうとは想像がつきました。

智章は救急車で旭市内の病院へ運ばれ、私たちもそこへ駆けつけました。病院での光景は目に焼きついています。智章は集中治療室に運び込まれていて、お医者さんや看護師さんが数人がかりで対応していました。臓器が傷ついているので、輸血をするそばから出血してしまうんです。それでも輸血をするので、体が異様な形に膨れ上がっていました。

危険であるのは一目瞭然でしたが、看護師さんから手術承諾書や入院手続きの書類へのサインを求められると、手術や入院の余地があるなら助かるかもしれないと無理にでも希望を持ってしまう自分がいました。

午前一時半頃だったと思います。警察の人たちが病院にやってきて、私と主人に言いました。

「事故を起こした犯人が捕まりました。十九歳の少年です。故意にはねたとのことなので、殺人未遂事件として対処します」

殺人と聞いて呆然としましたが、次に浮かんだのは未成年なら罪が軽くなってしまうかもしれないという不安でした。

警察が去った後も、私と夫はベッドの両脇に立って智章を見守っていました。心電図の音が病室に鳴り響き、映画の世界にいるようでした。先生からはこう言われていました。

「やれることはやりました。あとは、奇跡を信じましょう」

奇跡を信じるってことは、助からないってことですよね。頭ではわかっていましたが、どうしても認めたくなかった。智章は助かるって思いたかった。私も主人も、意識がもどってくれることを祈りました。

でも、現実は残酷でした。明け方の六時二十五分、智章は一度も目を開くことなく死亡したのです。

加害少年の生い立ち

事件から約半年後、千葉地裁で刑事裁判が開かれることになりました。

加害少年は智章をはねた後、そのまま軽トラックで近くの交番へ駆け込みました。警察官に「さっき車で二人轢いて殺してきた。さっさと俺を逮捕して親父から助けてくれ」と言ったそうです。十九歳だったことから家庭裁判所で少年審判が行われたのですが、事件の重大さから逆送されることになり、千葉地裁で裁かれたのです。

加害少年のあまりに勝手な主張はメディアでも大きく報道されていました。加害少年は軽度の知的障害がある上に粗暴な性格で、取り調べの段階からかなりトラブルを起こしていたみたいです。質問にはまともに答えず、ちょっとでも意にそわないことを言われれば、警察だろうと検察だろうと、怒鳴り散らして飛びかかっていたようです。

　また、留置場か少年鑑別所にいる時、同じ部屋にいた暴走族の少年に対する暴力事件も起こしています。この理由も浅はかで、加害少年は暴走族の少年に殺人事件を起こしたことを自慢したら、相手にしてもらえなかった。それで、加害少年は「話を聞いてくれなかった」と言っていきなり殴りつけたんです。相手の少年は全治十日でした。

　こんな調子ですから、裁判が無事に進むかどうか不安でした。被害者参加制度が導入されたばかりだったので、私は家族とともに裁判に出席したのですが、検事さんや弁護士さんからは、加害少年の能力や性格を考えると公判で質問をするのは難しいだろうと言われていました。

　裁判で明らかになったのは、加害少年の複雑な生い立ちと、父親に対する異様なほどの憎悪でした。

　加害少年が住んでいたのは千葉県内のある町でした。父親は怖い感じの人で、建設・造園関係の会社を経営していました。母親は自分の名前を言えないほど重い知的障害がある女性で、父親の方が彼女の家に転がり込んできて、そのまま居ついて結婚したということでした。加害少年の上に一人お姉さんがいるのですが、彼女もまた知的障害があるそうです。つまり、四人家族のうち父親以外みんなに知的障害があるということです。

父親はそんな子供たちを虐待していたそうです。暴力の内容まではわかりませんが、そのせいで加害少年はどんどん性格がねじ曲がっていって、いろんなところで人とぶつかるようになったみたいです。中学三年時は、まったく学校へ行っていませんでした。

中学を卒業した後、父親は加害少年を自分の会社で働かせました。会社にはおじさんという人が専務でいて、父親同然に暴力的な人で、「行儀が良くない」「仕事を覚えない」といった理由で、暴力をふるっていました。さらに、会社は刑務所の出所者をたくさん雇っていたので、荒っぽい人が多かったみたいです。

日々暴力にさらされる環境で、加害少年は暴れることが多くなり、外でくり返し傷害事件を起こしました。その都度、父親は相手のところに菓子折を持って謝りに行き、事件をもみ消していました。この時に捕まって少年院に行っていれば、智章の事件は起きていなかったかもしれません。

加害少年の心は限界に達していて、いつ爆発するかわからない状態だったのでしょう。それでも、事件を回避できる可能性はありました。事件の一年前、彼はあることで警察に捕まったのです。

その年、父親は休暇を取ってハワイへ旅行に行きました。少年も誘われたけれど、父親といるのが嫌だったので、「僕は行かない」と一人だけ家に残った。そしたら、父親はハワイから頻繁に電話をしてきて、あの仕事をしろ、この仕事を終わらせておけ、と命じてきた。

加害少年は嫌気がさし、父親の不在中なら家出できると考えて家を飛び出しました。でも、それは知的障害のある彼の衝動的な行為であり、計画性はまったくありませんでした。青森へ行ったまではよかったのですが、お金がなくなり、無銭飲食をしたところ、あっけなく捕まったのです。

彼は取り調べを受けている最中、必死になってこう訴えたようです。

「父のもとに帰りたくない。千葉には帰りたくないんだ。お願いします」

家に帰って再び虐待されるのが恐ろしかったのでしょう。

しかし、青森の担当者はそうした事情をくみ取らずに父親に連絡をしてしまいます。父親は帰国し、青森まで迎えに来ました。加害少年はその顔を見た途端、恐怖からなのか、ぴたりと何も言わなくなり、つれもどされたそうです。

千葉に帰った後、加害少年は家庭裁判所で少年審判を受けることになりました。裁判官は、青森での取り調べの内容から、加害少年が父親とともにいたくないと話していたことを知っていたはずですが、保護観察処分にして父親のもとへ帰しました。

この一件から事件にいたるまでの一年間、加害少年は父親からの虐待にさらされていたのでしょう。事件の日は、加害少年は父親から激しく叱責されて、極度の不安な状態にあったようです。そして、家に帰れば父親からまた暴力をふるわれると思ったらしく、会社の軽トラックを運転しながら「誰でもいいから殺せば父親を困らせることができる」と考えた。ノイローゼみたいになっていたのかもしれません。それで猛スピードを出して、道を歩いていた智章をはねて、尊い命を奪ったのです。

「未成年だから死刑にならない」

裁判に現れた加害少年は、言葉、行動、風貌など何もかもが普通とはちがいました。私は代理人の弁護士とともに顔が見えるところにすわっていましたが、加害少年は常にいらだっていました。集中力がつづかず、傍聴席をキョロキョロ見回したり、いきなり立ち上がったり、ブツブツ独り言をつぶやいたりする。体をしきりにゆすってもいました。

怖かったですね。法廷にいた人はみんな、いつか暴れるんじゃないかって思っていたはずです。公判中は、五人の屈強な刑務官が加害者少年を取り囲んで非常事態に備えていました。加害少年が変な動きをはじめると、なだめて落ち着かせるんです。

証言台に立った加害少年は、父親への恨みを口に出していました。

「仕事のことで親父に怒られてケンカになった。イライラしてそれで（事件を）起こした」

「親父と一緒にいたくない。人を殺せば、刑務所に入れる。だからやった」

「逮捕されても、未成年だから死刑にならないし、すぐに出られると思っている」

「もしシャバにもどって、その時に親父が生きていたら、またデカイことをしてやろうと思ってる」

反省の弁は一言もなく、父親が悪いの一点張りなのです。自分の思う通りに話が進まないと、興奮して暴れることがありました。裁判で大きな騒ぎを起こして退廷を命じられたのは合計三回です。

最初は、弁護士がつれてきた証人の女性に対して怒りをあらわにしました。その女性は擁護するために、事件が起きた一因は少年の知的障害にあるという話をしたのですが、彼は父親のせいじゃなく、自分のせいだと言われたと受け取ったようです。いきなり目つきを変えて法廷で暴れはじめたんです。刑務官に取り押さえられて退廷させられました。

二回目は弁護士に対してです。弁護士が父親のことについて話をしていたら、突然こう叫びました。

「(父親とは)二度と会いたくないと言ってるんだ!」

そして弁護士の方に飛びかかっていった。この時は、止めに入った刑務官が殴られて、眼鏡が壊れる事態になりました。

眼鏡は少年の父親が弁償したようですね。ほかに拘留中に暴れて部屋を壊したこともあり、それも父親が弁償したのだとか。事件前もそうだったようですが、あの父親は息子に手を上げるくせに、少年が起こしたことをお金で解決しようとするのです。

最後の三回目は裁判長に対してでした。何かの折に、裁判長が少年の態度を咎めたところ、逆上して机を蹴って壊したんのです。裁判長の言葉遣いに、何か気に入らないことがあったのでしょう。裁判長が少年を退廷させたことで、その後にあった私たちの意見陳述を彼が聞く機会は失われました。

これらのことを見て思ったのは、加害少年は理性がなく感情をそのままストレートに行動に出すということです。彼の中には父親への憎悪があり、それをきちんと受け取ってもらえなかったり、父親にされていたように押しつけられるような言われ方をすると、怒りに火がついて止まらなくなる。

逆に言えば、加害少年の立場に立ってちゃんと話を聞いてあげればおとなしくなります。ずっと父親の視点で暴力を受けてきたから、自分の立場になってほしいという願いが人一倍あるんじゃないでしょうか。

こんな状態だったので、法廷で加害少年に質問をするのは難しいと思い、弁護士と相談して質問の内容を小学生でもわかるくらい短くし、弁護士と練習をくり返しました。そこまでやったにもかかわらず、最初の被告人質問は実現しませんでした。被告人質問の途中で、加害少年が暴れて退廷を命じられたため、私たち遺族からの質問が中止になってしまったのです。

翌日に裁判は再開されましたが、加害少年は気分を害していて、最初から「今日は無理。俺、帰るわ」などと騒いでいました。これでは難しいかなと思っていたところ、弁護士の尽力でなんとか質問が実現しました。

私と夫は簡潔に三つの質問をしました。まず、夫が二つのことを尋ねました。

――でかい事件を起こそうと思ったのか。

「でかいことをすれば五年くらい（刑務所に）入っていられる」

――死刑になったとしても人を殺したのか。

「少年だから死刑にならない」

たったこれだけですが、じかに言葉を聞けただけ奇跡でした。最後に私が質問をしました。

――男の人（智章）のことをどう思いますか。

「申し訳なかったです。すみません」

加害少年が初めて語った謝罪の言葉でした。ただ、心から謝られたという実感はまったくなく、むなしさだけが残りました。

加害者の出所が怖い

裁判で、私と夫は極刑を求めていました。しかし、下された判決ははるかに軽いものでした。

五年から十年の不定期刑。

判決をどう思うのかはそれぞれでしょうが、求刑の際は首をかしげたくなるところもありました。弁護側と検察側が足並みをそろえるようにして、まったく同じ五年から十年の不定期刑を求刑し、裁判長はそのままそれを認めたのです。普通は弁護士が軽めの求刑をし、検察が重めの求刑をして、裁判長が間を取るものです。三者がまったく同じ刑を求めるなんて異例ですよね。

おそらく、加害少年の異常な言動を見て、これ以上裁判をつづけても意味がないと考えたのではないでしょうか。控訴したところで、高裁で同じように暴れたり、暴言を吐いたりするのは目に見えていますから、検察官、弁護士、裁判官が話し合って妥当な判決にしたのだと思います。

彼らの気持ちがまったくわからないではありませんが、遺族にとっては納得のいくものではありません。息子を殺されて、これで終わりにするわけにはいかないと思い、話し合った末に民事訴訟を起こすことを決めたのです。少年だけでなく、保護者である父親、そして会社に損害賠償を求めました。

私たちについてくれた弁護士の先生方は本当によくやってくださいました。葬儀の後、智章に少林寺拳法を教えてくださった先生からご紹介いただいたのです。弁護士の先生は「自分の弁護士費用は結構です」と言ってコピー代だけしか受け取らず、最後までボランティアでやってくださいました。こういう先生に巡り合えただけでも、智章が少林寺拳法をやっていて良かったと心から思いました。

民事裁判では、一億六〇〇〇万円の損害賠償請求が認められましたが、実際に支払われる可能性は低いと言わざるを得ません。それなのに周りから「お金が入っていいね」と言われたことがあったんです。なんでそんなことが言えるんでしょうかね。命に値段なんてつけられるわけないじゃないですか。逆にお金で智章が帰ってくるなら、いくらだって払ってあげたいです。あんなふうに言われるのは悔しくて悔しくて……。

民事訴訟では父親の保護責任も認められましたが、私の知っているかぎり反省をしている様子はありません。父親の会社で働いている従業員から聞いたのですが、父親は「どうせ慰謝料で取られるくらいなら自分でつかっちまえ」と言って一晩で一〇万円以上飲み食いをしたり、新車を買ったりしたそうです。

また、別の従業員の女性を「智章の銀行の顧客」と嘘をつかせて、この家に送り込んできたこともありました。私たち家族のことを調べようとしたみたいです。さらに父親は知的障害のある娘と刑務所から出てきた男性従業員を結婚させて、ゆくゆくは後を継がせようとしているなんて話も聞きました。あの親にしてこの子ありという感じです。

法律の上ではこれ以上打つ手がないので、あの父親に何をされても私たちは黙っているしかありません。もう私たちの方が、あの親にはかかわりたくないという気持ちです。

加害少年は、今年で少年刑務所に入って九年目です。来年には出所してくるでしょう。判決の言い渡しの際、裁判長は加害少年にこう言っていました。

「あなたの更生を期待します」

九年間、加害少年から一度もちゃんとした謝罪を受けていません。最初は関東の少年刑務所にいたのですが、今は他県の施設へ移されているようです。理由は教えてもらえませんでしたが、中で問題を起こしたのでしょう。

少年刑務所では、矯正教育も行われていて、簡単な様子は少し教えてもらっています。公にしてはならないので申し上げられませんが、九年間いてまだこのレベルかと思うくらいの成果しか出ていないそうです。きっと事件を起こした時とさほど変わらない状態で、来年には社会に出てくるのでしょうね。

出所したらどうなるのか、考えるだけで恐ろしいです。裁判で、父親は加害少年を受け入れることはないと言っていますし、加害少年は自分を父親のところへ帰したらまた「デカイこと」をすると言っています。再び重大事件を起こすのではないでしょうか。

残念ながら、ああいう子は更生できないと思います。少年院や少年刑務所の指導は、通り一遍のもので、用意されているプログラムを機械的に当てはめていくだけです。個人の特性を見極めていると言っても、うちの子を殺した加害少年をきちんと更生させることができるかどうかは疑問です。

もちろん、すべての少年に対して指導が無意味だって言うつもりはありませんよ。少年の中には今の矯正教育で十分な子たちもいるはず。それでも、うちの事件の加害少年のような者には、そうではない指導が必要だということなのです。

約十年間、少年事件とかかわってきて感じるのが、判決にせよ、矯正教育にせよ、ひな型に当てはめているだけだなっていうことです。これぐらいの事件なら何年、こういうタイプの少年ならこういう教育といったように決まったことをしているだけです。

本来は、判決にしても、矯正教育にしても、その子の内面まできちんと考えて適切な決定を下さなければなりません。そういうところが抜けているから、少年事件の再犯はなくならず、その結果として苦しむのは遺族や新たな被害者なんです。

国の責任とは

少し前に、テレビで刑務所の法務教官の人数が足りないと言っていました。厳しい職場なのでなり手が少ない上に、離職率が高いのだとか。本当に加害少年を更生させたければ、少年院にクーラーをつけたり、クリスマス会を催したりするのではなく、優秀な人材を集めて意味のある矯正をすることの方が大切だと思いますが、どうなんでしょう。

少年法における適用年齢の引き下げが話題になった時、偉い大学の先生方がこんなことを言っていました。

「被害者や遺族は、刑の厳罰化を求めている」

もちろん、罪に見合った刑が下されるべきです。でも、それだけじゃない。その上で、加害少年たちを生まれ変わらせるようしっかりと教育をするべきなんです。それが国の責任なのではないでしょうか。

事件からもうすぐ十年が経ちます。今でもはっきりと覚えている夢があります。智章が旅行へ行く格好をして現れる夢です。

事件が起こる少し前、智章が私のところに来て「今度グアムに行くんだ」って言ったことがありました。年頃の男の子ですから一人で行くわけがありませんよね。いい人でもいるのかなと思いましたが、あえて訊きませんでした。

十一月十日の事件の後、智章の遺体は検案のため警察に預けられていました。その最中、突然年配の女性から連絡があり、こう言われました。

「うちの娘がお宅の息子さんと交際していました。事件のことを知り、娘はひどく落ち込んでいます。ぜひ一度ご自宅にお邪魔させていただけないでしょうか」

智章がグアムへ行く相手でした。

お母様と娘さんは、それから何べんもうちに来てくださいました。娘さんは「清楚」という言葉が似合う本当に素敵な方でした。

グアムへ行くはずだった日は、智章の葬儀になってしまいました。葬儀にも彼女はお母様と一緒にいらしてくれました。あの夢を見たのは、その後のことです。夢の中で、智章は旅行へ行く格好をしていました。

翌朝目を覚ました時、私は智章が彼女とグアムへ行きたかったから夢に出てきたんだろうなと思い、涙が止まりませんでした。智章は人生設計をするタイプで、遺された手帳には将来のことが細かく書き記されていました。生きていたら、彼女と結婚して幸せな家庭を築いていたんでしょうね。

加害少年は、「誰でもよかった」と言って息子を殺しました。しかし、事件の犠牲者は被害者だけじゃないんです。被害者の家族も、友人も、恋人も、恩師も、周りにいるあらゆる人たちを不幸に陥れるんです。だからこそ、国は絶対にそういう事件が起きないようにしなければならないし、加害者を出所させるなら二度と同じことをしないように取り組んでいかなければならないのです。

こうした私の思いが加害少年にどれだけつたわっているかはわかりません。ただ、加害少年が理解しないのならば、せめて他の人にわかってもらいたいと思って事件のことについてお話ししました。何かのお役に立てたのだとしたら嬉しいです。

西尾市女子高生ストーカー殺人事件

事件の朝

事件の日の朝は、夏の灼熱《しゃくねつ》の陽射しが照りつけていた。町のいたるところで鳴く蟬《せみ》の声が、夏の盛りであることを知らせている。

時は一九九九年の八月。高校は夏休みに入っていたが、九日は登校日だったため、高校二年の永谷英恵《はなえ》は友人と一緒に自転車で県立高校へ向かっていた。

校舎から約五〇〇メートルのところにある国道二十三号線の高架下に差しかかった時、不意に自転車に乗った私服の少年が近づいて声をかけてきた。彼は英恵とは中学、高校の同級生だったが、高校一年の時に中退していた。

英恵と友人は、その少年に対していい印象を抱いていなかった。二人が学校へ行こうとすると、少年が突然ペティナイフを取り出して言った。

「こっちに来い！」

少年は二人を引き離して英恵だけをつれていこうとした。

その時、同級生の男子生徒がたまたま二人の横を通りかかって、どうしたのかと言った。少年は英恵と二人だけで話があると答えて男子生徒を追い払うと、ペティナイフを英恵に突きつけたまま進みはじめた。周辺には登校中の同級生の姿もあったが、誰一人として事態に気づいていない。

友人はこのままでは英恵の身に危険が及ぶと思って後を追おうとした。英恵の声がしたのは、その時だった。

英恵が隙を見てとっさに少年が持っていたペティナイフを奪って捨てたのだ。友人は慌てて路上に転がったペティナイフを拾い上げた。これで大丈夫だと思った。

だが、次の瞬間だった。

「痛い！」

英恵の悲痛な声が響きわたった。見ると、少年は別のナイフを握りしめ、英恵の左の胸を突き刺していたのである。くずおれる英恵の背中に、彼はもう一度力いっぱいナイフを突き立てた。

「何やっとるの！」

友人が叫ぶと、少年は英恵をつれて逃げようとしたが、刺された彼女は歩くことができずにアスファルトに倒れ込んだ。口から血を吐き、傷口からは大量の血が溢れる。

友人は周辺の人に向かって叫んだ。

「誰か、助けて！」

ようやく事態に気づいて高校の生徒たちが足を止めたり、近所の人が出てきたりしたが、英恵の出血は止まらず、血の海は無情にも広がっていく。

少年は、動けなくなった英恵をつれていくのをあきらめ、駆けつけた別の同級生の女の子にナイフをつきつけて人質にした。

人だかりが増えるなか、少年は女の子を人質にとり、その場から離れようとした。興奮しているのか、独り言をつぶやく。

「もう一回刺しに行こうかな」

「俺は一年間、あいつを殺そうと思っていた」

「永谷を本当は今日、ナイフで刺して家につれていってレイプしようと思っとった」

彼は長らく英恵に狙いを定め、ナイフで刺して強姦しようと計画し、ついに実行に移したのである。

やがて、高校の教師たちが生徒から報告を受けて駆けつけた。教師たちは少年を取り囲み、人質の女の子を解放するよう求めた。

少年は追いつめられたことで逆上し、女の子に「うつぶせになれ！」と命じた。女の子が言いなりになって地面に伏せると、その背中を足で踏みつけて教師たちに叫んだ。

「警察が来たらこの子を放すから、これ以上来んで！」

そしてもう一度女の子を立たせて高架下の階段までつれていくと、ナイフを向けたままつぶやいた。「俺には友達がおらんじゃね」「俺、今十七歳だもんで、永谷を殺してもたぶん何年かで出てこれるもんで」……。つよがりなのか、本気でそう思っているのか、女の子にはわからなかった。教師たちも近づくことができない。

パトカーがサイレンを鳴らして現場に到着したのは、英恵が刺されてから十五分ほどが経った時だった。警察官は少年に近づいて、ナイフを捨てて投降するよう呼びかけた。

少年は警察相手では勝てないと思っていたのだろう。抵抗する様子も見せずに女の子を解放して言った。

「早く手錠をしてください」

そしてナイフを道路の脇の田んぼに投げ捨ててすわり込んだ。八時四十七分、警察官は少年を逮捕した。

加害少年の妄想

加害少年が育ったのは、愛知県西尾市内の市営住宅だった。居間の他に六畳間が二部屋あったが、家庭は荒んだものだった。

両親が結婚した翌年に長男として生れたのが加害少年だ。父親は酒とギャンブルに溺れていて、加害少年が物心ついた時には無職同然。母親の方は工場のパートなどで収入を得ていたものの、生活は常に不安定だった。にもかかわらず、六人の子供を次々ともうけたというから、家族計画といったものはなかったのだろう。

父親は結婚前からサラ金で多額の借金を抱えていて、夫婦はそのことでケンカが絶えなかった。返済など頭になく昼間はパチンコ店、夜はスナックに入り浸り、母親から借金のことを言われれば逆上して殴る蹴るの暴行をする。家庭内暴力は日に日に激しくなっていき、時には父親が母親を引きずり回して暴行するようなこともあった。近所の人たちによれば、夫の怒鳴り声や妻の悲鳴がしょっちゅう響いていたそうだ。

こう書くと、家庭内不和の原因が父親だけにあるように思われるかもしれない。だが、母親自身にも人格的な問題がかなり見られた。事件を取材したノンフィクションライターの藤井誠二によれば、母親の言動はまさに「奇行」とも呼べるものだったという。おそらくは父親だけでなく、母親にも問題があり、それが泥沼の家庭内暴力を生んだのではないか。

両親がこのような状態だったので、子供たちはほとんど構ってもらっていなかった。特に長男である加害少年は家庭内暴力の矢面に立たされ、自らも暴力を受けることもあった。こうした家庭環境が、彼の心を傷つけたことは想像に難くない。

加害少年が中学校に入学した後、ようやく両親は借金の調整裁判を行って経済的な問題を整理した。だが、加害少年は虐待の影響からか、すでに人間関係を築けない性格になっていた。常に無表情で感情を表に出さず、空気を読まない言動ばかりで、同級生から気持ち悪がられていじめられることもしばしばだった。

これが加害少年の心をさらに傷つけた。彼はストレスから万引きなど徐々に非行をつみ重ねるようになり、注意されても、暴言を吐くなど反抗的な態度をとった。

これは劣悪な家庭環境から非行に走る少年の典型的なパターンだと言えるだろう。そんな彼が思春期になって出会ったのが、同じ中学の英恵だった。

加害少年は中学一年の時に、ひょんなきっかけから英恵に恋愛感情を抱くようになった。だが、彼が抱く恋愛のイメージは当初から歪んだものだった。彼は父親が持っているアダルトビデオの影響からレイプに興味を持ち、英恵をそうしたいと思った。それは一時的な妄想で終わらず、中学三年の時に英恵に告白してフラれたことをきっかけに、具体的な欲望として膨らんでいく。

検察の調書には少年の言葉が次のように記されている。

「『俺が好きなのを知っていながら、他の男と付き合うなんて』と英恵が憎たらしくなり、英恵を殴ってやりたいと思うようになりました。英恵を殴ったら気持ちいいだろうし、英恵が泣いたり痛そうな顔を（するのを）見るのが楽しみだし、僕の気持ちを思い知らせてやろうと思ったのです」

彼が攻撃性を英恵に向けるようになったのは、この頃に生活環境が変わったことも影響していただろう。移り住んだ個人住宅の庭にプレハブ小屋が建てられ、加害少年は隔離されるように家族から離れてそこで暮らすようになった。一人で密室に閉じこもる中で、想像をどんどんたくましくしていったにちがいない。

彼は神戸連続児童殺傷事件の犯人である少年Aを崇拝し、自分も同じような事件を起こしたいと考えていた。少年Aが声明文の中で自らを「酒鬼薔薇聖斗」と名乗ったのを真似て、自分のことを「猛末期頽死《もうまつきたいし》」と名乗って英恵へ脅迫めいた手紙を送りはじめる。

加害少年は手紙以外の方法でも英恵への嫌がらせをしていた。アダルト画像に英恵の顔を合成するために英恵に付きまとって写真を撮る。恐喝目的の手紙を靴箱に入れる。いたずら電話をかける。登下校中に後をつける……。

変質的な行為をくり返しながらも、レイプや殺人といった事件を起こさなかったのは、英恵と同じ高校へ行きたいという願いを抱いていたからだ。内申書だけはよくしなければという気持ちから、最後の一線を越えるのを踏みとどまって勉強に励み、なんとか同じ高校への合格を果たした。

「殺人カウントダウンを開始する」

晴れて入学した高校での生活は、加害少年が思い描いていたようなバラ色の世界とはほど遠かった。英恵との距離が縮まらないばかりか、同級生の輪に入れず、入学して間もなく不登校になる。プレハブ小屋に引きこもった彼は、自分だけが置き去りにされたという劣等感に苛まれ、さらに妄想を膨らましていく。

この時の彼の異常な欲求は、日記の中に見て取れる。次はその一部である。

「本当にＨＮ（英恵）を銃撃しそうなほど、活発に妄想活動を続ける僕だが、やるなら近いうちにＨＮと話をしなければならない。話す内容は今のところ、①今も好きだが、性欲は強い攻撃性を帯びている。②お前のような光のような存在は壊したくなる。光と闇は対立するもの。悪とは壊す心。善があるから悪もある。③お前が世に存在し続けるなら、俺はお前を好きであり続けてしまう。お前が消えれば俺はふつうになれる、の３つだ」

別の日記には、こうも書かれている。

「ＨＮとｓｅｘか話でコミュニケーションをとり、好意を持てたら傷害をせずに済むかもしれない。僕だって犯罪者にはなりたくない。だから、必ずＨＮと話し買春に挑戦しようと思う。ＨＮとｓｅｘできれば極楽だ。今僕はＨＮに対し、レイプしたい、銃で傷害したいという感情が97％だ。これで好きと言えるか。とにかく、ＨＮと話すか買春するかして好意を持てなかったら、又、勇気が出ず話すらできなかったら、話しても嫌われたら銃で傷害しようと思う」

中学の時には痛めつけてやりたい、困らせてやりたいで止まっていた衝動が、具体的な殺意へと変わっているのがわかる。

加害少年が高校を中退したのは、一年の二学期に入る前だった。待っていたのは、孤独だった。家では両親の家庭内暴力がつづいており、弟や妹と話すことはなく、友人と呼べる者はいない。気をまぎらわすことさえできなかった。

プレハブ小屋で一人悶々とする毎日を送りながら、たまに外に出ていっては意味のない非行を重ねる。自転車を盗む、万引きをする、高校の校舎に侵入して消火器をまく……。もはや自分でも何のためにそれをしているのかわからなくなっていただろう。こうして彼は翌年八月九日の殺人事件へと突き進むのである。

事件の四日前、加害少年は日記に「殺人カウントダウンを開始する」と書き込んだ。殺人事件を起こすことを宣言したのだ。彼は何度も遂行計画を練り、何度もシミュレーションをしては、同級生が驚愕する様子や、警察が駆けつける光景を思い浮かべてほくそ笑んだ。

ついに八月九日の朝が訪れた。彼はいつも通り朝食を食べた後、二本のペティナイフをタオルに包んでプレハブ小屋を出る。そして自転車にまたがり、まっすぐに国道二十三号線の殺害現場へと向かっていったのだ――。

裏切られた願い

裁判は、九カ月後に開かれた。少年審判で逆送が決まり、殺人の罪で刑事裁判にかけられたのである。

取り調べ段階から、加害少年は常人には理解しがたい主張をくり返した。「やってないことを思い出して付け加えている。頭の中では、三〜四回刺したり、レイプしたり。やれなくて残念だった。ほとんど何もやってないような、つまらない気分です」と答えたり、「メッタ刺しにしなかったことをとても後悔している。英恵が生きていて騙されているんじゃないかという気がする」と語ったりしたのだ。

また、裁判の前には英恵の両親に当てて手紙を送っているのだが、その内容も信じがたいものだった。一部を抜粋する。

「大変申し訳ない話なのですが、僕はこれだけ酷いことをしておきながらも『早く外に出たい』と思っており、当然のことながら『できるだけ長生きしたい』と思っています」

公判中に出した手紙には次のようにある。

「初公判で僕は初めて永谷様が僕の死を望んでおられるということを知りました。ある程度、予想はしていたものの、やっぱり僕はそのことが怖かったです。（中略）僕は死にたくはないし、僕が死ぬとまた人に迷惑をかけてしまうので死ぬわけにはいきません」

ここには反省の気持ちはなく、ひたすら無責任な言葉が書き連ねられているだけだ。

公判の中でも、加害少年は同じような言葉を連発した。事件を起こしたのは、自分がいじめに遭ったストレスが大きく影響していて、やむをえなかったのだという持論を展開。脈絡もなく「将来は結婚したい」と言いだすこともあった。

弁護士は日記に書かれた妄想を根拠に、加害少年は虐待など劣悪な環境からくる人格障害があったとする精神鑑定の結果を提出した。そして重い刑罰を下すべきではないとした。

父親の永谷博司は語る。

「加害少年の妄想や言っていることが尋常じゃないのはわかります。不幸な家庭環境が原因だっていうのも一理あるでしょう。でも、彼は計画性を持って殺人事件を起こしているんです。パソコンの操作にも詳しかったし、娘と同じ高校へ行くほどの学力もあった。それなのに、人格障害っていう病名をつけて罪を軽くするべきだなんて言われるのは、被害者遺族からすればたまったもんじゃありませんよ。それで加害少年は『長生きしたい』とか『幸せになりたい』とか言っているんです。弁護士は加害少年を守るために『病気』という言葉をいいように利用しているとしか思えません」

遺族を傷つけたのは、加害少年の言動や弁護士の態度だけではなかった。加害少年の親までもが保護者としての責任や反省を示さなかったのである。

たとえば、事件が起きてから、博司は相手側の両親に対して謝罪と誠意ある対応を求めた。保護者として、加害少年が起こしてしまった事実ときちんと向き合い、親としての責任について考え、再発防止に取り組んでもらいたいと願っていたのだ。

だが、父親は線香をあげにも来ず、母親の方は自分勝手なことばかり主張した。博司が加害少年の日記を読んで事件の全容を理解してほしいと求めると、母親はあの日記には「嘘が書いてある」「読めない」「息子が読むなと言っている」と言って目を通そうともしない。

博司は言う。

「子供も子供なら、親も親ですよ。これでは、事件が起こるのは当然ですよね。こうした事件で親に責任がなく、息子も病気だから仕方がないということになったら、世の中はむちゃくちゃになってしまいます。でも、そのむちゃくちゃを認めようとしているのが裁判所なんです。少なくともあの当時の僕はずっとそう感じていました」

裁判での審議が終わり、裁判長が言い渡した判決は次の通りだった。

懲役五年から十年未満の不定期刑。

そして加害少年の病理も認められ、少年刑務所ではなく、医療刑務所への送致が決まったのである。

博司たちはこの判決に納得できず、民事訴訟を起こした。加害少年に加えて、両親の保護者としての責任も求め、損害賠償請求をしたのだ。民事裁判では、両親にも責任があったことが認められ、加害少年と両親に対して八九〇〇万円の支払いが命じられた。いっぺんに支払う能力がなかったことから、双方の弁護士同士が協議して毎月三万円ずつ支払うことで合意した。

民事訴訟は、博司にしてみればお金が欲しくてやったのではない。経済的な負担を背負わせることで、加害少年や両親に事件を忘れさせたくないという願いからだった。だが、そうした願いは呆気なく裏切られる。加害少年の両親は合計十回三〇万円を払っただけで、それ以降はぴたりと支払いをやめたのだ。日常生活をすごしておきながら、「金がないから払えない」と言い張って応じなくなったのである。

――せめて反省だけでもしてほしい。

そんな願いさえ、加害者の親には届かなかったのである。

加害少年からの手紙

事件から十年が経った二〇〇九年、加害少年は判決の通り医療刑務所を出所した。

医療刑務所で、どのような矯正教育を受けたのか、博司たちにはほとんど知らされることはなかった。本人からの連絡は途絶えていたし、両親も月命日に線香をあげに来ると言ったきり、姿を現すことはなかった。

出院後、加害少年は半年ほど病院の精神科に入院し、その後は実家で父親と暮らしながら通院していた。つまり、病気が治らぬまま出所し、虐待していた親との同居を再開したことになる。

博司に言わせれば、出所後の彼の言動は更生のかけらも感じられなかったそうだ。送られてきた五通の手紙によれば、バイトをはじめたらそこの店長に事件のことを知られて、被害者遺族に損害賠償を支払うように言われたという。それゆえこれから月に一万五〇〇〇円程度のバイト代から一〇〇〇円を払いますと書かれ、一度だけ現金書留で送ってきたことがあったが、支払いはそれきりで、以降現金書留が届くことはなかった。

しかも手紙には次のようにあった。

今、僕は事件を基にした小説を大学ノートに書いています。何故そんなことをしているかといいますと、お金のためです。完成したらどっかの文学賞に送るつもりです。まだ書き始めたばかりです。将来は小説も詩も書ける物書きになり、それで得たお金

で永谷様への慰謝料８９００万円をはらいきるつもりです。（中略）

僕が事件を起こしたことは誰にとっても損失です。でもその損失イコール失敗を利益に変えたいと思っています。結局金が欲しいんじゃねえかという非難は甘受します。おもしろい小説を書きたいので、ふざけた小説にするつもりです。ですから永谷様が読むと、あまりにひどい内容に憤死してしまうでしょう。ですから永谷様は読まないほうがいいでしょう。誰にどう思われようと、僕が小説を書くことを辞めさせる権利は誰にもありません。どうして人は破滅すると分かっている道を歩いてしまうのだろうと思います。

これを読み、博司は怒りより絶望を感じた。このままでは絶対に新たな犠牲者が出る、と思った。

最後の手紙が届いてから八カ月後、博司は新聞の記事を読んで唖然とした。加害少年が再び犯罪を起こしたのである。

記事によれば、被害に遭ったのは二十三歳の女性だった。二〇一二年八月にたまたま街を歩いていたところ、三十歳になっていた加害少年が包丁を持って現れ、「気持ち悪いと言っただろう」と因縁をつけて押し倒した。そして女性の腕をつかみ、乱暴に引きずり回したのだという。幸い、命は無事だった。

翌年に豊橋の裁判所で公判が開かれると聞き、博司は会社の仕事を休んで傍聴に行った。自分には加害少年の今を見届ける義務があると考えたのだ。罪状は「銃刀法違反、傷害罪」だった。

法廷に、おとなになった加害少年の姿が現れた。博司はその顔を見て昂る気持ちを抑えられず、思わず声をかけた。

「おい、俺のことを覚えているか！」

加害少年は目を向けようとしなかった。

公判がはじまると、博司は十三年ぶりに加害少年のふてぶてしく、身勝手な主張を聞くことになった。今回の事件について、次のように発言したのだ。

「親が貧乏で、ガスを止められた。追い詰め（られ）ると大量殺人を空想した」

「自分の人生がむちゃくちゃなので、他人の人生もむちゃくちゃにしてやりたかった」

「大量殺人をする空想ばかりしていたから、今回は起こるべくして起こった事件」

「今回の事件は自殺のようなもの。自分で死ぬ勇気がなかったので人を襲った」

「やっぱり死刑になったら嫌だなと思って大量殺人はやめた」

英恵の事件の裁判で聞かされた発言と変わらぬ、利己的で被害妄想に満ちた言葉だ。

さらに、裁判で十余年前に英恵の事件を起こしたことを指摘されると、彼は医療刑務所での矯正教育についてこう語った。

「(服役中に)人命を尊重する教育などを受けたが意味なかった。(こういう教育は再犯を防ぐ意味で)逆効果になると本で読んだ」(「朝日新聞」二〇一三年三月二日)

博司は全身が怒りで震えるのを感じ、傍聴席から睨みつけた。だが、加害少年は終始涼しい顔をしていた。

すべての審議が終わり、裁判長が出した判決は次だった。

懲役一年八カ月。

刑務所では、少年のそれとは異なり、ほとんど矯正教育は行われない。加害少年の人となりを考えた時、その判決はあまりに軽いものだと博司は思わずにいられなかった。

誰にも被害者になる可能性がある

現在、博司は事件があった時に住んでいたのと同じ家で妻と共に暮らしている。

加害少年はすでに刑務所から出所しているはずだが、どこでどうしているかはわからないという。損害賠償についても、本人が一〇〇〇円、親が三〇万円払っただけで、あとは未払いのままだ。民事訴訟にかかった費用さえ取り返すことができずにいるのだ。加害少年も親も、事件を忘れてしまったかのように生きているのだろう。

博司は事件をふり返って語る。


あれから十九年の月日が経ちましたが、英恵を失った悲しみは事件当時のままです。妻は今も毎日仏壇に向かって手を合わせていますし、私も毎週お墓参りをしています。同級生は三十代半ばになって家庭を持っている人もいますが、未だにうちに来てくれたり、連絡をくれたりしますね。

英恵の誕生日はバレンタインデーの二月十四日だったので、毎年この日にはケーキを買って妻と食べています。よく英恵が生きていたらどんなふうになっていたかって考えますが、うまく想像ができないんです。私の中の英恵は、事件があった十六歳の時のままなので、結婚とか、出産とかを思い描くことができないんです。

今はこうして事件のことを話せますが、英恵を失った直後は目の前が真っ暗になって死んだ方がましではないかと思ったこともありました。犯人も、親もあんな態度でしたし、何でこんな目に遭わなければならないんだって思いでいっぱいでした。

そんな中で心の支えになったのが、同じ少年事件の被害者の人たちの存在でした。いろんなマスコミの方が来ていましたが、ずっと私を追ってくれていた藤井誠二さんが裁判の判決が出た後、こう言ってくれたんです。

「僕は少年事件を取材してきたので、被害者の方々を知っています。よろしければご紹介しましょうか」

それで被害者団体の集まりに行くようになり、少年事件で子供を失った親御さんたちと知り合いました。なかには、少年審判で済まされて事件の内容すら知らない親御さんもいた。そういう人たちと話しているうちに、私なんてまだマシなんじゃないか、この人たちと活動をしていきたいと思うようになっていったんです。

今回の取材は更生に関する本の一環だと聞きましたが、私の体験から言えるのは、娘の事件の加害少年のように十年間医療刑務所にいても更生できない犯人もいるということです。原因が何であれ、世の中には彼のような人間が一定数いることはたしかなんです。

私の願いは一つです。

現在の裁判所の仕事は、犯罪者を刑務所に何年入れるかを決めることですが、将来刑務所から出所させるという前提があるのならば、何としてでも再犯をしないような人間にするべきです。それができないのに、判決通りの年月が経ったというだけで出所させれば、また何の罪もない人たちが犠牲になるんです。

刑務所に入るだけでは、人の命を奪った罪を償うことにはなりません。償いとは、自分の犯した罪の重さを認め、被害者や遺族にしっかりと謝罪の意を示し、二度と同じことをしない人生を歩むことではないでしょうか。

国には犯罪者の再犯を防ぐ責任があります。もし何かしらの事情で立ち直れない犯罪者がいるのなら、きちんと監視するべきです。あの加害少年は事件当時未成年だったので名前は公表されていませんから、国民はその存在を知ることができません。いつ誰がまた犠牲になるかもわからない状態のままなのです。

私は何も難しいことを言ってませんよね。国には国民の安全を守る義務がある。そのために矯正教育をちゃんとしてほしいし、もし更生しないなら別の方法で被害が拡大しないようにしてほしい。それだけなんです。

個人的なことを言えば、私はこれからも加害少年を追っていくつもりです。損害賠償請求は最初の支払いから十年しか有効ではないので、そろそろ時効で切れることになります。彼に支払いの意志も能力もないのは明らかですが、もう一度裁判を起こして延期を求める予定です。

延期の裁判をするためには、弁護士を雇わなければなりませんし、印紙代も含めて五〇万円ほどかかります。また、行方不明の犯人の居場所を自分たちで見つけなければならないとも言われています。おかしな話ですよね、被害者である私がこんな大きな負担を強いられるなんて……。

それでも裁判をするのは、殺された英恵のためなんです。親としては生きているかぎり、事件から逃れることはできません。犯人が事件を忘れて、行方をくらましたとしても、私は死ぬまで事件を抱えていくんです。だから、私はあらゆる法律をつかって、できるかぎりのことはしていく。国がしてくれないなら、自腹を切ってでもしなければならないんです。

本当はしたくないですよ、こんなこと。でも、それをしなければ生きていけないというのが、被害者遺族になるということなんです。こんな思いを、もう誰にもさせたくありません。

＊西尾市女子高生ストーカー殺人事件の犯人の日記と法廷での証言については『殺人を予告した少年の日記』（藤井誠二、ワニブックス）から引用いたしました。

第六章　非行少年は生まれ変われるのか

再犯をした理由

少年院を出た後、再び非行をして少年院にもどってくる少年は毎年一定数いる。なぜまた非行に走ったのか。二人の少年の証言を紹介したい。

・茨城農芸学院出身の元暴走族の少年

「年少に入ったばかりの頃は、規則に縛られて自由がまったくない生活が嫌でたまらないな。それまで好き勝手やってたのに、私語も許されなくなるからね。最初は規則を押しつけてくる職員に対して反抗的な態度をとったりするんだけど、長い目で見ると損をすることに気づいて、途中から一日でも早く年少を出るためにおとなしくしようって考える。反省したとかそういうんじゃなくて、年少の生活が嫌すぎるんだ。

更生しようと思わない理由は、いくつかあるよ。俺は小学校の時から不良やって生きてきて、先輩も周りもみんな年少に入った経験があったから、一年くらいぶち込まれたところでハクがつくくらいにしか思ってなかったね。

それに、年少で働く大人たちって口じゃ立派なこと言うけど、現実とぜんぜんちがうでしょ。地元で名前も顔も知られてて、事件まで起こした俺がもどったところで普通に働けるわけないじゃん。見つかる仕事なんてクソみたいなところばっかで、ろくでもない大人にこきつかわれるだけで、家族を養えるような給料さえもらえない。何より、昔シメた奴らに復讐されるかもしれない。そんなことするより、族の後輩をつかってカンパ募ったり、ヤクザ屋さんのカレンダーとか売ったら、黙ってたって数十万くらいの金は手に入るんだから、そっちの方がいいに決まってる。

俺は年少にいる間、外に出たら族にもどるか、ヤクザになろうと考えていた。それであらかじめ年少で会った気が合うヤツと連絡先を交換しておくんだ。電話番号をメモするのは禁止されているから、親に差し入れしてもらった本に一ページ一文字ずつ電話番号を記しておいて、出た後に連絡を取り合う。それで一緒に遊んだり、お互いの族同士で合同集会をしたね。そいつに頼まれて、いいドラッグのルートを紹介したこともあった。

二度目に少年院へ行ったのは十九歳の時だね。原因はつまらないケンカ。ある奴が俺らがドラッグを売って集めた金を持ち逃げしたんだよ。ソッコーで拉致して、見せしめのためにバイクで引きずったら大ケガさせちまって逮捕されることになった。あとちょっと遅かったら成人になって刑務所行くことになってたよ。危なかったな。年少に入るのはガキの時代の勲章みたいなところがあるけど、刑務所はドジ踏んだくらいにしか思われないから、入るだけムダなんだよ」

・愛光女子学園出身の薬物依存症の少女

「十五歳でクスリで捕まって愛光に入れられた時はショックでしたね。いけないことをしているのはわかってたけど、周りはみんなやってたし、家裁は初めてだったから、まさか私だけ少年院に行くなんて思ってもいなかったから。えーなんで保護観（保護観察処分）で済まないのって思った。

愛光に入っている間は、更生しようって思ってましたよ。クスリも抜けたし、売春も嫌な思い出しかなかったから二度とやりたくなかった。何より、少年院にいる子ってほとんどメンタル病んでいるじゃないですか。いきなり手首切ったりするし。こいつらみたいになりたくないってマジで思って、出院したら美容院とかレストランとか手に職がつく仕事をやって、ゆくゆくはちゃんと結婚したいって思ってました。

でも、社会復帰してもぜんぜんうまくいきませんでしたね。実家のマンションに帰ったら、ママがＤＶされていた前の旦那（彼女にとって義父）と別れて、新しい男をつれ込んでいたんです。仕事先のスナックの客だったみたい。

この男は自動車関係の会社でサラリーマンやってたんだけど、そのことを鼻にかけて偉そうに私に注意ばかりしてくるんです。冷蔵庫のものを勝手に食べるなとか、タオルが出しっぱなしだとか、携帯の請求書を見せろとか。一時間も二時間も説教されたこともあった。ブスとか言われたし。つーか、おまえ、一体何様だよって感じじゃないですか。

仕事もうまくいかなかった。近所のコンビニでバイトしてたんだけど、社員の男の人からセクハラされてた。私が少年院に行ってたのを知ってて、『俺ん家に泊まりにこいよ』とかキモいことばかり言ってくるヤツだったんです。

家でも男がうざいし、仕事場の上司もクソでしょ。それで、何もかも面倒くさくなっちゃって、家を出て、バイトも行かなくなって、昔の先輩の家に泊めさせてもらったんです。その先輩はクスリを売ってたから、家にあるのを好き放題やらせてくれて、毎日クスリをキメてセックスばかりしてた。

半年くらい、そんなことしてたかな。そしたら、先輩から『おまえ、そろそろ働けよ』って言われて、また援交をやらされたんですけど、友達に十八歳になってるから風俗で働けるよって言われて、途中からデリヘルで働くことにしたんです。途中で先輩がつかまっちゃってからは、その家を出て風俗の寮に暮らすようになりました。

そこでもクスリをやってましたね。だって、デリヘルの店長がジャンキーだったんだもん。安く売ってくれて仕事の合間ずっとクスリやってた。結局、警察がそれを知って店に踏み込んできて、店長と一緒に捕まったんです」

困難がつきまとう帰住先の調整

二人の例からわかるのは、少年院でせっかく半年ないしは一年くらい矯正教育を受けたところで、帰住先の環境が悪ければ、簡単に元の木阿弥《もくあみ》になるということだ。逆に言えば、それだけ少年たちにとって帰る先の環境が及ぼす影響は甚大なのだ。

そのため、少年院に収容された少年の社会復帰の準備は、入院と同時にはじまる。少年院の中で、この役割を担うのが「調査・支援」担当の統括専門官だ。彼らの主な業務は次の通りだ。

- 出院後の帰住先探し
- 医療施設等の受け入れ先探し
- 就学、就労支援
- 社会復帰のための保護者サポート

少年の在院期間は短期で五カ月、長くて二年ほどである。その間、調査・支援担当の統括専門官は、保護観察所や児童相談所、あるいは地域生活定着支援センターなどと連携して右記のような業務を行うのである。

筑紫少女苑の高橋真矩子は語る。

「少年院を出た後も、少年たちは二十歳くらいまで保護観察がつくことになります。帰住先の選定は少年の将来にとって重要である一方、調整には困難がつきまとうことも少なくありません。少年たちの一部が家庭に問題を抱えていることは周知の通りですが、親からの虐待のほかにも、親が精神疾患や知的障害を持っていたり、経済的に困窮していたりといろいろと複雑な状況があります。少年たち自身がそういう環境を嫌がって『親の元には帰りたくない』と言うケースもあれば、親の方がこれまで家庭内暴力などでさんざん迷惑をかけられてきたことから『子供とは縁を切りたいので引き取れない』と訴えてくるケースもあります。そうしたことをすべて加味して帰住地を調整しなければならないのです」

原則として、親や親族が受け入れる意思を表明しており、少年がそれを望んでいれば、実家へ返すように調整を行っていく。

親や親族は定期的に少年院にやってきて面会をすることが認められているし、少年院の側もそれを促している。家と少年院との間に距離がある場合、面会の代わりに電話で話をすることもできる。そこに高橋のような担当者が間に入って、親子関係の改善を図るなど環境を整えていくのだ。

一方で、親が望んでも、引き受けが認められないこともある。

「家庭で性的虐待が行われていたり、犯罪に相当するレベルの身体的虐待が行われていたりしていれば、少年が再び危険にさらされるとの判断で自宅への帰住は認められません。親が暴力団というケースも同様ですね。また、病気などで保護者の情緒が不安定で、家庭が安心して暮らすことのできる場所ではないと判断された場合も帰すことは難しくなります。あくまで少年が安全に住める環境であるというのが前提なのです」

では、親や親戚の家に帰れない場合は、どうするのか。

「実家や親族のところに帰れない場合、施設が新たな選択肢になります。更生保護施設や自立準備ホーム、もし少年に知的障害や重度の精神疾患がある場合は医療設備を備えた福祉施設へ入所してもらいます。それ以外では、もともと勤めていた企業の社長さんが引受人になってくれて、そこの寮に入ったりということもあります」

更生保護施設、自立準備ホームはともに、少年院(刑務所も含む)から出院した少年たちに適した帰住先がない場合、社会で自立して暮らせるようになるまで一定期間住まいを提供する場所である。前者は法務大臣の認可を受けた施設であり、後者は保護観察所に登録されたNPOや社会福祉法人が運営する施設だ。いずれも、国から委託費が支払われ、施設には生活を支援する専門知識を持った職員が常駐している。

ただし、少年に知的障害があったり、精神疾患をわずらっていたりして、すぐに自立するのが困難なこともある。こういうケースでは、そういう少年たちを受け入れている福祉施設などへ行くことになる。

さらに、企業の経営者が引受人になることもある。建設会社などは寮を持っていることがあり、経営者が少年をそこに住まわせながら生活から仕事の面倒までをみるのだ。

近年注目されているのが、職親《しょくしん》プロジェクトだ。日本財団の福田英夫が先頭に立ってはじめたもので、お好み焼き店チェーン「千房《ちぼう》」の中井政嗣《まさつぐ》、美容室チェーン「プログレッシブ」の黒川洋司、土木建築業「セリエコーポレーション」の岡本昌宏など非行少年の社会復帰に意欲的な経営者を集め、少年院在院中に少年と面接をして内定を出し、出院後に住宅や仕事、それに社会復帰に必要な教育を施す。場合によっては、社会に適応するための指導も行う。

家庭が受け皿にならない少年や、一人では社会復帰ができない少年たちに、企業の経営者がじかに手を差し伸べ、働きながら更生への道筋をつくっていくという試みである。

二〇一五年度に少年院を出た少年の引受人は次の通りだ。

・男子

実父母　二四％
実母　三八・六％
実父　一四・三％
実父義母　一・五％
義父実母　四・六％
更生保護施設・自立準備ホーム　五・八％
福祉施設　一・四％
その他　九・七％

・女子
実父母　一七・二％
実母　三三％
実父　一四・二％
実父義母　〇・四％
義父実母　七・三％
更生保護施設・自立準備ホーム　一二・九％

福祉施設　二・一％
その他　一二・九％

こうした中で、今、九州にある更生保護施設が脚光をあびている。家庭に帰ることができない少年たちを一定期間住まわせ、社会復帰させているのだが、非常に高い確率で更生しているというのだ。

さっそく訪れてみることにした。

田川ふれ愛義塾

少年たちを更生させる自信

福岡県に「筑豊」と呼ばれる地域がある。飯塚市、田川市、直方《のおがた》市などが中核となる一帯だ。

筑豊は、かつては炭鉱の町として栄え、全国から大勢の労働者が集まって活気に満ちていた。炭鉱王と呼ばれた麻生太吉（元首相・麻生太郎の曽祖父）が事業を成功させて財を成したのもこの町だ。

炭鉱に集まる者は、昔から気性の荒い流れ者が多かった。わけがあって地元にいられなくなった者や、借金を背負った者たちが、裸一貫でやってきて労働者向けの安価な住宅に住み込んで、「黒いダイヤ」と呼ばれる石炭を掘った。

事故と隣り合わせの環境で、労働者たちの間には、「宵越《よいご》しの金を持つのは男の恥」という考え方があり、日銭は夜のうちにすべて使い果たすのが習わしだった。毎晩のように、飲む、打つ、買うがそこらじゅうでくり返されていたのだ。

こうした荒くれ者の労働者たちの人材派遣をしたり、賭場を開いたりして多額の利益を得ていたのが地元の暴力団だった。彼らは行政にも深く食い込み、その力なくしては祭りや工事さえ円滑に行うのが難しかった。

だが、現在の筑豊には、そんな時代の面影はほとんど残されていない。一九六〇年代に起きたエネルギー革命（石炭から原油にエネルギー源が転換）によって産業が急激に衰退していったのだ。みるみるうちに町は寂れ、駅前には人影さえほとんど見当たらない。

そんな町の一角に、更生保護施設「田川ふれ愛義塾」がある。黒を基調とした一階建ての建物で、屋根の上の白い看板が特徴的だ。ここでは少年院を出て家に帰れない若者たちが社会復帰を目指して共同生活を送っている。

インタビューに応じてくれたのは、理事長の工藤良《りょう》（四十歳）だ。小柄だが、堂々とした風格で、表情は愛らしい。

田川ふれ愛義塾には、ちょうど前日も安倍晋三首相の妻の安倍昭恵が視察に訪れたという。私がまず尋ねたのは、なぜこの施設が注目されているのかという点だ。彼は落ち着いた口調で答えた。

「きっと少年専門の更生保護施設だからでしょう。日本には更生保護施設が百三カ所あるのですが、少年専門の施設はわずか三カ所しかないんです。しかも、他の二つは何十年と歴史のある施設です。逆に言えば、ずっと少年専門の更生保護施設がつくられてこなかったわけなんです。そういう意味では、うちにかかる期待は非常に大きなものだと思います」

なぜ少年専門の施設が少ないのか。

「更生保護施設は、もともとは未成年を保護するところからはじまっているんですが、歳月を経てどんどん成人の施設へと様変わりしていったんです。原因は、未成年の更生保護には、すごく手間がかかるからです。遊びたい年頃だし、言うことをきかないし、トラブルもしょっちゅう起こす。しかも二十四時間対応でしょ。大人が悪さをすれば自己責任といって切り離すこともできるかもしれませんが、未成年だとそうはいかない。うちは全国で唯一女子を専門にした更生保護施設を設けていますが、女子の扱いは特に大変なので、誰もやりたがらないというのが本音のところなんです」

後述するが、田川ふれ愛義塾には、同じ敷地内に男子用施設と女子用施設とがある。男子用施設は二〇〇九年から、女子用施設は二〇一六年から認可を受けてスタートしたのだ。工藤がこうした難題に取り組めるのは、少年たちを更生させる自信があるためだ。

「うちに来るのは、全国の施設で受け入れてもらえなかったような子ばかりです。でも、ここへ来てもらえれば大半の子を更生させる自信はありますし、現実にそうやってきました。更生なんか不可能だって言う人もいますが、あの子たちの目線に立って向き合っていけばうまくいくんです。僕やここのスタッフはもともと少年院出の子たちと同じようなことをしていたので、そのやり方がわかるというのが強みなのです」

ただでさえ自立に手がかかる少年たちを全国の少年院や医療少年院から集め、大半の更生に成功させている田川ふれ愛義塾とは何なのか。

その取り組みを見る前に、工藤がここをつくることになった経緯をたどってみたい。

苦難に満ちた足跡

工藤は、一九七七年に福岡県田川市で生まれた。炭鉱の産業が斜陽になっていたとはいえ、商店街にはまだ往年の活気が残っており、暴力団員や暴走族が大手をふって歩いている時代だった。

物心ついた時から、家庭は荒んでいた。日雇い人夫の父親は、酒と博打の日々で、多額の借金があったにもかかわらず、生活を改めようとはしなかった。

そんな父親が離婚して家を去ったのは、工藤が小学二年生の時だった。団地の狭い部屋に、母親と工藤、そして二歳の弟が取り残された。

母親はシングルマザーとしてスナックに勤めながら二人の子供を育てた。母親が疲れていたり、不在だったりする時は、小学生だった工藤が代わりに幼い弟の面倒をみた。

団地の住民が同情して声をかけてくれたが、生活は決して楽ではなかった。毎晩、母親に会いたいという気持ちから深夜三時過ぎまで起きて待っていたため、朝起きることができず学校を休みがちになった。借金取りが家に押しかけてくることもあった。学校の同級生たちはそんな工藤をいじめた。

工藤は学校が嫌いになっていたが、ある日、立場が一変する出来事が起こる。いじめっ子グループのリーダーと口論からケンカに発展した際に頭に血が上って椅子で殴ったところ、相手を負かしてしまったのだ。同級生たちの見る目が変わり、工藤は新しいリーダーに担ぎ上げられた。

この一件によって、工藤はケンカに勝ちさえすれば馬鹿にされず権力を握れるということを悟った。そして彼は不良の真似事をするようになり、小学四年生の時には中学生の不良グループに出入りし、五年生の頃には改造したバイクの後ろに乗った。正式に暴走族に加入したのは、中学入学と同時だった。

工藤はふり返る。

「小学生の高学年から十代の終わりまでは、不良漫画のような生活でした。ケンカ、窃盗、暴走の日々です。昔から田川の町には不良の世界が確固たるものとしてあったので、一度そっちに流されてしまったらどんどんエスカレートしていくような環境だった。最初は僕が一番年下でしたけど、いつの間にか後輩がたくさんできるようになり、族の総長に上りつめた時には四十〜五十人の不良を率いていました」

十八歳の時、工藤は逮捕されて少年院に送られることになった。出院した時、彼は暴走族を引退しなければならない年齢になっていたが、まともな就職先などあるわけもなく、旧知の暴力団のツテをつかって生きていくことを選んだ。暴走族は暴力団にバックになってもらうことから、引退後はその組に構成員として入るか、準構成員として生きるというのが不良たちの既定路線になっていたのだ。

工藤は親しくしていた暴力団から覚せい剤を卸してもらい、暴走族時代の仲間三十名ほどをつかって密売をはじめた。後輩たちの中にはグループでしばらく働いた後に、暴力団の構成員になることを選んだ者も少なくなかった。構成員になれば、無給の住み込みで一から見習いをしなければならないが、長い目で見れば立場は上がるのだ。

二十歳の時、工藤は現在の妻と結婚する。間もなく長女も生まれた。工藤は家族のために真っ当な道に進むことを考えたが、覚せい剤ほど金を稼げる仕事はなく、抜け出すことができなかった。

つけが回ってきたのは二年後のことだった。覚せい剤の使用によって、警察に逮捕されたのである。成人してからは一回目の逮捕ということもあって、執行猶予つきの有罪判決が下されたが、もう妻子を悲しませることはしたくないと思った。

工藤の言葉である。

「拘置所に入ったことで、自分のやってきたことを心から後悔しました。僕が拘置所に入れば、妻や娘が悲しくつらい思いをすることになるし、遅かれ早かれ仲間や後輩たちにも同じ思いを味わわせることになる。今、足を洗わなければ、二度と立ち直ることはできない。そんなふうに考えて、拘置所から出所した後、組の人たちに会いに行って頭を下げて『家族のために抜けさせてください』って頼み込んだんです。なんとか許してもらえることになって、僕だけがグループを去ることになりました」

妻は、夫が更生を決めたことを喜び、これまでかわいがってきた仲間や後輩の人生も立て直してあげてほしいと言った。

工藤は地元で名前も顔も知られていたことから、正業によって生きるのは容易ではなかった。すでに田川の町は経済的にもどん底に落ちており、家族を十分に養えるだけの仕事はほとんどなかった。パチンコ店、バキュームカーの運転などいくつもの職に就いたが、人間関係や仕事内容に耐えられずにすぐに辞めてしまった。社会は簡単には受け入れてくれなかったし、工藤自身も地に足をつけた生活に馴染むことができなかった。

工藤は当時をふり返る。

「ありとあらゆる仕事をしましたが、どれもつづかずに生活はボロボロでした。ついには生きていて何になるんだろうって自殺まで考えた。森に行って死のうと思っても、怖くて実行に移すことができず、自分の情けなさに落胆しました。どうしていいかわからずにお寺へ行って修行をしたこともありましたね。完全に迷走していました。更生がどれだけ大変なことなのか身に染みてわかりました」

かつての不良仲間からは白い目で見られ、社会の人たちからは自業自得だと相手にしてもらえない。孤立無援だった。

一〇トントラックで大事故を起こしたのは、そんな中でのことだった。奇跡的に一命を取り留めたことが、工藤にとって二回目の転機となる。ベッドの上でこんなことを考えたのだ。

自分が堅気になったのは、家族や仲間を幸せにするためではなかったのか。それなのに自分一人で苦しんでいるだけで、未だに誰にも何もしてあげられていない。初心に帰って行動しよう。

工藤は怪我が治ると、地元の仲間や後輩たちのもとを回り、「一緒に真面目に生きよう」と説得して回った。暴力団の構成員になった者や、覚せい剤依存症になっていた者は鼻で笑って相手にしなかった。

工藤はあきらめずに何度も彼らのもとへ行き、説得をつづけた。

「俺がおまえを誤った道へ引きずり込んじまったんだ。本当に申し訳ない。今からなら何とでもなる。だから一緒に立ち直って胸を張って生きていけることをしよう。それが家族のためにもなるはずだ」

何度も頭を下げてそう訴える工藤の姿に、仲間や後輩たちは一人また一人と心を動かされ、犯罪から足を洗った。だが、真っ当な仕事について堅実に生きていくのは簡単なことではない。工藤はそんな彼らを見て、バラバラで行動するのではなく、みんなで支え合ったらどうかと考える。

二〇〇二年、工藤がそんな思いで結成したのがボランティア団体「GOKURENKAI」だった。かつて総長をしていた暴走族「極連會」をローマ字表記にして、市内のゴミ拾いの活動をスタートしたのだ。全員が一つになって励まし合い、力を合わせていける場をつくりたかった。

更生保護施設の理想形

当初、町の人たちはボランティア活動を元不良たちの気まぐれとしか受け取らず冷ややかな反応を示した。暴力団から嘲笑されてゴミを投げられたこともあった。それでも工藤たちは活動をつづけたところ、徐々に一般の人たちが見直して応援しはじめた。これによって工藤は町の人たちとつながりを持っていった。

「ある日、新聞の記者さんが僕らの活動に目を留めて、ゴミ拾いの活動を大きく取り上げてくれたんです。この記事によって、一気に僕らの活動が知れわたり、記事を読んだ親御さんたちが問い合わせをしてきて、『うちの息子も暴走族に入っているので更生させてほしい』と頼まれるようになりました。僕としては何か役に立てばという気持ちで、そうした子供たちを自分の家に住まわせて更生の手伝いをしました。暴走族時代の経験から、彼らにどう接して何をさせればいいのかは直感的にわかりますからね。その子が更生すると、また評判になって新しい問い合わせがくる。だんだんと僕一人じゃ手に負えなくなって、ボランティア団体の仲間たちにも手伝ってもらい、活動を広げていったんです」

二〇〇五年三月、こうしてできたのが「田川ふれ愛義塾」だった。自宅が手狭になったことでアパートを借りて、そこに少年たちを住まわせ、更生の支援をしたのだ。

田川ふれ愛義塾は、更生保護施設の理想的な形だった。工藤のような元当事者たちが、非行少年たちと生活を共にしながら更生を目指す。少年たちにとって工藤は自分をわかってくれる「兄」のような存在であり、尊敬を持ってついていこうとする。工藤たちも少年の更生を支援することが、自分たちの自己肯定感につながる。

——他の施設がさじを投げた少年でさえ、田川ふれ愛義塾へ預ければ見違えるように更生する。

全国にそんな評判が次第に広まっていき、関係者からも注目されるようになった。

ただ、設立当初の田川ふれ愛義塾は、国に認められた施設ではなかったため、運営資金は子供を預ける保護者からの寄付か、工藤たちの持ち出しに頼っていた。工藤はボランティア活動が認められて市内の学校などで講演を頼まれることが増えており、そこで得た講演料を運営費につぎ込んでいたのである。

そんなある日、一人の人物が田川ふれ愛義塾の評判を耳にして興味を抱く。後に法務省の事務次官となる人物である。彼は関係者から工藤の取り組みを聞いて、こういうところこそ更生保護施設とするべきだと考えたらしい。

その人物は工藤に会い、直接こう言った。

「田川ふれ愛義塾を更生保護施設にしませんか。いろいろと面倒な手続きもありますし、ルールもあります。でも、あなたのように真剣に取り組んでくれていて、実績を残せる人の力が必要なんです。バックアップはしますので、正式な更生保護施設として少年たちにかかわってあげてください」

工藤は、彼がどのような人物かわからなかったが、そのたたずまいと力強い言葉に突き動かされた。そして半年間かけて手続きを進め、二〇〇八年に更生保護施設となったのである。

工藤の言葉である。

「初めから更生保護施設を目指したわけではありませんでした。真面目に生きようと思ってできることから取り組んでいたところ、自分に子供を更生させる力があることに気づいた。いや、気づかせてもらった。それで、僕自身も、進む道が明確になったんです」

「引き取り手がない」少年たち

田川ふれ愛義塾には、男子寮と女子寮の二つがある。男子寮の定員が十名、女子寮の定員が四名。その他、自立準備ホームも運営しており、総勢二十四名が暮らしている。年齢は十五歳から二十歳。九割が少年院からやってきた少年たちだ。

玄関から入ると、正面が広いリビングになっている。ちょっとした教室くらいのスペースにテーブルが並び、テレビが設置され、奥にはキッチンもある。少年たちはこのリビングで思い思いにすごしたり、食事をしたりする。

玄関の右側の廊下を真っすぐ進むと、男子寮のパーソナルスペースだ。二段ベッドがあり、一人に一床ずつ割り当てられている。男子寮らしく、ベッドや壁にはボロボロになった水着のグラビアのポスターが貼ってある。プライバシーを守りたい人は、ベッドを布でしきっている。

部屋の奥にあるのが、共同のトイレ、バスルーム、洗面台、洗濯機などだ。掃除はシフト制で担当が決まっている。大半の少年たちは、外に仕事を持っていて、帰ってくれば自由にゲームをしたり、漫画を読んだりしてすごす。

ちなみに、女子寮も併設されているが、男子はもちろん、男性スタッフでさえ立ち入ることは許されない。女性だけのスペースとされて、何かあれば女性スタッフが面倒をみることになっている。共同開催されるイベントで、男女が一緒に外で何かをすることはあっても、安全を守るために生活空間は完全に切り離されているのだ。

工藤は語る。

「今うちに新しく来る子のほぼすべてが、少年院から『引き取り手がない』と言われて頼まれた子です。医療少年院出身の子もいるので、本当に全国津々浦々からやってきますね。期間は彼らが自立して生活できるようになるまでいていいことになっているので、短い子で半年ほど、長い子だと三、四年いるケースもあります。その子によってペースや事情はまったくちがうので、特にこちらで期間を定めることはありません」

大概の少年たちは、ここに来てすぐは料理、洗濯、掃除といった基本的なことさえままならず、頻繁にほかの少年とぶつかってしまう。罪悪感もなく人の物を盗んだり、ストレスから小動物をいじめたり、自殺未遂したりする者もいる。

こうした少年たちを支えるのは、工藤のほか、暴走族時代の仲間だったスタッフとOBたちだ。常勤スタッフが五名、夜勤を含む臨時スタッフが四名、計九名いる。彼らが毎日シフト制で施設に詰め、子供たちの日常生活の世話から指導、それにイベントまでを主導するのである。スタッフもいかつい元ヤンキーという風貌だが、それが逆に少年たちの共感を得ているのだろう。

「うちの子たちは虐待を受けるなどして他人への不信感がとにかく半端じゃありません。自己否定感もつよい。だからこそ、まず僕との信頼関係をきちんと築かなければならないのです。その上で、スタッフやほかの子供との関係性を築かせていく。ここのグループの一員として自分の役割や目標を見出すことができれば、自然とほかの人たちと歩調を合わせ、時には支え合ってやっていけるようになります」

ダルクの場合もそうだが、元当事者が支援をする側に回った時の利点は、当事者の気持ちがわかることだ。工藤は暴走族の総長時代に社会からこぼれ落ちた不良たちを組織として統合した経験から、ノウハウが自然と身についているのだろう。

人生を丸ごとかけて向き合う

ここで取材した印象では、工藤がやっているのは「群れ」の形成だった。適切な例かどうかは別にしても、サルの群れをイメージしていただきたい。工藤がボス猿、スタッフが大人の猿、少年たちは子ザルだ。ボス猿を頂点としたピラミッドの中で、子ザルたちは家族のような絆で結ばれ、それぞれが適切な距離を保って生活し、必要な時には団結する。

これは後で紹介するように、子供たちが一様に工藤を尊敬し、「工藤さんのために」と口をそろえることからもわかる。工藤というシンボルの下で団結することで、家族のような群れができるのだ。

そしてこの群れの中にいるかぎり、子ザルは生きていく上で必要なことを学べるし、群れ全体からいい影響を受けることができる。何より、群れという帰住先を持つことで、伸び伸びと外の世界で活動していける。もし外の世界でうまくいかなければ、群れにもどればいいという安心感がある。

とはいえ、工藤もテクニックだけで群れを率いているわけではない。彼は何を重視しているのか。

「とことん向き合うことですね。ここの子たちは誰からもそれをしてもらったことがなかった。もちろん、学校や少年院でいい大人に出会った経験もあるでしょう。でも、学校や少年院の大人たちはあくまで仕事の一環として子供たちに触れ合っているだけで、自分の家族を犠牲にしてまでやっているわけじゃないですよね。でも、僕はちがう。私生活も含めて人生を丸ごとかけて更生保護に取り組んでいるんです。失敗すれば僕がやってきたことが間違いだったということになるからこそ、情熱をもって彼らを何とかしなければならない。子供たちはそういう感覚にはすごく敏感なんです。今まで裏切られてばかりだったから、裏切らない大人を見抜く力はずば抜けている。僕と彼らの信頼関係は、そういうところで成り立っているんだと思います」

少年院の法務教官も、警察官も、学校の教師も、医者も、児童相談所の職員も、みな少年たちと「本気で向き合う」ことをしてきたはずだ。

だが、あえて彼らと工藤が異なる点を挙げれば、元不良という過去に加え、工藤が自分の人生を丸ごと更生保護に費やしているところだ。稼いだ金も、時間も、経験も、あらゆることを少年たちにかけている。二十四時間三百六十五日、家族も後輩もすべてを巻き込んで更生保護にかけているのだ。こうした姿勢を見れば、少年たちはいやが上にも熱意を感じるにちがいない。

「僕は子供たちとしっかりした関係を築けたと思ったら、目指すためのゴールを設定します。ゴールは大きい方がいいという人もいますが、僕はそう思わない。小さいことで十分なんです。『朝八時には起きてみよう』とか『人とぶつかったら謝ってみよう』とか『バイトの面接には行くようにしよう』とか。みんなそれさえできないので今まで社会でうまくいかなかった。だからこそ、まずは目の前にある一番小さなことに目標を設定するべきなんです。うまくいかなくても叱るのではなく、『じゃあ、明日がんばろう』『もう一度試してみてから諦めよう』と言う。社会のペースを押しつけるのではなく、その子のペースに合わせて一緒に歩いていくことが大切なんです。それをしてはじめて、彼らは寄り添ってもらえている実感を得られるんです」

簡単に聞こえるかもしれないが、いざ少年が目の前で動物をいじめたり、手首を切ったりした時に、怒ることなく「仕方ないね。今度はやらないことを目標にしようね」と言うのは簡単ではない。

しかも、ここは少年院や病院ではないので、少年たちの過ちは市民の生活を脅かすことになる。傷ついた動物が見つかれば近隣住民はパニックになるだろうし、病院は自殺未遂者が運ばれてくれば警察に通報する。そうした状況下で、寄り添っていくのは至難の業だが、それができるかどうかが明暗を分けるのだろう。

それでもいつか少年たちは田川ふれ愛義塾を離れて、社会で自立していかなければならない。その時に必要になるのは、社会の中で信頼できる人間を見つけることだという。工藤の言葉で言えば「男気」を感じられる人物と出会うことだ。

工藤はこれを実現するために、社会と子供たちがつながれる交流会を定期的に開いている。知り合いの企業の社長に会わせたり、県内の大学生たちと一緒にイベントをやってみたりするのだ。少年たちはこれまでの人生で、「社長」どころか「大学生」とさえ接した経験がない。だからこそ、彼らとの間に壁をつくってしまうし、妬みや反発心を抱いてしまう。それを取り除き、お互いが信頼することで何かが生れるということを知ってもらうために、少年たちの世界を外へ外へと広げていくことが不可欠なのだ。

「少年院を出ただけで更生できるのは、現実的には二割程度だと思います。逆に言えば、八割の子はもとの道にもどってしまっている。少年院を出た子供たちに理解ある支援者がいればいいですが、それがいないのに一人でなんとかしろというのは無理な話です。ならば、うちのように少年院と社会の中間に位置する施設で、きちんと信頼関係を築いた上で自立できるよう支援していくべきでしょう」

それをやった場合、わずか二割の更生率がどれくらいに上がるものなのか。

「うちで言えば、男子は八割以上ですね。ほぼすべての子供がちゃんとした道に進みます。女子は少し低くて半分くらいです。全体の七割は更生すると断言できます」

なぜ男子と女子とでは更生する率がちがうのか。

「女子は男子にくらべて誘惑が多すぎるんです。具体的に言えば、金と男ですね。男子は少年院から出たところで割のいい仕事なんてドラッグの売買くらいしかありません。これは周りにいる人たちがきちんと押さえていれば防ぐことはできます。でも、女子には水商売や売春といった大金を稼げる仕事がごまんとあるでしょう。金持ちの愛人になって貢がせるという方法だってある。しかも、ここに来る女子たちの大半が中学生くらいの頃からそうやって金を稼いできた経験があります。

そうなると、時給七〇〇円でレストランやスーパーで誠実に働けと言っても、なかなかそれができない。人間関係がうまくいかなくなって辞めた途端に、簡単な水商売にもどってしまう。

また、女子は恋人の言動に染まりやすいという特徴もあります。いい男と付き合えばいい影響を受けるんですが、悪い男と付き合うとあっという間にそっちに染まってしまう。女子が夢中になると、僕らが何を言っても耳を傾けてくれない。これが、男子とくらべて女子の更生が難しい原因です」

こうした少年たちは、どのような経緯で田川ふれ愛義塾にたどりつき、何を思って暮らしているのか。

二人の少年の例を紹介したい。

【伊岡敦也（十五歳）】

インタビューをはじめる前、工藤は伊岡敦也についてこう語っていた。

「彼は信じられないくらいの虐待を受けた子です。これまで見てきた子の中でも指折りの虐待の被害者ですね。そのせいで、体の成長が止まってしまったほど。虐待がこんなに人間の身体に影響を与えるものなのかと驚きました」

敦也と対面して、私は工藤の言葉の意味がわかった。敦也は体全体が小さく、やせ細った小学生にしか見えなかったのだ。その上、腕や足など体のいたるところに肉を彫刻刀でえぐられたような傷痕が生々しく残っていた。

虐待によって踏みにじられた彼の人生を見ていきたい。

敦也は西日本のある島で、四人きょうだいの長男（妹が三人）として生まれ育った。父親はスナックの経営者だったが、凶暴な性格だった。家にいる時は常に妻や子供たちを怒鳴りつけ、殴る蹴るの暴行を加えた。長男だった敦也は、いつも真っ先に手を上げられていた。

家族の中で母親だけが唯一の理解者だったが、小学一年の時にDVから逃れるように家を出ていってしまった。その際、母親は長女だけをつれていって別の男と再婚し、二女と三女は祖父母の家に預けられ、なぜか敦也だけが父のところに置き去りにされた。敦也は自分だけが見捨てられたと感じた。

父親は妻に逃げられた怒りをぶつけるように、敦也に度を越した暴力を加える。何日も食事を与えない、金槌で顔面を乱打する、鉄の棒で失神するまで殴る、包丁やカッターで皮膚を切るなど、一歩間違えれば死に至るようなものだった。

敦也は助けを求める人がいないなか、暴力にひたすら耐えるしかなかった。痛みで体が動かなくなっても、出血が止まらなくても、病院へも行かせてもらえなかった。

やがて敦也は生傷を隠すために学校へ行かなくなった。家にいれば虐待されるので、毎日遅い時間まで町を徘徊して時間をつぶした。ストレス解消法は万引きだった。最初は空腹を満たすためにお菓子やジュースを盗んでいたが、いつしか化粧品など関心のない品まで手あたり次第に盗むようになった。

窃盗癖がひどくなり、敦也は警察に補導されることが増えた。警察から呼び出しを受けると、父親は黙って迎えに来てくれたが、家に着いた途端に激昂して殴る蹴るをはじめた。その暴力はあまりにもおぞましいものだった。ある日父親は万引きをした敦也を友人が経営する工場へつれていった。そこで友人二人と三人がかりで、ハンマーを握りしめて二時間にわたって殴りつけた上、ペンチをつかって太ももの肉をえぐり取った。傷は筋肉にまで達して、敦也は長い間歩くことができなくなった。こうしたことが日常的に行われていたのである。

「希望通り」少年院に

敦也は虐待を受けた時の心境を語る。

「やられている最中は、何度も意識が飛びます。痛みで気を失って、痛みで意識がもどるというくり返し。それでも止めてくれないんです。血だらけになりながら、ぼんやりとこのまま殺されるんだろうなって思っていました。漠然とそうなるのが運命だろうなって受け入れていたんです。殺されるのが今日になるのか、明日になるのかというくらいの感覚です」

だが、敦也の中には生きたいという気持ちが完全には消えていなかった。小学三年生の時、敦也はついに家から逃げる決意をする。そして近所の警察署へ駆け込み、助けを求めた。

警察はすぐに児童相談所へ連絡。児童相談所は父親の虐待を認め、敦也は児童養護施設で暮らすことになった。しかし、虐待のトラウマは敦也の内面を蝕んでいた。父親は何事もなかったかのように施設に面会に来るのだが、敦也は父親が来たと聞かされた途端にフラッシュバックが起き、全身がガタガタと震えはじめ、しゃべることはもちろん、顔を上げて父親の顔を見ることさえできなかった。

こうした心の傷は、敦也の日常生活にも悪影響を及ぼしていた。他人を信頼して付き合うことができないために友人をつくることができず、施設の職員の言葉を信じることさえできない。それで周囲とぶつかって孤立すると、そのストレスから再び万引きで憂さ晴らしをしようとして警察に捕まる……。

小学六年生の時、児童相談所は、そんな敦也に対して信じられないような決定をする。彼を親元に返すことにしたのである。施設になじめない彼を厄介払いしたかったのか、父親の求めに応じたのか、いずれにせよ、敦也は父親のもとへ帰った。

家では再び、父親による凄惨な虐待が幕を開けた。敦也は一年ほど暴力に耐え忍んだが、「今度こそ殺される」という恐怖心から警察署へ駆け込み、またもや施設で匿われることになった。

中学校に進学した後、敦也の窃盗癖は急激にエスカレートしていった。この頃は町に停めてあるバイクを片っ端から盗むようになっていた。その理由について敦也は語る。

「バイクを盗んだのは、盗難車に乗っていればストレスを紛らわせられることが一番かな。あとは、警察に捕まりたかったというのもあります。施設にいるかぎり、あの親父が面会にやってくる。あの顔を見たくなかったし、養護施設にいるといつまた家にもどされるかわからない。それだったら、施設にいるより、バイクの盗難で逮捕されて、少年院に入っていた方が安全じゃないですか。少なくとも少年院にいる間なら、あの親父のところへ帰されることはないんだから。だから、少年院に入ることが夢だったんです」

父親への恐怖心はこれほどまでに人の思考を歪めるものなのだ。

虐待の記憶を忘れたい。逮捕されて少年院で匿ってもらいたい。そんな思いで盗んだバイクは、数カ月の間に何十台にも及んだ。そして中学一年の終わりに警察に逮捕され、「希望通り」少年院に入ることになった。

少年院の在院期間は、約一年半に及んだ。これほど長きにわたったのは、少年院での生活が思い描いていたものとちがっていたからだ。敦也は、少年院の教官は自分の理解者であり、常に親身になって話を聞いてくれる存在だと考えていた。だが、現実には、規則を押しつけてくるだけで、自分の言葉にはまったく耳を傾けてくれないので、反抗ばかりしたらしい。

私はこの言葉をそのまま信じることはできないと思う。敦也は愛着障害やＡＤＨＤの傾向が顕著であり、自分では真っ当にふるまっていたつもりでも、他人の目には身勝手に映ったのだろう。法務教官は仕事上それを注意せざるをえず、敦也は一方的に被害妄想を膨らませ、「裏切られた」と逆恨みしたのではないか（少年院において、法務教官と少年との間にこうした行き違いが起こることは多い）。

出院の日が近づき、敦也の帰住先の調整が行われた。敦也は母親と暮らしたいと願っていたが、母親だけでなく、二人の妹を引き取った祖父母までもが拒絶した。さらに、前にいた児童養護施設も、これまでさんざん問題を起こされたことを理由に拒否した。帰住先が決まらないまま、在院期間は一年半に延びた。

そんな中で、少年院から紹介されたのが田川ふれ愛義塾だった。福岡は知らない土地だったが、ほかに引き受け先はないという。敦也は家に帰るよりはましだと考え、そこへ行くことにした。

現在は、田川ふれ愛義塾に来てから一ヵ月が経ったところだ。敦也はまだ生活習慣を整えている段階で、これからアルバイトを見つけて自立に向けて進もうとしている。そんな短い期間でも、敦也は工藤をはじめスタッフたちに絶大な信頼を寄せるようになったという。

「真面目に生きていきたい」

敦也は語る。

「工藤さんや、ここの人たちは、みんな俺のことを見てくれるんすよ！　俺が話しかけたら、何をしていても立ち止まっていつまでも聞いてくれるし、親身になってどうしようかって考えてくれるんです。学校とか少年院とか警察とかとは、もうぜんぜんちがう！　それが嬉しくって、この人たちにならついていけるって思ったんす。ほんと、ここのみんなは男の中の男っす！」

どんな話を聞いてもらったのかと尋ねると、彼は真剣な表情で「料理です！」と言った。

敦也は父親に食事をつくってもらった経験がなく、物心ついた時から常に自分で料理していたため、腕には自信があった。

だが、話下手なので、そのことをうまく他人につたえられなかった。かといってここでは週に一〇〇〇円の小遣い（仕事のある人は週二五〇〇円）でやりくりする決まりになっているので自由に食材を買いに行くことができない。

ある日、敦也は意を決して工藤のもとへ行き、自分が料理が得意なこと、ここに住むみんなに地元の料理をつくってあげたいことをつたえた。工藤は最後まで話を聞いて、「いいよ」と言って自分のサイフからお金を出した。敦也はそのお金で食材を買い込み、豪勢な料理をつくった。食事の時にほかの少年たちにそれをふるまったところ、みんなから「おいしい」「また食べたい」と言ってもらえたそうだ。

これまで敦也は家でも施設でも少年院でも、きちんと話を聞いてもらい、自分の好きなことをして他人にほめられた経験がなかった。だからこそ、工藤に希望を聞き入れてもらい、仲間に「おいしい」と言ってもらえたことが何より嬉しかったのだろう。

「施設や少年院ってやっぱ規則を押しつけられるだけなんです。だから、こっちも嫌々ながらやるじゃないですか。それじゃ、いいことなんて何にもないっすよ！　でも、ここに来て工藤さんたちとまったくちがう関係を築けた。自分でこうしたいと思ったことをきちんとやらせてもらえるし、支えてくれる！　だから頑張ってみようって思えるんです！俺、工藤さんなしじゃこんなふうに考えられなかったっす！」

多くの人には、敦也の考え方が極端に感じられるかもしれない。しかし、これが虐待を受けて育った人の思考回路なのだ。

敦也は今後の夢についてこう言った。

「盗み癖を治すことですね。あと、アルバイトを見つけて五〇万円を貯めることです！」

五〇万円で何をするつもりなのか。

「地元に帰って、親父に〝どうだ〟って今の俺を見せつけてやりたいんです！　自立してんだぜ、おめえの世話にはならねえんだぜって言ってやりたい！」

敦也は父親のせいで自分が誤った道を進んでしまったことに気づいている。おそらく父親との過去から逃げて生きていくより、田川で生まれ変わって自立した自分を父親に示すことで、過去のトラウマと決別したいと考えているのだろう。

何年かして地元に帰れたとしても、敦也は身体や学歴など様々なハンデを抱えて生きていかなければならない。田川を離れて一人でやっていける自信はあるのだろうか。そう尋ねると、彼はこう言った。

「工藤さんを見ていて、真面目に生きていきたいって思ったんです。それに、それを期待してくれている工藤さんを裏切ってがっかりさせるような真似はしたくありません。工藤さんがこんなに信頼して、いろいろ考えてくれているんだから、俺も立派になって恩を返したいんです！　もし地元に帰ってうまくいかなくなることがあったって、工藤さんに電話してアドバイスをもらえばいいし、それでダメなら田川にもどって一からまたトライしてみます。だから、今はこれからのことに大きな不安はありません」

こう断言する姿を見ていると、敦也の中に早くも「港」のようなものができていると思わずにいられなかった。彼は工藤や田川ふれ愛義塾を拠点として、社会という荒海に漕ぎ出す準備をはじめているのだろう。それこそが、更生保護施設の役割なのである。

【杉村大樹（十六歳）】

強制わいせつ。それが彼が少年院へ行くことになった非行名だ。

大樹は、西日本の町でごく一般的なサラリーマンの父親と、教師をしている母親のもとで長男として生まれ育った。ほかに妹が二人いる三人きょうだいだ。

本人いわく、「普通の家」だったという。父親も母親も真面目な性格だったし、妹たちもどこにでもいる女の子だった。大樹はといえば、スタイルもよく、顔もハンサムで、ハキハキとして明るそうな雰囲気がある。

そんな彼にもずっと抱いている劣等感があった。考えごとをする際に自然と口が開いて、よだれが垂れてしまうのだ。また、ADHDの傾向があるようで、非常にこだわりがつよく、自分の思いだけを一方的に語るようなところも見受けられた。

小学校時代、大樹はこうしたことが原因になって学校で猛烈ないじめを受ける。よだれを垂らすたびに、「汚ねえ」「気持ち悪い」と言われて罵られ、それが暴力へとエスカレートしていったのだ。

大樹は学校生活が苦痛になり、不登校になった。親には恥ずかしくて本当の理由を打ち明けられなかった。母親は自分が教師であるプライドもあったのだろう、「学校へは絶対に行きなさい」と執拗に言ってくる。母親に追い立てられるように学校へ行っても、案の定いじめにあって余計に登校するのが嫌になり、家に引きこもった。

大樹は言う。

「家では部屋に閉じこもってネットやゲームとかSNSをしてすごしてました。やるのは、大体夜中ですね。朝日が出てきてから布団に入って、夕方に起きてご飯食ってパソコンに向かうみたいな感じ。引きこもっていたのは、人といるのが怖いからです。無視されたり、殴られたりしなくていいでしょ。ネットやっている時だけは安心できるんです」

いじめから引きこもりへの移行は、現代の子供にありがちだが、人と会わない時間が長引けば他人とコミュニケーションをとろうとしなくなり、どんどん学校へ行く気力が薄らいでくる。大樹も同様だった。家でパソコンに向き合っているうちに、人と会って話をすることができなくなって二次元の世界に没頭した。

性への関心を持ちはじめたのは小学三年生の頃だった。ネットサーフィンをする中で性への興味を膨らませ、小学五年生の時に自慰のことを知ると毎日のようにアダルトサイトを見るようになった。そんなことをしているうちに、性への関心や妄想が抑えられないほど肥大化していった。

小学六年生になってから、大樹は自慰だけでは満足できず、性非行に手を染めるようになる。家の外に出て、路上で出会った同級生や年下の子に声をかけて公衆便所につれ込み、性的ないたずらをしたのだ。罪悪感はまったくなかったという。

「悪いと思ったことはなかったですね。だって、ネットでAVを見たら、普通に強姦モノとかあるじゃないですか。だから、それが普通だと思ってた。実際、やってみても相手が警察に訴えることもなかったんで、やってもいいんだって考えました。放課後の時間とか休みの日とかを狙ってやることにしたんです」

大概の少年であれば、現実世界とアダルトビデオは異なるという認識を持っているし、被害女性の心情を想像して実際の行動には移さないだろう。だが、早いうちから学校へ行かなくなり、人とのコミュニケーションを絶ってしまった彼には、そういうところに意識を向けることができなかったのかもしれない。

最初に大樹の性非行が公になったのは、小学六年の終わりだった。冬のある日、女の子が彼に強制わいせつをされたと学校に訴えたのである。教師たちは、大きな問題にしたくなかったのか、大樹を呼び出してこう注意しただけだった。

「これからはやらないように」

親にも連絡がいったが、同じように軽く受け止められただけで専門家への相談などは行われなかった。

大樹は表向きは謝罪して、今後はやらないと約束したが、胸の奥にある性衝動がなくなるわけもなかった。中学に進学してからも、彼はこれまでと同じように、かつ巧妙におとなしい女子を狙って強制わいせつをつづけた。

「中学でも登校したりしなかったりで、週の半分くらいは休んでましたね。一応、好きな女子はいたけど、その子には（強制わいせつは）できませんでしたね。好きだからできないんです。好きじゃなければ、誰にでもできるし、していいんだって思ってました。女性に対しては嫌がっているとも、喜んでいるとも考えませんでした。特に相手の気持ちについては何にも考えなかった感じ。（強制わいせつへの欲望は）抑えることができなかったたんで、家では次は誰をやってやろうかってことばかり毎日考えてました」

大樹は端正な顔立ちをしているし、しゃべり方も明るい。女の子の方もそういう外見にだまされて、ついていっていたのかもしれない。

大樹の性非行が再び発覚したのは、中学一年の二学期のことだった。同級生の女の子に話しかけたところ、家に遊びに来てと言われた。女の子の方からすれば、たいして深い意味はなかったのだろう。だが、大樹は家に誘われた時点で、性行為をしていいと受け取った。そして家で二人きりになった途端に飛びかかってレイプに及んだのである。

女の子が被害を受けたことを親に告げ、そこから学校へ連絡がいった。学校側は事件の重大さを認識して児童相談所へ連絡。二日後、家にいた大樹のもとに教師がやってきて、そのまま児童相談所へとつれていかれた。

児童相談所で、大樹は一連の事件を告白し、児童自立支援施設へと送られることが決まった。だが、そこでも再び性非行を行ったことで、半年も経たないうちに少年院へ送致されたのである。

大樹にとっての少年院

少年院には合計一年一カ月入っていた。大樹自身は少年院の教育はそれなりに有意義だったと語る。

「性非行防止のプログラムは一方的にやらされるだけなんで、あんまり意味があるとは思いませんね。でも、一般常識を教えてもらったのはよかったかも。それまでレイプがいけないとか考えたことなかったんですから。人とうまく話したり、仲良くしたりできないなら、レイプしていいんだって思ってた。でも、少年院に入って、そうじゃないって教えてもらった。被害者の子がどんなに嫌な思いをしていたのかとか、PTSDっていう問題があるんだとか、男子と女子はちゃんとした信頼関係を築いた上で一緒にならなければならないんだとか、そういうことは教えてもらわなければわからないでしょ。そういう意味ではいい経験だったと思います」

私はこの言葉を聞いた時、大樹は家庭に問題がないと語っていたが、本当にそうだったのかと疑念を抱いた。コンプレックスやいじめがあったにしても、家族との関係がしっかりしていれば、最低限の常識や共感性を持つことはできたのではないか。

ともあれ、大樹は一年一ヵ月の間、少年院で矯正プログラムを受け、親が週に一度は面会に来ていたものの、出院後は実家を帰住先にすることはできなかった。地元に暮らす大勢の被害少女たちの心境に配慮して、成人するまで「接見禁止」ということで地元に住むことができなかったのだ。

そこで親が田川ふれ愛義塾を見つけ、大樹は出院と同時に田川に来た。大樹は言う。

「ここは想像していたよりずっと自由でしたね。性非行だと受け入れを拒まれたり、規則でがんじがらめにされたりすることがあるみたいですけど、工藤さんは僕を信頼してくれています。僕としては工藤さんを裏切るわけにいかないので、再非行はしないって決めています。どうしてもやりたくなったら、少年院で習ったように好きなゲームをしたり、友達に電話したりして気を紛らわすようにしています。エロ本も、ここに来て初めてコンビニで買いました。エロ本でヌイて再非行しないで済むならそっちの方がいいですよね。

工藤さんはそういうところも全部受け入れてくれるので、僕も信頼に応えるためにがんばろうって考えられる。たぶん、少年院を出て実家に帰っていたら、誰かに恩返しするためにがんばろうって発想は持てなかったので、すぐに同じことをしていたと思います。工藤さんみたいな人がいるから、気持ちを抑えられていられるんです」

工藤が「群れ」のような関係をつくっている理由がわかったような気がした。大樹にとって工藤はまさにボス猿のような存在で、その関係性の中で性衝動を抑制できているのだろう。

現在、大樹は近所のレストランで料理補助のバイトをしている。時給は七九〇円だ。今後はバイトをしながら、一年遅れで高校進学を目指すつもりらしい。すでに希望校は決まっているという。

高校進学をあきらめて就職し、田川以外の場所でより自由に生きていくという選択肢もあるが、それをすれば性衝動に打ち勝てるかどうかまだ不安なため、高校を卒業するまでは工藤のもとで暮らすつもりだそうだ。

少年専門の施設の重要性

田川ふれ愛義塾で暮らす少年たちにインタビューをしていると、少年院を出た後に、誰とどのような信頼関係を結ぶかということが重要だと実感する。

敦也や大樹は、今もなお思考に歪んだところがあるのは事実だ。少年院では矯正プログラムなどを通して、それを少しでも真っすぐにしようとしたり、困難にぶつかった時の回避方法を教えたりするが、出院後の環境で学んだ通りに生きていけるかどうかは別の話だ。

そんな彼らが必要としているのは、工藤のような大人の理解者であり、一緒に更生を目指す仲間たちなのだ。そういう意味では、田川ふれ愛義塾は、出院者の居場所としては一つの理想形と言えるだろう。問題は、こうした少年専門の更生保護施設が日本にわずか三カ所しかないという点だ。

工藤は少年専門の施設の重要性をこう語る。

「更生といっても、成人に対するそれと、未成年に対するそれとはまったくちがいます。六十歳の暴力団員と、十六歳の少年とをくらべて見れば、簡単に想像がつきますよね。もし日本の未来を考えて、非行を防止したいということであれば、少年を専門にした更生保護施設をより充実させなければならないのは明らかです。しかし、更生保護施設の大半は成人がメインになっていて、言い方は悪いけど未成年は二の次になってしまっている。最近は自立準備ホームが増えてきていますが、まだまだ体制も含めて十分ではないという印象です」

少年専用の更生保護施設は三カ所。これに加えて大人向けの更生保護施設で少年も受け入れているところが別に二カ所あるので、少年院を出た子供たちが入れるのは全国に五カ所しかない。

ここまで数が少ない理由の一つには、更生保護施設の経営の難しさがある。更生保護施設が国からもらえる額は少年一人当たり、一日わずか六〇〇〇円ほどである。田川ふれ愛義塾の定員は男女合わせて十四名なので、一日の予算は約八万円。これで食べ盛りの少年たち十四人の食事や衣服、それに水道や光熱費など施設の経費、さらにはスタッフの人件費までを賄わなければならない。

「国に更生保護施設として認可してもらっても、赤字経営なんです。うちは足りない分については寄付を募ったり、僕が全国で行っている講演料を回すことで、ギリギリのところで成り立たせています。僕は自分の過去のこともあって子供たちの支援を人生をかけて行っていますが、周囲からは全国から引き取り手のない不良を集めていると言われて、未だに白い目で見られることはあります。もちろん、子供たちも全員が全員期待に応えてくれるわけじゃない。裏切られることもあれば、逃げられることもあります。うまみなんてこれっぽっちもないかもしれません。いわゆるサラリーマン的な『仕事』としてやっていたら、到底つづかないでしょうね」

それでも世の中に更生保護施設はなければならないものだと工藤は考えている。

「少年の非行防止は社会全体の課題です。少年の時点で非行を止めておかなければ、彼らは大人になってより大きな犯罪に走ります。下着泥棒がレイプになり、シンナー遊びが覚せい剤になり、暴力が殺人になる。少年を更生させるのは、日本の治安を守ることにつながるんです。全国の更生保護施設の関係者は年に一回集まって、今の日本の更生保護の問題について議論していますし、課題を国につたえていますが、内容が一般の人たちにまで広まるかと言えば、なかなか難しいところですね。結局は不良少年の自己責任とされてしまうんです。僕が講演をしたり、視察を受け入れたりするのは、日本が抱えるこうした問題を少しでも多くの人に知ってほしいと思っているからなんです」

工藤は現状に絶望しているわけではない。むしろ、この田川から何かを発信できないかと考えている。

「僕は田川で生まれ育ったことを最近になってよかったたって思っています。不景気で、治安も悪い。生活保護の受給率、ドラッグが出回っている率、何をとってもさんざんなありさまです。でも、だからこそ、国も県も自治体も、少年の更生保護に注目してくれていますし、法務省や大学の偉い人たちが視察にやってきてくれます。出所者を雇用する企業である『協力雇用主』の数は、東京でも五百社に満たないのに、福岡県には日本最多の八百社。こうしたことから、福岡県、あるいは田川は更生保護において日本の最先端をいっていると言われているんです。僕は、田川が十年後の更生保護の未来だと思って活動していますす。ここで成功を収めれば、かならず十年後には日本のスタンダードになる。そのために今をなんとか乗り越えていこうと思っています」

田川から福岡へ、そして全国へ、更生保護の波を広げていく。工藤の真っすぐに見つめる目の先には、たしかにその光景がはっきりと見えているのだろう。

ふれあいの森

知的障害の少年たち

田川ふれ愛義塾で工藤に話を聞いた後、私は車で十五分ほどの小高い丘の上にある「ふれあいの森」という施設を目指していた。

今回、少年の矯正教育について取材していく中で一つ、どうしても気になっていたことがあった。知的障害のある非行少年である。

彼らも非行をして逮捕されれば、家庭裁判所を経由して少年院へ送られることになる。ただし、性非行や薬物非行の重点指導施設がそうだったように、彼らは理解力や言語能力が低いためにグループワークなどで十分な成果を得ることができない。医療少年院へ行けば、一日中壁に頭を打ちつける少年がいたり、奇声を上げてぐるぐると回りつづける少年がいたりする。少年によっては指導の意味がわかっているかどうかという状況で出院させられることになるのだ。

もしこうした知的障害者が出院した後も支援を得られなければ、その後も非行をくり返すことになりかねない。特に女子の場合は売春の世界に引きずり込まれて心身に大きな傷を負うことがある。

では、こうした知的障害のある非行少年をどう支援すべきなのか。その疑問を田川ふれ愛義塾で投げかけてみた時、工藤からこんな答えが返ってきた。

「知的障害の子の問題は深刻に受け止めています。僕自身、暴走族をやっていた頃から、非行少年の中にそういう層が一定数いるのは感じていましたが、更生保護施設の中で改めて向き合うと、他とはちがう扱い方をしなければならないことを痛感しました。健常者の少年たちのグループに入れて同じことをやらせても、それについていく能力がなく、トラブルの種になってしまうんです。こうなると、健常者の側にも、障害者の側にもよくない影響が出てしまう」

つい先日もそういう少女がやってきたという。

彼女は物心ついた頃から、父親と母親の性行為を日常的に見せつけられていた。両親は二人とも覚せい剤を使用していたが、ある日父親は娘である彼女にも覚せい剤を打ってセックスを強要するようになった。こうした生活が何年もの間つづき、彼女は少年院に入ることになったのである。

出院後、彼女は行き先がなくここに来ることになったが、まだ覚せい剤の後遺症があるばかりか、性的虐待をした父親に心を寄せるなど倒錯しているところが見受けられた。こうなると、健常者の中で生活をさせていくことは難しい。

「最初は彼女をみんなと混ぜていたんですが、やはりダメだということになったんです。覚せい剤の後遺症がかなりひどかったし、常識とかそういうところもメチャクチャだったので、治療を受けさせながら一からケアしなければなりませんでした。他の子たちなら小学五年生くらいのレベルからやり直せるところを、こういう子は保育園くらいのところからやり直さなければならない。切り分けて別々にやらないとどうしようもないんです。そんな考えの中で、田川ふれ愛義塾とは別に、障害や病気のある少年たちを住まわせる福祉施設を自分たちでつくったんです」

こうしてできたのが、「ふれあいの森」だという。工藤がつくった福祉施設とはどういうものなのか。見学にいくことにしたのである。

入所者たちのプロフィール

雪で真っ白に染まった丘の林の中に、別荘のような平屋の建物が建っていた。ドアを開けると、玄関はまるで旅館の入り口で、暖房の暖かい空気につつまれた。

迎えてくれたのは、榎並《えなみ》宗近（三十九歳）だった。ふれあいの森の責任者の一人として夫婦で施設運営に当たっているという。あまり口数は多くないが、相手の話に最後まで耳を傾けてくれそうなやさしい雰囲気がある。

リビングのスペースは旅館の宴会場のように広く、ゆったりとしたソファーやテーブルが置かれていた。私はソファーに腰かけ、榎並の話を聞いた。

「ふれあいの森は田川ふれ愛義塾とは別の施設ですが、共同運営なのでグループ会社みたいなものです。基本的にはどちらも少年院を出て行き先のない子供たちを受け入れています。建物の場所や名前がちがうのは、それぞれに入所している人たちのタイプが異なるので、取り組みを個別化させる必要があるためです」

田川ふれ愛義塾は普通の少年院の出院者が主だが、ふれあいの森は医療少年院からの出院者が多い。

ふれあいの森は更生保護施設ではなく、株式会社として運営資金を国民健康保険団体連合会からもらって運営している。ただ、その資金だけでは足りないため、入所者からは一カ月あたり六万五〇〇〇円を支払ってもらっている。内訳は、家賃三万円、食事代（三食）三万円、光熱費五〇〇〇円だ。

「施設のスタッフは、僕のほかに妻（名目上は代表）、世話人が二人、それにパートが三人で合計六名です。早朝から夕方までは妻と世話人が常駐していて、夕方から夜の時間帯は僕とパートで取り仕切っています。スタッフは妻以外、みんな男性です。ここの子たちは大概仕事を持っていて日中はいないことが多いので、朝や夜の方がバタバタしている感じです」

榎並は施設とは別の場所に家を持っていて、子供もいるため、妻と別々の時間帯でふれあいの森の運営にあたっているそうだ。

ここがオープンしたのは、二〇一七年の一月。定員は九名だが、設立してわずか一年で七名の男性が入所した。うち五名は医療少年院または少年院からやってきている。どういう男性たちが来ているのか。ざっと見ていきたい。

・二十歳

長年にわたって家族に暴力をふるいつづけていた。親は面倒を見切れなくなり、工藤に相談。田川ふれ愛義塾に入れた。そこで工藤らが少年の言動に異常を感じて精神科の受診を勧めたところ、知的障害が判明し、ふれあいの森へ移されることになった。

・二十一歳

幼い頃から人とぶつかることが多く、中学生からは見境なく暴力沙汰を起こした。中学卒業後に建築関係の仕事に就くが、そこでも傷害事件を起こす。家庭裁判所は知的障害があることを理由に医療少年院へ送った。医療少年院でも粗暴な言動は治まらず、出院後は精神病院へ入院。そこでも暴れたことで医師や看護師に見放され、病院からの依頼でふれあいの森が引き取ることになった。

・二十一歳
幼少期に知的障害が判明。小学生時代から、窃盗、ストーカーなどあらゆる非行をくり返し、母親も見放していた。警察に何回も補導された末に、医療少年院へ。医療少年院は家を帰住先にできなかったことから、ふれあいの森に相談をしてきて引き取ってもらった。

・二十一歳
インタビューを後述。

・二十六歳
幼い頃から学校へ行かず、家に引きこもっていた。体が大きくなってからは親に対する暴力が目立つようになった。思い通りにいかないと暴れて危害を加えるのだ。ある日、親が事故で多額の借金を背負ったのをきっかけに、工藤に引き取ってもらえないかと相談。田川ふれ愛義塾に来たものの、工藤は彼の言動が普通ではないと感じて病院で検査を受けさせたところ、知的障害が発覚したため、ふれあいの森のオープンと同時に移した。

・二十七歳
榎並の妻の弟。後述。

・三十七歳
榎並の後輩。思春期の頃は、工藤の後輩として暴走族に所属。覚せい剤の後遺症により様々な精神疾患をわずらう。統合失調症も発症。グループホームにいたが、ふれあいの森がオープンしたことで、本人の希望もあってここで暮らすことになった。

このように知的障害があって非行をくり返して少年院に行ったものの、家族も含めて引き取り先のない少年が送られてくるケースが多い。

こうした少年を引き取り、生活の面倒をみるには、それ相応の覚悟が必要だ。健常者のように数年で自立できるわけではないし、日常の些細なところで起こるトラブルは健常者の比にならないだろう。

他人ごととは思えなかった障害者の問題

どういう経緯で今の仕事をはじめたのか。榎並は答えた。

「僕は田川ふれ愛義塾の工藤さんの後輩だったんです。二歳下で小学校の時からかわいがってもらっていた。僕自身はそこまでグレている感じじゃありませんでしたが、工藤さんとは仲の良い兄弟みたいな関係だった。高校卒業後は地元に残って土木業をしていたので、工藤さんともたまに連絡を取って遊んだり、話を聞いてもらったりしていました。そんななかで、工藤さんがボランティア団体を田川ふれ愛義塾にするってことになったので、最初はボランティアとして手伝いをしに行っていたんです」

兄のように慕っていた工藤が全力をかけてやっていることに力を貸したい。そんな思いで、榎並は仕事の合間に田川ふれ愛義塾に出入りして少年たちとかかわっていた。

榎並が少年たちと接していて扱いに困ったのが知的障害を持つ子だった。彼らは理解度が低いがゆえに周りに合わせることができず、自分本位なふるまいをしてしまう。そうなると、グループの中に溶け込むことができずにトラブルになる。個別の付き合いならうまくいくのに、集団生活だとうまくいかないことに歯がゆさを覚えた。

彼が障害のある少年に目を止めたのは、妻の弟が同じく知的障害者であることも影響していただろう。妻の弟は幼少期から粗暴な行動が目立ち、友達とぶつかることも多かった。小学生の時、彼は知的障害と自閉症スペクトラム障害を併発していると診断される。

病名がついてメンタルクリニックに通いはじめても、弟の問題行動は治まらなかった。それどころか、体が大きくなったことで暴力をふるうようになり、相手を怪我させてしまうこともあった。

両親は心配して、中学卒業後は特別支援学校を経て、グループホームに入れたが、そこでも暴力沙汰を起こしてしまう。呼び出されるたびに親は平謝りし、別のグループホームに移らなければならない。

榎並は妻の家族のそんな様子を何年にもわたって目にしてきたことから、障害者の問題が他人ごとだとは思えなかったのだ。

ある日、榎並は工藤に向かってこう言った。

「知的障害の子を健常者の子たちと一緒に住まわせても、なかなか難しいと思う。障害者は障害者としてわけて、福祉につないだ上でまったく別の接し方をしていかなければならないんじゃないかな」

工藤も以前から同じ思いを抱いていたことから、こう答えた。

「そうだな。なら、いっそそういう子を集めた施設をつくろうか」

そして工藤はその事業を榎並に任せたのである。

榎並はこのプロジェクトの重要性を理解していたものの、どのように施設を設立すればいいのかわからなかった。そこで障害者や高齢者の福祉施設の理事長をしている知人に相談に行ったところ、経営がうまくいかずに現在閉鎖しているグループホームがあるので提供すると言われた。すでに国の認可も得ている上、必要な設備は一通りそろっているという。

これ以上ない条件だった。榎並はさっそく妻とともに「ふれあいの森」を立ち上げることにした。最初の入所者は、田川ふれ愛義塾にいた少年一名と、妻の弟だった。それ以降は医療少年院からの問い合わせなどによって、二カ月に一人のペースで増えていった。

「僕と工藤さんが話し合った半年後に『ふれあいの森』は完成しました。建物や内装は以前のグループホームのままですし、ベッドもありましたので、改めて用意するものは多くなかった。あっという間に七名に増えたのは、やはりそれだけ社会的な需要があったためでしょう。行き先のない障害者が大勢いるということの証明にもなると思います」

「落ち着いて生きていける環境」

施設の利用者たちは日々をどうすごしているのか。

「まずは日常のことを一つひとつやれるようになることを目指しています。施設で理解者に囲まれていれば、余計な悪影響を受けてトラブルを起こすことはぐっと減ります。彼らに落ち着いた生活環境を与えて、それを日常として定着させることが必要です。うちが大切にしているのが、『生活のリズム』ですね。朝きちんと起きて当番制で掃除などをし、妻がつくった手料理の朝食を食べる。その後は、弁当を持って各々外へ出かけるなりして、決まった時間に帰ってきて、夕飯を食べる。彼らのほとんどが、ここに来る前は常に暴力と隣り合わせで、生活リズムなんてないような人生を送ってきました。その部分を支えてあげるだけで、驚くほど落ち着くんです」

施設での安定した生活に慣れさせたら、今度は外に出て仕事をすることを目指す。

「プライベートが整ったら、次は仕事を通して社会参加させるようにします。彼らは何もわかりませんので、履歴書の書き方から面接の仕方まで一からすべて教えます。仕事が決まれば、向き合い方やストレス発散の方法まで指導し、愚痴も聞いてあげます。田舎なので職種はかぎられていますが、いろいろと受けてみればまったく見つからないということはありませんね。特に僕たちが支援していることをつたえれば、一定の理解はしていただけます。社会の中で役割を見出すことができれば、彼らはさらに安定します」

企業には障害者雇用枠もあるので、選ばなければ仕事はあるという。現在の勤務状況は、工場一名、建築三名、飲食店一名、作業所一名、求職中一名だ。

とはいえ、各施設が見放したような人たちを社会人としてやっていけるまでにさせられるのか。

「彼らと付き合っていて思うのは、非行をしたいと思ってしているんじゃないってことです。みんな本音では安心して穏やかな生活をしたいと思っているのに、周囲の環境がそれをさせてこなかった。だから彼らはパニックになったみたいに暴れてしまうんです。それを抑えるためには、彼らが落ち着いて生きていける環境を用意することです。静かな生活空間を整え、できないことは支えてあげ、職場でもその子のペースで働かせてもらう。そうすれば目の前にあることに対して素直な気持ちで取り組むものなんです」

正直、私は榎並の言葉だけでは、実感として理解できなかった。だが、ここで暮らす少年たちに直接インタビューをして納得できた。

瓜田芳太郎という少年について紹介したい。

【瓜田芳太郎(二十一歳)】

福岡県内でとび職をする父親は、自営業にもかかわらず、遊んでばかりいた。妻との間には、芳太郎を含めて四人のきょうだいがいた。芳太郎は三番目に生まれた双子だった(もう一人は産後すぐ死亡)。

芳太郎が知的障害と診断されたのは、生後しばらく経ってからだ。父親と母親は、そんな芳太郎をどう育てていいかわからなかった。特に父親は酒を飲むと暴力的になり、芳太郎が何か気に入らないことをするたびに手を上げていた。それはどんどんエスカレートし、日常的な虐待となった。

芳太郎は暴力にさらされることで知的障害に加えて精神の不安定さが目立つようになった。記憶しているのは四歳の時のことだ。虐待される日々の中で、なぜかふとライターに興味を示し、車に火をつけて全焼させてしまった。

父親はこれに激怒し、ハンマーを持ち出して芳太郎が気を失うまで殴りつけた。それ以来、父親は芳太郎を殴る時はハンマーをつかうようになり、それが近くにない時は仕事道具のスパナやレンチを用いた。

虐待がどれほどのものだったか、芳太郎の身体を見ればわかる。スポーツ刈りの頭部には傷痕が小さなハゲとなって何百ヵ所と刻まれていて、頭蓋骨の一部は陥没してしまっている。腕や足も同じで皮膚は無数の傷で埋めつくされ、肉がえぐられて大きくへこんでいるところもある。

さらに、父親は工具で殴るだけでは済まない時は、煙草の火を皮膚に押しつけたり、ストーブの前に何時間も正座させたりしていたそうだ。火傷の痕も多く、ところどころケロイドとなって爛《ただ》れている。

芳太郎は保育園でトラブルを起こすようになった。家で常に暴力と隣り合わせで生きていたことから、誰に対しても敵意をむき出しにして手を上げてしまうのだ。こうしたことが起こると家族が呼び出され、帰宅後にまた凄惨な虐待が行われた。

父親と母親が手に余る芳太郎を家から追い出したのは、保育園の年長の時だった。県内の児童心理治療施設に入れたのである。障害や病気で情緒が不安定な子供たちを一定期間収容して、治療をしながら社会的な自立を目指す施設である。親からすれば、厄介払いだったのだろう。

児童心理治療施設で、規則正しい生活をしている間は落ち着いていたが、土日や休日に家に帰されると再び虐待にさらされた。五日間かけてようやく心の安定を得ても、土日にはまた虐待を受ける。心が休まることはなかった。

小学校卒業後は障害児入所施設に移り、特別支援学校に進んだ。この時も休日や祭日には実家へ帰らされ、その間は父親からの虐待を受けた。

芳太郎の生活環境がさらに悪化したのは、特別支援学校の高等部の卒業後だった。彼は学校の寮を出て、実家に帰らなくてはならなくなったのだ。これにより、毎日のように父親からハンマーで殴られる日々が幕を開けることになった。

数ヵ月間虐待を受けつづけた末、芳太郎は「逃げる」という決断をする。記憶によれば、「平成二十七年六月二十三日」のことだ（芳太郎にはあらゆる出来事の日時を正確に記憶する特性があり、インタビュー時は幼少期の日時の記憶まではっきりと語っていた）。

その日も父親は酒に酔っていら立ちを膨らませており、芳太郎は怯えきって静かにしていた。父親は何げなく貯金箱を見て、唐突に「中身が減ってる」と言いだし、芳太郎を呼びつけて、一方的に「おまえが盗ったんだろ」と詰め寄ってきた。芳太郎は狼狽して答えた。

「私は知りません。（家にいた）おじさんか誰かじゃないんですか」

父親はそれを聞いて激怒し、家にあった日本刀の脇差しを持ち出し、刃先を突きつけて、「殺す！」と恫喝した。

芳太郎は本当に殺されると思って怖くなり、家から飛び出した。

漂流の日々

数日間、彼は公園で寝泊まりしていたが、所持金はすぐに底をついた。公衆便所の水道の水を飲んで空腹をしのいでも限界がある。芳太郎は栄養失調に陥って意識が遠のくようになった。

彼は交番へ歩いて行って助けを求めた。警察官は芳太郎を保護することなく、役所へ行って生活保護の申請をするようにと言った。少年であれば保護の対象となるが、十八歳になっていたことから、ホームレスと見なしたのだ。

市の窓口に出てきた職員も同じだった。詳しい事情を聞くことなく、あろうことか、彼を住所不定のまま生活保護の申請を通した。おそらく父親が支援を断ったのだろう。こうして芳太郎は生活保護を受けながらホームレスをする生活をはじめた。

芳太郎の言葉である。多少わかりやすく書き直すが、内容については知的障害がある人の言葉として理解していただきたい。

「しばらく生活保護を受けて公園で暮らしておりました。公園での生活はとてもとても過酷でした。三度死にそうになったことがあります。一度は公園で寝場所を探して歩いていたら、走ってきた自転車にぶつけられて倒れて頭を打ったのです。病院へ搬送されてCT

を撮ることになりました。入院したため助かりました。二度目、三度目は飢えでした。生活保護を受けていましたが、私は少しずつお金をつかうということができませんので、毎月支給日の前はご飯が買えなくなってしまうのです。時には一週間以上何も食べられないこともありました。その時は、飢えで意識がなくなって道端に倒れていたところを発見されて病院に運び込まれました。先生からは餓死寸前の状態だったと言われ、入院して栄養剤の点滴を打ったことで助かりました」

彼の言葉がすべて真実だとすれば、市は芳太郎に生活保護は与えたものの、実質見放していたことになる。追いつめられた彼は、突拍子もない行動に出る。

「公園で生活した後に、私は一つの挑戦をすることに決めました。警察官の採用試験を受けることにしたのです。私は昔から刑事もののドラマが好きで、鑑識に関心があったので、自分は警察に向いていると思っていました。それに、警察官として採用されれば、私の父を虐待の容疑で逮捕できるとも考えていました。暴力をふるう父を刑務所に入れたかったのです。それで調べて試験会場に行って受験したのですが、残念ながら不合格という結果でした。平成二十七年の九月二十日、私は自転車をこいで福岡県から熊本県へ行くことにしました。二日間かかりました。(熊本市の)西区でアパートを借りられたので仕事をはじめました。たこ焼き屋、クラブのボーイ、ガールズバーのボーイなどいろいろです。仕事の人たちとうまくやっていけなくて、どれもすぐに辞めてしまいましたが、よい社会経験でした。十一ヵ月間そこで暮らした後、また自転車に乗って二日間かけて福岡県にもどったのです」

生活保護を受けて公園で暮らしながら、父親を逮捕するために警察の採用試験を受けたり、二日間徹夜で自転車をこいで熊本県に行ったりする……。行政から見捨てられた、被虐待の知的障害者が社会に放り出された場合に、どのように「漂流」するかがわかるエピソードだ。

福岡に帰ってきた芳太郎は、再び飢餓に瀕する。ここでもホームレスになったばかりか、仕事を見つけられずに収入が途絶えてしまったのである。

芳太郎は餓死寸前に追いつめられてやせ細り、「生まれて初めて」万引きに手を染める。スーパーへ行って、バッグに食料やスポーツウエアなど合計十二万円分を詰め込んで持ち去ったのだ。

帰り道で祭りをやっていたので、立ち寄って盗んだお酒を飲んだ。彼はその場で酔ってしまい、近所のネットカフェに入って休んでいた。すると、別のブースに携帯電話が置いてあるのを見つけ、出来心からそれを盗んだところを店員に見つかった。

駆けつけた警察官が芳太郎の所持品を調べると、バッグから盗んだばかりの衣服などが出てきた。芳太郎は窃盗を認めた。十九歳七ヵ月だったため、家庭裁判所に送られることになり、一年あまり医療少年院に行くことになった。

二十歳になって出院が近づいた。医療少年院や保護観察所は家庭に帰すべきではないと判断して受け入れ先を探したが、なかなか見つからず、ふれあいの森に頼ることになった。後日、工藤と榎並が医療少年院へ面会にやってきた。

この時のことを、芳太郎は次のようにふり返る。

「ある日、工藤さんと榎並さんが面会にきたのです。話の内容は、出院後に田川に行くかどうかということでしたが、いかつい感じだったので、ヤクザの人かと思いました。それで面会が終わった後、教官に聞いたのです。『いかつかったですが、大丈夫なのでしょうか』って。そしたら、『安心しなさい。器の大きい人だから』と言われました。それで田川へ行くことにしたのです」

一人で生きていかなくていい

芳太郎は、慣れない敬語でこれまでのことを語ってくれた。真冬なのに甚平を着ているのは、大雪にもかかわらずインタビューの後に滝に打たれてくるためだという。趣味なのだそうだ。彼はふれあいの森に来た後のことをこうふり返った。

「ここは、これまで住んだ施設とはまったくちがいました。施設では『障害者』として扱われるのですが、榎並さんたちは私を『人』として見てくださるし、『家族』として迎え入れてくれるのです。それがとても嬉しいです。朝に当番で掃除をしたり、夕方にテレビを見たり、休日に遊んだりする時も、いつも人として向き合ってくれるっていうか、ちゃんと私の気持ちを考えてくれるのです。そんな体験をしたのは人生で初めてでした」

家族として迎え入れるとはどういうことか。

「榎並さんは私みたいな人間に自分の子供を紹介してくれるし、遊ばせてくれます。榎並さんのお父さんもすごくいい人です。神社の宮司をしているんですが、よく時間が空くとここに来てお話をしてくれたり、食事につれていってくれたり、礼儀を教えてくれたりするのです。私のお父さんのように優しくしてくれるのです。それがとても嬉しいです」

宮司をしている榎並の父親は、ここの利用者たちのことを気にかけ、神社に泊めてご飯をご馳走してくれることもあるそうだ。年末の行事の時は、利用者たちも喜んで手伝いに行くらしい。

ほかにも、田川ふれ愛義塾の少年たちとともに新年の餅つきをしたり、福岡県立大学の大学祭でホットドッグやフライドポテトの屋台を出して大勢の人たちと交流を図るイベントもある。こういう人との触れ合い方も、芳太郎にとっては初めてのことだという。

隣でインタビューを聞いていた榎並は、付け足すように言った。

「ふれあいの森で取り組んでいるのは、彼が感じてくれているような『人と人としての付き合い』なんです。彼らがトラブルを起こす理由がわかりますか。それは、差別や虐待の日々の中で、他人や社会との接し方を教えてもらえなかったから、何かうまくいかなくなった時にパニックになってしまうんです。逆に言えば、僕らがちゃんと付き添って支えてあげさえすれば、彼らは信頼を抱いてくれるようになるし、他人や社会との接し方を学んでいけるようになる。障害があるから人付き合いができないんじゃない。むしろ障害があるから関係性さえできれば素直に付き合ってくれるんです」

彼らは少年院での矯正教育を深く理解することはできないかもしれない。しかし、榎並のような人が同じ目線できちんと付き合えば、彼らは素直な気持ちで期待に応えてくれる。指導や教育を押しつけるのではなく、家族の輪の中に入れてともに歩んでいこうというのがここの方針なのだ。

榎並はつづける。

「社会で仕事をする時も同じです。彼らは知的障害があるので何から何まで健常者と同じようにすることはできませんし、理解度も高くありません。だから、仕事で失敗して叱られても、何でそうなったかわからずに混乱してトラブルを起こしてしまう。でも、僕たちが間に入って、理由を説明し、今度はこうやってみようと助言してあげれば、素直に聞き入れてくれます。彼らに必要なのは、足りない部分を補ってくれる人なんです」

隣で聞いていた芳太郎は傷だらけの頭をなでながら言った。

「ふれあいの森に来て、私は榎並さん夫婦やお父さんを見て、こういう人が家族だったらいいのにって思いました。それまではお父さんなんて暴力をふるうだけだったから、いらないって思っていたのに、初めて家族っていいなって思いました」

話の筋が少しズレていたが、芳太郎なりに感謝をつたえたかったのかもしれない。彼はつづけた。

「僕、ずっとここで暮らしていてもいいかなって思っているんです。榎並さんみたいにちゃんと見守ってくれる人がほしいし、そういう人と離れたくないんです」

きっと私を通して榎並に言っているのだろう。榎並はそれを聞いて目を潤ませた。

「僕も、ここにいる子たちは別に一人で生きていかなくてもいいと思っているんです。定員まであとちょっとだけど、満員になったら満員のまま好きなだけここで暮らせばいいいんです。少なくとも、僕は一生涯この子たちとすごしていく覚悟を持っていますし、彼らが一人暮らしをはじめることになっても、近くに住んでもらって手を貸しつづけることができればって思っています」

二人の言葉を聞いて、私は更生の意味を少し誤解していたかもしれないと思った。更生には自立して生きる印象があったが、かならずしもそうする必要はなく、芳太郎みたいに支援者に頼りながら自分のペースで生きていくのも一つの方法だろう。

このような施設をほかにつくることは難しいのか。いや、そうではない。田川ふれ愛義塾で話を聞いた際、工藤がこんなことを言っていた。

「更生保護施設はまったく足りていません。でも、うちのような施設ができる可能性は全国にたくさん散らばっているんです。なぜかわかりますか？　僕みたいな少年院出所者で更生した人は数えきれないほどいるんです。そして彼らは自分が生まれ変わった経験を何かしらの形で社会に還元したいと願っている。

彼らは僕と同じように非行をした少年たちの気持ちがわかるし、覚悟を決めて更生保護に力を入れてくれるはずです。そういう人たちを活かしきれていないのは、社会が彼らを後押しできていないからなんです。更生保護にかける予算、啓発活動、ボランティア、そういうものをより拡大していければ、うちのような施設が何十、何百とできてもおかしくないと思っています。うちがオンリーワンなんじゃなく、社会がうちのようなところをつくる体制を整えられていないだけなんですよ」

たしかに広い目で見れば、社会には自力で立ち直って立派に生きている人たちはごまんといるのだ。そしてその中には、自らの過去をひた隠しにするのではなく、日本の未来に役立てたいと願っている者もいる。

ならば、社会は彼らがより活躍できる環境を整えてあげるべきではないだろうか。彼らが更生した努力を認め、支援することで、さらに更生できる少年たちを増やす。それこそが、日本社会がより良いものになっていくための近道のように思えるのだ。

そこに至る道は平坦ではないが、工藤や榎並の小さな試みは、日本が進むべき未来の一つの形をはっきりと示しているような気がした。

あとがき

本書に登場する少年たちの大半は、すでに少年院を出て、社会復帰しているはずだ。彼らは更生して正しい生活を送っているのだろうか、あるいはまったく反省せずに非行をくり返しているのだろうか。

あとがきを書いている今、一人ひとりの顔を思い浮かべながらそんなことを思う。

本書の執筆を決めてから、私は日本全国の少年院や児童自立支援施設を回り、数えきれないくらいの少年に会い、話を聞いてきた。彼らの十数年の人生を記録するたびに痛感したのは、生まれてくる家庭を選ぶことのできない不条理だった。

人がどのような両親のもとに生まれるかは運でしかない。だが、その運によって子供の人生のあらかたは決められてしまう。少なくとも、私が少年院で出会った少年たちはそうだった。

私は事件ルポの執筆をしている時、よくこんな疑問を抱いていた。

なぜ、少年たちは他人の痛みを考えることができないのか。

なぜ、自分の命さえ大切にすることができないのか。

なぜ、人を傷つけて平然としていられるのか。

今はっきりとわかるのは、少年たちが自ら意図してそうしていたわけではないということだ。多くの場合、彼らは親の虐待によって心の発達を阻害され、そこから生じる困難な事象のせいで様々な問題を抱え、追いつめられた末にもがくように非行に手を染めていた。濁流で溺れている者が無我夢中で手足をばたつかせるように、彼らもまた他人の気持ちを考える余裕もなく暴れているだけなのだ。

しかし、だからといって、少年たちの犯した罪が許されるはずがない。

それは第五章で取り上げた殺人事件の遺族の思いに目を向ければ、誰もが共感することだろう。被害者が少年たちを極刑にしたいと思うのは当然だし、その後の少年たちの不誠実な言動を知れば当事者でなくても怒りがこみ上げてくる。

ただ、日本が法治国家である以上、少年は少年法に則って処分を受けなければならない。一部の例外を除いて、彼らは「矯正教育」という名の指導を受けることで、生まれ変わってまっとうな人生を歩むことを期待される。少年院はそのための教育・支援施設なのである。

　もし少年院での矯正教育がすべての少年に有効であり、出院した者たちが立派な社会人となっていれば、国の方針はまちがっていなかったことになる。国民としてもそれは納得のいくところだろう。

　だが、難点は、必ずしもそうなっていないところだ。

　少年たちが十数年の人生で抱えてしまった問題は非常に深刻であり、半年から一年の矯正教育を受けたところで解消するわけではない。仮に本人が反省してまともな生き方をしたいと思ったところで、出院後に家庭や友人や世間の協力がなければ、事件前の状態に逆戻りしてしまう。

　本書で紹介した人たちが口をそろえるように、少年たちに必要なのは一人ひとりに合った指導であり、社会に出た後に彼らを支援していくシステムだ。だが、今の日本において、それが十分だとは言い難い。現実には、多くの少年たちが出院後に誰からのサポートも得られず、社会を漂流しているうちに再非行をしてしまっているのである。だからこそ、矯正教育は無意味だという声が上がってしまう。

　こうした問題の解決のためには、日本の各種制度を一つひとつ見直していかなければならないだろう。家庭支援、教育現場からの支援、少年法や矯正教育の見直し、出院後のサポート体制の整備、医療福祉の介入、非行に関する啓発活動など、数えきれないくらい多くの課題が山積している。

もちろん、それが簡単ではないことは自明だ。しかし、これを放置すれば、児童虐待、性犯罪、薬物問題、特殊詐欺といった社会問題となって我々にはね返ってくることになる。少年の非行はこれらの萌芽《ほうが》である一面もあるからだ。

少年たちの置かれている現状を的確に把握するのは、社会問題を未然に防ぐために必要な第一歩と言えるだろう。彼らの心の闇に光を当てて、何が原因でどういう問題を背負っているかを理解し、一人ひとりが目の前の課題に向き合っていくべきだ。

本書で取り上げた法務教官たちの取り組み、茨城ダルク、田川ふれ愛義塾、ふれあいの森などの施設の活動は、大人たちの誠意ある支援がどれだけ少年たちの支えになっているかを示している。一朝一夕にして社会を変えることはできないが、個々が意識を変えていくだけで、絶望の底にいる少年が助かることはたくさんあるのだ。

この本を書き終え、筆をおこうとする今、私の脳裏をよぎるのは少年院で出会った少年たちの誠意だ。彼らは見ず知らずの私に思い出したくもない過去を赤裸々に語ってくれた。親からの性的虐待、凄惨な暴力、いじめによる劣等感、レイプ、障害の苦しみ……。少年たちの中には、過去を思い出して指や膝を震わせている者もいた。

私は思う。

それでも少年たちが過去を語ってくれたのは、声なき声を拾い上げてもらい、社会を変えてほしいと願っていたからではないか。

私はそんな少年たちの思いに応えたいし、大人の一人として応える責任があると考えている。本書にちりばめられた大勢の人の思いが、世の中をより良くするための土台となることを切に願っている。


本書は『こころ』の vol.42〜vol.47 に連載した記事を大幅に加筆・修正の上まとめたものである。

登場する少年に関しては、プライバシーに配慮してすべて仮名にし、一部事実関係を変えた上で、少年院の確認を経て掲載している。その他の人物の年齢や所属先等は、取材当時のものである。

主要参考文献

富田拓『非行と反抗がおさえられない子どもたち――生物・心理・社会モデルから見る素行症・反抗挑発症の子へのアプローチ』合同出版、二〇一七
杉山登志郎『子ども虐待という第四の発達障害』学研プラス、二〇〇七
杉山登志郎『発達障害の子どもたち』講談社現代新書、二〇〇七
友田明美『いやされない傷――児童虐待と傷ついていく脳』診断と治療社、二〇一二
友田明美・藤澤玲子『虐待が脳を変える』新曜社、二〇一八
原田隆之『入門犯罪心理学』ちくま新書、二〇一五
『心と社会』31巻1号、通巻99号
ヘネシー・澄子『子を愛せない母 母を拒否する子』学研プラス、二〇〇四
齊藤万比古ほか編『発達障害とその周辺の問題』中山書店、二〇〇八
藤井誠二『殺人を予告した少年の日記――愛知県西尾市「ストーカー」殺人事件』ワニブックス、二〇〇一
佐藤幹夫『自閉症裁判――レッサーパンダ帽男の「罪と罰」』朝日文庫、二〇〇八
元少年A『絶歌』太田出版、二〇一五
福井裕輝『ストーカー病――歪んだ妄想の暴走は止まらない』光文社、二〇一四
岩井喜代仁『大丈夫。人は必ず生まれ変われる。』文藝春秋、二〇〇五

【著者】
石井光太（いしい こうた）
1977年東京生まれ。作家。国内外の貧困、災害、事件などをテーマに取材・執筆活動をおこなう。著書に『物乞う仏陀』（文春文庫）、『神の棄てた裸体 イスラームの夜を歩く』『遺体 震災、津波の果てに』『「鬼畜」の家 わが子を殺す親たち』『浮浪児1945－ 戦争が生んだ子供たち』（以上、新潮文庫）、『原爆 広島を復興させた人びと』（集英社）、『43回の殺意 川崎中1男子生徒殺害事件の深層』（双葉社）、『漂流児童 福祉施設の最前線をゆく』（潮出版社）など多数。

平凡社新書911

虐待された少年はなぜ、
事件を起こしたのか

発行日——2019年5月15日　初版第1刷

著者——石井光太
発行者——下中美都
発行所——株式会社平凡社
東京都千代田区神田神保町3-29　〒101-0051
電話　東京（03）3230-6580［編集］
　　　東京（03）3230-6573［営業］
振替　00180-0-29639
印刷・製本—株式会社東京印書館
装幀——菊地信義

ISBN978-4-582-85911-9
NDC分類番号367.6　新書判（17.2cm）　総ページ392
平凡社ホームページ　http://www.heibonsha.co.jp/